台湾地区教育体系与大学概览

一部全面介绍台湾教育体系，概览台湾大学情况的著作

潘慧斌◎编著

九州出版社
JIUZHOUPRESS
全国百佳图书出版单位

图书在版编目（CIP）数据

台湾地区教育体系与大学概览 / 潘慧斌编著. --北京 : 九州出版社, 2011.9
ISBN 978-7-5108-1116-6

Ⅰ. ①台… Ⅱ. ①潘… Ⅲ. ①教育体系－介绍－台湾省②高等学校－介绍－台湾省 Ⅳ. ①G527.58②G649.285.8

中国版本图书馆CIP数据核字(2011)第174917号

台湾地区教育体系与大学概览

作　　者　潘慧斌　编著
出版发行　九州出版社
出 版 人　徐尚定
地　　址　北京市西城区阜外大街甲35号(100037)
发行电话　(010)68992190/2/3/5/6
网　　址　www.jiuzhoupress.com
电子信箱　jiuzhou@jiuzhoupress.com
印　　刷　三河市东方印刷有限公司
开　　本　787毫米×1092毫米　16开
印　　张　28
字　　数　488千字
版　　次　2011年9月第1版
印　　次　2011年9月第1次印刷
书　　号　ISBN 978-7-5108-1116-6
定　　价　50.00元

序言

中华民族历来有兴学重教的传统。两岸教育同根同源，各具特色，互有所长。近年来，特别是2008年两岸关系实现历史性转折以来，两岸文化教育领域的合作出现了良好发展势头。在两岸各界的推动下，台湾地区“立法”部门于2010年8月通过了承认大陆学历和开放招收大陆学生的相关规定，台湾地区高校今年已开始招收祖国大陆学生赴台学习。两岸教育交流合作取得新进展。但相对于两岸经济交流合作的发展水平，两岸教育交流合作还显得滞后，潜力远未发挥。。其中一条原因，就是因为两岸教育存在一些差异，相互之间缺乏深入了解。

同济大学潘慧斌先生长期从事对台教育交流工作，对台湾地区教育颇多留意，深入研究台湾地区教育沿革与发展，尤其是高等教育的发展情况，颇有心得。九州出版社即将出版的《台湾地区教育体系与大学概览》就是他积多年之功的力作。

该书较为详细介绍了台湾地区教育发展的沿革史实和最新情况，台湾各类大学、独立学院的概况，资料完整详实。同时，又立专章介绍了台湾地区承认祖国大陆学历、招收大陆学生以及正在高校中实施的“卓越教学计划”和“迈向顶尖大学计划”的情况，颇具实用价值。

相信该书的出版发行，将为我们了解台湾地区的教育状况打开一扇认识之窗。也期盼两岸教育交流合作更上一层楼，增添两岸关系和平发展的蓬勃活力。

善哉斯愿，衷心盼之。

王在希

2011年8月1日于北京

目录

第一章

台湾地区教育体系综述

一、台湾地区教育现况

台湾地区拥有较为完整的教育体系，主要包括：幼儿教育、“国民”教育、中等教育、师资培育、技术教育、高等教育、特殊教育、“原住民”教育、侨民教育、资讯教育、环境教育、社会教育和语文教育。其中，学前教育和学历教育有明确的学制和入学年龄，其他各类教育则是提高民众素质、为民众提供终生学习的条件和社会环境。

1. 台湾地区学校概况

台湾地区教育资源较为发达，目前各级学校总数达 8,060 所（另有实用技能学程校 154 所）。台湾人口总数约 2300 余万人中，在学人口数约达 506 万余人，每千人口学生数为 219 人。

从 2000 学年至 2009 学年近十年内，台湾地区各级学校校数共减少 11 所，减幅为 0.1%，教师人增加 2.0%；学生人数则减少 4.5 %。目前，每位教师任教学生数降为 18.49 人，10 年来减少 1.25 人。学校的密度每千平方公里达 222.78 所，学校密度减少 0.3 所。产生变化的主要原因是受岛内出生人数减少的影响，学生人数减少及小班化的教学使教育质量不断提升。

同时，升学管道的日益畅通，提高了学生的升学率。以 2009 年为例，当年初中毕业生 31 万 6,080 人，继续升学者有 30 万 8,598 人，升学率为 97.63%；高中毕业生计 13 万 1,669 人，继续升学者计 12 万 5,827 人，升学率为 95.56%；高职毕业生计 10 万 3,064 人，继续升学者计 7 万 9,266 人，升学率为 76.91%。

2. 台湾地区学年与学制

台湾地区的学年度是将每年的 8 月 1 日至次年的 7 月 31 日作为一个学年度。其中，8 月 1 日至次年的 1 月 31 日、次年的 2 月 1 日至 7 月 31 日分别划分为第一和第二学期，寒假和暑假包含在两个学期中。

按照台湾地区目前的教育体系，各级学校的学习年限分别是：学前教育（即幼儿教育）通常为两年；强制性义务教育为九年，包括小学（“国小”）六年、初中（“国中”）三年；高中阶段分为高中和高职，均为三年；大学一般为四年；硕士和博士研究生修学年限为两年，最长可达七年。台湾的师范院系学制为五年、牙科学制为六年、医科学制为七年。1982年在医学系和中医学系增设的学士后修业五年（相当于硕士）。另外，还有招收初中毕业生的五年制专科；招收高职学校毕业生的二年制专科；以及招收五专和二专的二技（二年制技术类），毕业时即为本科。原招收高中毕业生的三年专科已被取消。

台湾地区的入学年龄，一般是幼儿园4-5五岁，小学6-12岁，初中12-15岁，高中和高职15-18岁，大学18-21岁。

台湾地区2010—2011学年各级各类学校及学生人数是：

学校级别	学校数	学生数	每千人口学生数
幼稚园	3,154	182,049	7.87
小　学	2,658	1,593,414	68.92
初　中	740	948,634	41.03
高　中	330	403,183	17.44
高　职	156	354,608	15.34
专科学校	15	108,555	4.70
大学校院	149	1,228,037	53.12
小学补校	297	15,385	0.67
初中补校	227	8,652	0.37
高级进修学校	223	92,752	4.01
实用技能学程	（154）	51,166	2.21
专科进修学校	42	31,775	1.37
进修学院	43	24,633	1.07
空中大学	2	16,029	0.69
特教学校	24	7,145	0.31
总　计	8,060	5,066,017	219.12
说明：实用技能学程校数（154）为附设校数，不计列校数。			

二、学前教育

台湾地区幼儿教育为学前教育，其主要任务是促进儿童身心健全发展，幼儿教育的重点是生活伦理教育与健康教育。幼儿教育以健康教育、生活教育及伦理教育为主，并与家庭教育密切配合。

1. 相关规定

为了规范学前教育，台湾地区制定了不少法规，包括“幼稚教育法”、“幼稚教育法施行细则”、“幼稚园课程标准”、“儿童福利法”及其施行细则、“儿童福利专业人员资格要点”、“托儿所设置办法”、“托儿所设施标准”、“高级中等以下学校及幼稚园教师资格检定及教育实习办法”等。另外，“教师法”、“师资培育法”、“师资培育法施行细则”等法规涉及了学前教育师资方面的相关规定。这些法规有效地规范了学前教育，促进了学前教育的发展。

相关规定明确了学前教育目标、任务，还在学前教师资格、教育与培训等方面也作了明确规定。对不按课程标准实施教学的教师，视不同情况进行处罚；另外强调了幼儿上、下学的交通安全，规定幼儿园为幼儿办理儿童平安保险，在硬件设施和软件设施、幼儿在园内以及回家路途中的安全，较为全面细致，确保幼儿的健康成长。

2. 学前教育目标

在“托儿所设施标准”中规定，托儿所以健康教育、生活教育、伦理教育为主，并与家庭教育密切配合。具体目标是：增进儿童身心健康；培养儿童优良习惯；启发儿童基本生活知识和能力；增进儿童快乐与幸福。

“幼稚园课程标准”规定了幼儿教育的目标即：维护儿童身心健康；养成儿童良好习惯；充实儿童生活经验；增进儿童伦理观念；培养儿童合群性。

语文、尝试、游戏、工作、音乐六大领域。幼儿园强调语文教育，不设纯英语、双语教学，只将其融入到别的课程中，作为活动之一。

3. 幼儿园设立

台湾地区设立幼儿园有明确标准，幼儿园的设立必须符合以下条件：

（1）园址适当且确保安全；

（2）园长及教师符合规定资格；

（3）私立者应宽筹基金，其资产及经费来源，足供设园及发展之需要；

（4）园舍、面积、保健、卫生、游戏、工作、教学等设备符合幼儿园设备标准。

近年来，随着台湾地区出生率逐年递减，少子化现象普遍严重，造成岛内幼儿园和幼儿机构空置数量不断增多。

4. 学前教育管理

台湾地区学前教育管理主要集中在教育和内政两个部门，公、私立幼稚园约各占 50%。政府对公立幼稚园给予较充足的财政投入。二者在主管机关、师资、设备、课程规定等均有所不同，导致幼儿在相同的学前教育阶段，却得不到相同的照顾与教育，弱势家庭幼儿也无法接受优质的学前教育。

为了促进幼儿教育平等公平的目标，台湾地区从 1989 年 9 月起全面实施幼儿教育券政策。向幼儿家庭发行幼儿教育券，抵扣部分费用，幼儿园将所收幼儿教育券汇集后，向政府兑换现金。目前，台湾地区相关部门正在考虑将两年学前幼儿教育也纳入到“国民”教育。

三、义务教育

台湾地区将义务教育称为“国民教育”，分别将小学校和初中学校称之谓“国民小学”、“国民中学”。

1. 小学、初中教育

台湾地区于 1968 年开始实施九年义务教育。义务教育分为二个阶段，前六年为“国民”小学教育，后三年为“国民”初中教育。

2. 学校概况

台湾地区 2009 年共有小学 2,658 所（其中私立 37 所）、学生 16 万人，专任教师 99,541 人；初中 740 所（其中私立 17 所）、学生 95 万人，专任教师 51,991 人。公立“国民”小学及“国民”中学的建立和分布是依据人口、交通、小区、文化环境、行政区域等情形划分学区，然后分区设置。近年来，由于少子化现象的冲击，同时为提高教学质量，台湾地区中小学校每个班级的学生人数都在降低，一般每班控制在 35 名左右。

3. 课程

从 2011 学年度开始台湾地区将实施“国民”中小学九年一贯课程。其特点是强调能力本位、学校本位，使学生能够“习得带着走”的能力，并将新兴议题

（如媒体素养、海洋教育等）融入学习的各领域。

4. 义务教育强迫制

台湾将“国民”教育作为适龄人所必须接受的基本教育，属于强制性和强迫性的教育，亦是免费的、义务的教育。因此，规定凡六岁至十五岁之“国民”必须接受“国民”教育。为此，专门制定了强迫入学条例，2003 年 1 月 15 日“华总一义字第 09200005470 号”发布修正后的条列内容是：

第 1 条　本条例依“国民教育法”第二条第二项规定制定之。

第 2 条　六岁至十五岁“国民”（以下称适龄“国民”）之强迫入学，依本条例之规定。

第 3 条　直辖市、县（市）为办理强迫入学事宜，设直辖市、县（市）强迫入学委员会，由直辖市、县（市）长、教育、民政、财政、主计、警政等单位主管、议会代表及乡（镇、市、区）长组织之；以直辖市、县（市）长为主任委员，教育局局长为副主任委员。

第 4 条　乡（镇、市、区）为办理强迫入学事宜，设乡（镇、市、区）强迫入学委员会，由乡（镇、市、区）长、民政、财政、户政、卫生等单位主管、地方民意代表及国民中、小学校长组织之；以乡（镇、市、区）长为主任委员。

第 5 条　乡（镇、市、区）强迫入学委员会，负责倡导及督促本乡（镇、市、区）适龄“国民”入学。

第 6 条　适龄“国民”之父母或监护人有督促子女或受监护人入学之义务，并配合学校实施家庭教育；收容或受托监护适龄“国民”之机构或个人，亦同。

第 7 条　六岁应入“国民”小学之国民，由当地户政机关于每年五月底前调查造册，送经主管教育行政机关于六月十五日前依学区分发，并由乡（镇、市、区）公所于七月十五日前按学区通知入学。

前项所定之调查造册，必要时户政机关得协调当地“国民”小学协助办理。

第 8 条　“国民”小学应于每年五月底前，造具当年度毕业生名册，报请主管教育行政机关办理分发，并于七月十五日前按学区通知入“国民”中学。

第 9 条　凡应入学而未入学、已入学而中途辍学或长期缺课之适龄“国民”，学校应报请乡（镇、市、区）强迫入学委员会派员作家庭访问，劝告入学；其因家庭清寒或家庭变故而不能入学、已入学而中途辍学或长期缺课者，报请当地直辖市、县（市）政府，依社会福利法规或以特别救助方式协助解决其困难。

前项适龄“国民”，除有第十二条、第十三条所定情形外，其父母或监护人经劝告后仍不送入学者，应由学校报请乡（镇、市、区）强迫入学委员会予以书面警告，并限期入学。

经警告并限期入学，仍不遵行者，由乡（镇、市、区）公所处一百元以下罚锾，并限期入学；如未遵限入学，得继续处罚至入学为止。

第 10 条 （删除）

第 11 条 依本条例规定所处罚锾，逾期不缴者，移送法院强制执行。

第 12 条 适龄“国民”因残障、疾病、发育不良、性格或行为异常，达到不能入学之程度，经公立医疗机构证明者，得核定暂缓入学。但健康恢复后仍应入学。

适龄“国民”经公立医疗机构鉴定证明，确属重度智能不足者，得免强迫入学。

第 13 条 身心障碍之适龄“国民”，应经直辖市及县（市）主管教育行政机关特殊教育学生鉴定及就学辅导委员会鉴定后，安置入学实施特殊教育。但经鉴定确有暂缓入学之必要者，得予核定暂缓入学，最长以一年为限，并应副知乡（镇、市、区）强迫入学委员会。

前项暂缓入学之核定基准、程序及其他相关事项之办法，由直辖市、县（市）主管教育行政机关定之。

第 14 条 偏远地区，因路途遥远无法当日往返上学之学生，学校应提供膳宿设备。

第 15 条 适龄“国民”随同家庭迁移户籍者，由迁入地户政机关以副本通知当地强迫入学委员会执行强迫入学或转学事宜。

第 16 条 本条例施行细则由“教育部”定之。

第 17 条 本条例自公布尔日施行。

四、高级中等教育

台湾地区高级中等教育主要包括高级中学和高级职业学校，实际上五专（在技术学院或科技大学进修部学习的五年制专科生）的前三年也应为高等中级教育（后二年为大专教育）。学生在九年强制性义务教育结束之后，便可进入高等中级教育阶段的学习。从上世纪八十年代中期起，台湾地区几乎所有的中学毕业生都能进入高中或高职这一阶段的学习。

值得一提的是，台湾地区学生在初中毕业进入高中阶段学习时，可有几种选择：高级中学、高级职业学校、综合高中，以及五年制专科学校（毕业时相当大学二年专科）。高级中学、高级职业学校和综合高中毕业时，都可选择升入四年制科技大学、技术学院或一般大学学习。高职毕业生还可选择进入二年制专科学校（简称二专）学习。技职类与普通类是互通的，这样方便了学生根据自身情况和兴趣拥有多种选择。

1. 高级中学

高级中学是介于义务教育与高等教育之间的普通教育，学制三年。台湾现有高中学校 330 所，学生 40 万人。过去所有高中都与初中部合设于“国中”，后来随着高中生人数的逐年增加，并且为满足经济发展对技术人才的需求，从 1972 年起逐年调整、减少高中学生而增加高职学生。

2. 综合高中

台湾于 1996 年起试办综合高中，招收对象为尚未确定升学方向的中学毕业生，通过辅导学生自由选课，为以后选择学校作准备。综合高中采用学年学分制，同时设置理论课程以及职业课程，包括语文、数学、社会、自然、艺术、生活、体育、活动、职业等十大类领域。其中职业课程以学程的方式设计，提供学生多样的选择空间，并与大专院校合作开设预修课程，毕业时学生至少修满 160 个学分。毕业时可进入大学或四技、二专甄选入学，也可凭借所学的一技之长直接就业。

3. 高级职业学校

高级职业学校属于高级中等教育（即高中阶段教育），招收对象为初中毕业生，学制三年。台湾目前有高职学校 156 所，学生 35 万人。高级职业学校主要培养有专门技术的工人，使学生通过学习掌握一定的生产知识技能，毕业后进入社会就可直接从事各项实际生产工作，也可选择升入四年制技术学院、二年制专科学校或一般大学学习。

五、高等教育

在台湾地区现行的教育体制中，高等教育包括专科学校、独立学院、大学及研究所。随着台湾地区社会变迁、经济发展，以及社会大众对知识需求的增加，高等教育发展迅速，已由菁英的培养转变为大众普及化教育。到2009年，高中毕业生进入高等院校的升学率高达95.56%；高职毕业生升学率也已达到76.91%。也就是说适龄者只要愿意，都有机会接受高等教育。竞争只是出现在选择进入名牌大学，以及热门专业方面。

1. 大学及学院

台湾地区的高等院校分为两个系列：普通类大学与技术类大学。两个系列之间相互交叉，成为互通的立交桥。技术类包括科技大学、独立的技术学院、专科学校。高中、综合高中和高职毕业生，既可以选择进入普通类大学，也可以选择进入技职类大专院校学习。

（1）一般大学学系招收高中和高职毕业生，学制四年，有些专业5-7年。

（2）科技大学和技术学院招收高职毕业生，学制四年（简称四技）；招收二年制专科毕业生，学制二年（二专）；招收初中毕业生进入学习的五年制专科生（简称五专）；还有专门招收二专、五专的二技（专升本，毕业可申请授予学士学位），学制二年；授学士学位。

（3）学士后为医学系和中医学系，学制五年。

（4）研究所硕士班招收大学毕业生，以及具有三年以上工作经验的二年制专科和五年制专科毕业生，学制为二到四年。

（5）研究所博士班招收有硕士学位、以及具有二年工作经验的医学系七年制和医学系学士后，学制二到六年。

2. 专科学校

有些专科学校设在各个独立学院。台湾地区目前的各类独立学院基本上是在上世纪九十年代末期开始改名升格而来。

（1）五年制专科招收初中毕业生，简称五专。毕业后可进入二技学习（专升本），或在工作三年后报考硕士班。

（2）二年制专科招收高级职业学校毕业生，简称二专。毕业后可进入二技学习（专升本），或在工作三年后报考硕士班。

台湾地区原来还有三年制专科，现已取消。近十年台湾地区大学、独立学院和专科学校数量的变化情况如下：

学年	合计	大学				学院				专科		
		计	“国立”	市立	私立	计	“国立”	市立	私立	计	“国立”	私立
2001	154	57	27		30	78	21	2	55	19	3	16
2002	154	61	27		34	78	21	2	55	15	3	12
2003	158	67	30		37	75	19	2	54	16	3	13
2004	159	75	34		41	70	15	2	53	14	3	11
2005	162	89	40	1	48	56	9	1	46	17	3	14
2006	163	94	40	1	53	53	10	1	42	16	3	13
2007	164	100	41	1	58	49	9	1	39	15	3	12
2008	162	102	41	1	60	45	7	1	37	15	3	12
2009	164	105	41	1	63	44	8	1	35	15	3	12
2010	163	112	44	1	67	36	5	1	30	15	3	12

说明：本表大学中未含军事院校6所、警察大学1所、空中大学2所；专科中未含警专1所、陆军专校1所。

六、特殊教育

台湾地区将特殊教育划分为二大类：“身心障碍”与“资赋优异”。

特殊教育学生安置型态，在高级中等以下学校包括高中职普通班、资源班、集中式特教班，特殊教育学校，以及中、小学校及幼儿园（托儿所）普通班、集中式特教班、资源班、巡回辅导及床边教学等方式。

1. 身心障碍教育

所谓身心障碍，指因生理或心理有显著障碍，以致于需要特殊教育和相关特殊教育服务措施的协助者。台湾地区将身心障碍儿童分为12项：智能障碍、视觉障碍、听觉障碍、语言障碍、肢体障碍、身体病弱、严重情绪障碍、学习障碍、多重障碍、自闭症、发展迟缓及其他显著障碍等。

身心障碍教育提前到3岁即可接受学前特殊教育。智能教育结合社会适应能力的训练，以及对重度、多重障碍学生的复健和训练。教育内容包括日常生活知识与技能的训练，并重视其家庭生活、社会生活、休闲生活、职业生活、转衔服务及生涯发展。同时，强调全面均衡发展教育，避免因身心障碍而造成的偏态自我意识。在教育方法上，重视成就感与无失败的教育，把特殊教育当作一种诊疗教学，以符合因材施教、有教无类的教育理念。同时，从隔离教育、回归主流、统合教育到完全融合等各式各样混合教育的形式，使其特性分别迅速地发展。

自 2001 学年度起，身心障碍学生完成义务教育后，也可以多元入学方案进入高中职就学。除自愿在高中职特教班或特殊教育学校高职部就学外，还可延长其受教年限。

为提供身心障碍学生进入大专院校的升学管道，采取了身心障碍学生升学大专校院甄试及鼓励大学办理单独招收身心障碍学生考试等措施，并且，奖励大专校院招收身心障碍学生。因此，大专校院身心障碍学生的人数逐年增加。

2. 资赋优异教育

所谓资赋优异，指在资赋优异儿童区分的六项（一般智能、学术性向、艺术才能、创造能力、领导能力、其他特殊才能）等领域中有卓越潜能或杰出表现者。台湾地区每校均需设置资优班或资源班，专门招收、培养资赋优异的学生。

资赋优异教育是针对学习潜能优异而无法在普通课程中受益的学生，经专业评估鉴定具学习特殊需求，提供适性教育的机会，以使其能在弹性化的教材教法下，充分发挥学习潜能。资优教育以更弹性、多样化的教育方式提供资优学生充实教育的机会。

台湾地区 2005-2010 年各教育阶段身心障碍类和资赋优异类学生人数为：

（1）身心障碍类

年度	教育阶段	身心障碍类												
		智障	视障	听障	语障	肢障	病弱	情障/疑	学障/疑	多障	自闭	迟缓	其他	小计
05	学前	1,425	91	449	745	796	303	32	16	1,188	785	1,653	269	7,752
	小学	12,265	768	1,569	879	2,852	1,626	1,076	6,719	4,207	2,121	0	1,586	35,668
	初中	7,392	442	986	158	1,506	698	322	5,269	1,912	637	0	699	20,021
	高中职	6,353	442	923	111	1,350	480	319	3,164	1,081	332	0	268	14,823
	大专校院	52	506	886	93	3,404	447	249	50	283	55	0	607	6,632
	合计	27,487	2,249	4,813	1,986	9,908	3,554	1,998	15,218	8,671	3,930	1,653	3,429	84,896

06	学前	1,591	125	522	831	876	369	34	20	1441	1089	2344	370	9,612
	小学	12,528	745	1,532	1,029	2,808	1,664	1,093	6,747	4,307	2,482	0	1,567	36,502
	初中	7,747	442	922	177	1,535	856	409	5,588	2,042	779	0	625	21,122
	高中职	6,454	458	1,032	115	1,382	529	347	3,591	1,225	419	0	325	15,877
	大专校院	96	527	902	116	3,313	593	323	148	298	100	0	604	7,020
	合计	28,416	2,297	4,910	2,268	9,914	4,011	2,206	16,094	9,313	4,869	2,344	3,491	90,133
07	学前	1,513	131	465	750	768	383	60	20	1,295	1,089	3,060	326	9,860
	小学	12,395	679	1,459	1,172	2,741	1,603	1,366	7,339	4,333	2,886	0	1,539	37,512
	初中	7,728	440	909	167	1,489	962	494	5,846	2,078	930	0	697	21,740
	高中职	6,659	449	1,069	140	1,358	600	367	3,945	1,310	534	0	404	16,835
	大专校院	139	585	957	137	3,385	695	417	325	340	132	0	676	7,788
	合计	28,434	2,284	4,859	2,366	9,741	4,243	2,704	17,475	9,356	5,571	3,060	3,642	93,735
08	学前	1,401	106	463	657	706	365	101	15	1,166	1,096	3,894	371	10,341
	小学	12,647	636	1,446	1,294	2,678	1,622	1,704	7,602	4,323	3,445	0	1,573	38,970
	初中	7,978	469	911	188	1,431	1,000	656	6,353	2,107	1,140	0	723	22,956
	高中职	6,803	438	996	136	1,357	729	399	4,366	1,282	677	0	450	17,633
	大专校院	192	631	1,087	148	3,580	825	519	541	398	182	0	724	8,827
	合计	29,021	2,280	4,903	2,423	9,752	4,541	3,379	18,877	9,276	6,540	3,894	3,841	98,727
09	学前	1,362	86	451	634	638	334	117	9	1,069	1,078	4,617	345	10,740
	小学	12,860	599	1,373	1,432	2,498	1,655	2,109	8,000	4,139	3,844	0	1,539	40,048
	初中	8,049	437	902	187	1,407	947	812	6,632	2,149	1,438	0	658	23,618
	高中职	7,311	451	919	146	1,373	890	438	4,787	1,374	807	0	450	18,946
	大专校院	267	661	1,173	148	3,340	916	593	854	390	250	0	897	9,489
	合计	29,849	2,234	4,818	2,547	9,256	4,742	4,069	20,282	9,121	7,417	4,617	3,889	102,841

（2）资赋优异类

年度	教育阶段	资赋优异类				
		一般智能	学术性向	艺术才能	其他特殊才能	小计
2005	小　学	5,674	159	9,614	1,054	16,501
	初　中	3,440	2,188	9,485	1,622	16,735
	高中职	1,663	2,095	5,316	3,227	12,301
	合　计	10,777	4,442	24,415	5,903	45,537
2006	小　学	5,644	141	10,222	954	16,961
	初　中	4,307	4,383	10,068	1,430	20,188
	高中职	2,040	3,428	5,229	2,847	13,544
	合　计	11,991	7,952	25,519	5,231	50,693

2007	小学	5,916	199	10,869	556	17,540
	初中	4,892	5,443	10,966	936	22,237
	高中职	1,416	3,473	4,164	2,029	11,082
	合计	12,224	9,115	25,999	3,521	50,859
2008	小学	5,724	193	11,088	217	17,222
	初中	4,090	5,712	11,447	280	21,529
	高中职	1,073	4,630	4,947	117	10,767
	合计	10,887	10,535	27,482	614	49,518
2009	小学	5,537	183	11,118	100	16,938
	初中	2,605	5,280	11,176	212	19,273
	高中职	404	5,255	5,111	78	10,848
	合计	8,546	10,718	27,405	390	47,059

七、社会教育

社会教育是为所有学前儿童直到高龄长者提供随时随地均可学习，终身接受教育、终身学习的教育过程和社会环境。它既包括正规、也包含非正规，以及非正式的教育，社会教育涵盖家庭、学校、社会等。

台湾于2002年6月26日发布了“终身学习法”，鼓励民众终身学习，推动终身教育，增进学习机会，提高民众素质。

1. 社区大学

社区大学是在正规教育体制外，由主管机关自行或委托办理，提供社区居民终身学习活动的教育机构。台湾地区自1998年起开始设立社区大学，后又明确规定各县、市应普设社区大学。到2010年台湾各地已有社区大学80所，及“原住民”部落社区大学15所，每年选课人次超过22万人。

2. 补习学校

台湾地区鼓励并持续推动补习学校、进修学校为民众提供教育，并不断提升教学质量。开办各种短期补习班，为民众提供有关补习。另外，倡导民众“时时可学习，处处是教室”之观念，达到全民终身学习的目标。为建构终身学习及无年龄歧视社会，2008年起建立了乐龄学习资源中心202所，乐龄学堂28所。

此外，将强化家庭教育作为终身学习推展的重要环节，提供正规、非正规与非正式的教育机会，促进家庭教育功能的发挥。

3. 远程教育

台湾地区将远程教育称作空中教育，它以电视、广播、电脑网络等信息传媒手段开展教学，以辅助或取代教室教学的形式。学生入学年龄不限，学历不限，也不需要入学考试。在空中大学学习结束后，可以与正规大学一样申请授予学士学位。

目前，台湾地区共有二所均为公立的空中大学："国立"空中大学、高雄市立空中大学。这两所学校 2010—2011 学年度的基本概况是："国立"空中大学共有学士班学生 13,853 人，毕业生 1,925 人，专任教师 56 人；高雄市立空中大学共有学士班学生 2,873 人，毕业生 501 人，专任教师 21 人。

4. 社教机构

台湾地区社交机构数量很多，公、私立都有，且广泛分布于各地。各地区的教育机构包括分图书馆、博物馆、科学馆、艺术馆、文化中心、社会教育馆、音乐厅、戏剧院、纪念馆、文物馆、动物园及儿童育乐中心等 12 大类，这些机构力求符合民众需求与教育资源的共享。"国立"的社教机构主要有："国家"图书馆、"中央"图书馆台湾分馆、台中图书馆、历史博物馆、台湾科学教育馆、台湾艺术教育馆、自然科学博物馆、国父纪念馆、中正纪念堂管理处、中正文化中心、科学工艺博物馆、教育广播电台、海洋生物博物馆、台湾史前文化博物馆、凤凰谷鸟园。其他附属机构还有教育资料馆、中国医药研究所、编译馆、教育研究院筹备处。另外，正在筹建大型博物馆。

八、"原住民"教育

1. 台湾地区"原住民"的概念

台湾地区是一个多元社会，拥有众多少数民族。所谓台湾"原住民"，就是岛内属于南岛语系的高山族的九个民族支系的统称，这九族包括：阿美、排湾、泰雅、赛夏、布农、曹族、卑南、雅美和鲁凯等。祖国大陆则将台湾地区的"原住民”称为高山族。

台湾“原住民”族群主要分布在岛内中央山脉、东海岸及兰屿一带。人口三十多万，约占台湾地区总人口不到百分之二，其中约有八万人现已居住于城市中。

“原住民”为台湾地区的经济发展发挥了非常重要的作用，由于其所处的生活环境和教育的落后，以及一直以来“原住民”教育又始终被排除在主流教育体系之外，其语言、文化、习俗、宗教等也都未被考虑到台湾地区教育实施过程中，使得“原住民”社会发展较为滞后。

2. 促进“原住民”教育的措施

（1）从上世纪 90 年代开始，“原住民”教育日益受到台湾社会的关注，提出了在教育过程中了解和重视“原住民”文化，出台了《发展与改进“原住民”教育五年计划》等政策，并召开了“‘原住民’教育会议”。又制定了“‘原住民’族教育法”，明确了以了解尊重、包容多元的“原住民”族教育文化，保障“原住民”教育机会的公平性，推动“原住民”族教育，培育更多“原住民”人才，从而让“原住民”珍贵文化资产能发扬传承。

积极扩展“原住民”学生接受高等教育机会，并以各项辅助措施协助其完成课业学习，以发挥“原住民”学生多元潜能，培育“原住民”多样人才。“原住民”学生经大学考试分发入学管道录取的人数，自 1992 学年度 115 人，提高至 2010-2011 学年度的 933 人，录取率维持 80% 以上。培育“原住民”学生手工艺人才并畅通升学管道，为技职教育培育“原住民”产业的人才。

保障“原住民”学生修习师资职前教育：保送“原住民”籍高中毕业学生升学师范及教育大学，其名额采外加方式，以充裕“原住民”地区师资阵容。

补助“原住民”高中寄宿生住宿及伙食费。补助“国立”暨台湾省私立高级中等学校“原住民”寄宿生住宿伙食费。补助“国民”中小学“原住民”在校住宿生之住宿及伙食费用：以每生每学期补助 12,600 元整为上限。

培育优秀“原住民”学生运动人才。补助“原住民”地区学校运动场地兴整建及购置体育器材设备共计 232 件。

推动“原住民”成人基本教育。补助成人基本教育计划，将“原住民”列为优先提供教育的对象，并将在 15 个县市设立了“原住民”部落社区大学。

3.“原住民”就学情况

2010-2011 学年度，“原住民”在学人数为 123,818 人。其中：小学 47,942 人，初中 27,527 人，高中 10,501 人，高职 10,060 人，二专 518 人，五专 3,025 人，大学 15,210 人，硕士 911 人，博士 68 人，宗教进修学院 2 人，特教学校 254 人，其他补习或进修学校 7,269 人，空中大学 531 人。

九、侨民教育

1. 吸引侨生赴台就学

台湾当局自 1951 年以来，积极推展各项海外侨民教育工作，辅导和吸引侨生到岛内升学。迄今为止，已吸引侨生在台升学人数达 18 万 2 千人次以上（2009 学年度在学侨生共 13,869 人），遍布五大洲 70 个国家和地区。而毕业侨生至 2008 学年度（2008 学年度毕业侨生共 2,234 人）已累计达 10 万 5 千余人次。

为扩大招收海外华裔学生来台升学并强化侨生在校学业及生活辅导，采取的主要措施包括：为困难侨生提供助学金，同时给海外优秀侨生就读大学提供奖学金。2010 学年度起，又新增菁英侨生奖学金、补助大学研究所优秀侨生奖学金、补助各校办理侨生辅导、春节祭祖聚餐联谊活动、学业辅导及假期课业辅导等经费。增加大专校院侨生招生热门科系名额、放宽大学毕业侨生以申请方式就读大学硕士班、办理海外台湾高等教育联展、透过海外联招会加强侨生招生倡导、积极协助侨生顺利如期完成学业返回侨居地，成为当地优秀人才。

2. 设立海外学校

台湾地区目前在东南亚地区三个国家设立五所海外台湾学校有学校，分别是印度尼西亚雅加达台湾学校、泗水台湾学校、马来西亚吉隆坡台湾学校、槟吉台湾学校，以及越南胡志明市台湾学校，学生总数达 1,863 人。海外各级学校办学的教育目标和台湾地区现行学制相同，课程除当地国家另有规定外，都按岛内同级同类学校课程纲要办理，选用教材也相衔接，这样也为赴当地工作的台商子女提供了良好的就学环境。另外，补助海外台湾学校办理各类汉语班，同时也吸引当地人士学习汉语。

十、信息教育

1. 发展战略

信息教育，台湾地区称为资讯教育，泛指与资讯或网络科技有关的教育活动与措施，包括政策、设施、课程、教材、教学、师资、学习、能力指标等，范围甚广。从内涵看，台湾目前推广的教育信息化有别于传统的计算机辅助教学或电脑教育。它以均衡城乡信息环境基础建设、教学平台建设、充实教学数字内容、提升教师信息素养和信息融入教学能力为目标。并将强调促进教育的均衡发展，缩小数字化差距，推动城乡资源共用，提供均衡的教育资源作为重点。

台湾地区教育信息化发展战略的一个明显特点是，总体战略与局部战略相结合，既保障教育信息化的整体推进，又有利于不同区域实现教育信息化的个性发展。

2. 中小学信息教育

在中小学信息化教育方面，积极推动优质化数字环境，在各中小学校和高职学校建立“多功能信息化专科教室”、“多功能信息数字教室”，以及班级信息化教学设备和多媒体互动教师学习中心。优化学术网络，建构新下一代网络(NGN)，创造信息安全环境，规划建立 ISAC 以增强信息安全通报与应变处理能力。

早在 1981 年前后，台湾地区高中就把“电子计算机简介”列为选修课。台湾地区目前推广中小学教育信息化的整体内容是：四项远景、十项策略和七项指标。

（1）四项远景。资讯随手得；主动学习乐；合作创新意；知识伴终身。

（2）十项策略。建设优质的教育信息化环境，学校均能连到点对点基础网络；鼓励师生购置信息工具，善用电脑资源，增加设施使用效率；将信息技术整合到学校课程中，创新学习典范与形式，鼓励各县市发展具有地方文化特色教学资源；建设共享信息流通机制，开发教育平台，发展整合素材库，共持网络教育智慧；培训与支持教师在教学活动中运用信息技术，鼓励将信息技术融入各科教学能力，作为师资培养教育及教师选聘标准之一；设立重点学校，发展教学特色，鼓励各校成立各领域信息化教学小组；促进城乡教育均衡发展，推动城乡资源共用、缔结信息化姊妹学校；学校结合社区，形成家庭、教师、学生共同学习社群，鼓励企业参与教育信息化的建设与发展；通过信息技术简化教育行政管理，提升教育行政人员信息素养，使教学与行政相互支持；针对网络对学生、教师、学校、家庭、社区、社会的影响，持续进行评估与研究。

（3）七项指标。时时用电脑，处处上网络；教师均能运用信息技术进行教学，并达到总教学时间的 20%；教材全面联网，各学习领域均拥有丰富且具特色的教学资源；学生均具备正确的信息化学习态度，了解并尊重信息理论；建立 600 所教育信息化特色校；全面建构学校无障碍网络学习环境，缩小数字化差距；各县市教育行政工作均达到信息化、自动化、透明化。

3. 缩小城乡落差

为了缩减偏乡信息落差，提升偏远乡镇的竞争力，2005 年起台湾教育主管部门开始执行“创造偏乡数字机会推动计划”，提供农村和地处偏僻地区与城市有平等的信息近用机会及信息应用素养。

到 2010 年 9 月，在 18 个县累计建设信息机会中心（Digital Opportunity Center, 简称 DOC）173 个。为民众提供信息应用培训，累计开设信息应用课程培训，开放服务民众自由上机使用，以及小学生课后照顾。

另外，还对中低收入家庭学生实施“国民计算机应用计划”，使之享有公平的信息科技环境应用机会、定期学习辅导。加强督导学生上网安全防护措施与管理，发展网络课后辅导，协助偏远农村学生学习。招募信息志工（志愿者）团队，前往 130 所偏远农村学校及 129 个数字机会中心协助信息应用服务。

十一、环境教育

1. 理念教育

台湾地区对岛内环境的可持续发展（台湾称“永续发展”）较为重视。学校教育的过程便持续推动校园安全卫生及环境教育，实施可持续校园推广计划，强化校园环境管理及学校可持续经营理念，建立伙伴合作关系，提供安全、卫生且符合可持续发展的学习环境。

2. 可持续发展校园建设

对可持续发展校园的改造建设给予补助，支持各校与当地特色发展相适宜的本土可持续发展教育课程、教学活动，并建立“台湾绿色学校伙伴网络”。

在推动校园安全卫生方面，妥善处理实验废弃物（废污）。节约能源方面，台湾地区实施了“大专校院及高级中等学校校园节约能源管理辅导团计划”，对各级学校节省电费的潜能开展调查分析，逐年完成大专院校高级中等学校、中小学的电力健检手册，规划学校自主化管理办法，制定完整的管理机制，举办节约能源管理及温室气体盘查培训课程，使节约能源的理念深植于校园、推广于社会。

对于各地方“环境教育辅导小组计划”，非营利民间团体、大专院校等举办“环境教育推广活动”，给予经费支持。全面推广环境教育活动，深化民众及学生环境可持续发展的观念。

十二、语文教育

1. 语文教育政策

台湾地区近些年来强化了对语文的教育，在学前教育与“国民”教育阶段的语言政策为“先母语、后国语、再英语”。因此，所谓的语文教育，重点就是提高对母语教育的重视。而所谓的母语，实际上就是岛内所称的本土语言，即“原住民”语言，还有闽南话、客家话等家乡话而已。从 2011 年开始台湾地区将把“母语”列入正式课程。

台湾教育主管部门曾在 2006 年发布“高级中等以下学校及幼儿园推动台湾母语日活动实施要点”其内容含括课程规划、教学实施、课间活动、情境布置、创作发表或研究等，试图营造台湾母语优质环境，落实母语教育“向下扎根、向上延伸”。

2. 方言教学情况

目前，台湾地区中小学校几乎都实施了母语教育。为了提升岛内全体民众闽南语能力，从 2010 年起台湾地区还开始办理闽南语语言能力认证。还着手建设台湾本土语言数字化语料库及学习资源，将闽南语、客家语及台湾“原住民”族语设为文化资产，着重语料搜集及研究，利用数字及信息化设备进行本土语言的推广。

3. 语言辞书编纂

加强语文研究、整理和推广。编纂字、辞典等工具书，包括《重编国语辞典修订本》、《国语辞典简编本》、《国语小字典》、《异体字字典》及《成语典》。另外，配合九年一贯课程、实施语文教学和社会人士语文教学与学习的需要，还推出了《台湾客家语常用词辞典》、《台湾“原住民”族语言历史文化大辞典》暨《台湾闽南语常用词辞典》网络试用版，并上载台湾学术网络，成为因特网中重要的语文公共资源。

第二章

台湾地区高等教育现状

台湾作为中国的一部分，其教育源自祖国。由于几十年的相互分割，两岸在高等教育方面出现了一些不同。在台湾地区，与正规的高等教育相并列还设有技术职业类教育，专门培养掌握应用技能人才。台湾的高等教育中，有“国立”、省立、市立，还有大量私立大专院校，李登辉当政时期“废省”之后，省立已全部变更为“国立”。

一、高等教育的种类

台湾地区高校主要有两大系列：普通类与技术（职业）类。现行的高等教育体制分为：高等教育体系、技术教育（含职业，简称技职类）体系、师范教育体系、远程（台湾称空中）教育体系和军、警教育体系。

1. 普通高等教育体系

台湾地区的高等教育体系基本上都是普通全日制综合性大学。独立学院和专科学校一般都属于技术教育体系。台湾地区综合性大学与祖国大陆基本相同，系所设置较为全面，一般都设有理、工、文、法、农等学院。医学院则仅有少数几所大学才被允许设立，如台湾大学医学院、成功大学医学院。台湾地区规定，大学必须拥有至少三个学院（有些学校采用学群）。综合大学既有公立的，也有私立的，公立大学中仅有少数几所属于市立。

综合性大学学生数量较多，有完整的大学与研究生教育。同时，拥有较为雄厚的师资力量，台湾的大学专任教师，拥有博士学位者必须达到百分之七十以上，许多大学的系、所专任教师拥有博士学位者已达到百分之百。台湾地区的各类研究所都设立在大学中，因此，综合性大学在自然科学和社会科学等基础理论研究方面往往承担着岛内的主要研究任务。另外，在图书资料、实验仪器与设备等方面也都享一定的优势。

2. 技术教育体系

技术职业教育主要是以工业、农业、计算机技术、经济与管理，以及医药护理等应用型技能的专门邻域为主，也有以社会、人文包括外语等领域开展教学与科研的学校。技术职业类大专院校的科研，主要以解决实际应用问题为主，其学生培养目标也偏重于应用型且掌握高等技能的人才。

技职教育类包括科技大学、技术学院和专科学校。在高等中级教育中与其对接的如前所述，有高等职业学校和综合高级中学技职部分。

科技大学和技术学院内也设有一些研究所或研究中心，开设硕士班或博士班，学生修读毕业一样可以获得博士、硕士或学士学位。同时，这些研究所同样承担着岛内一些重要的研究任务。

在科技大学和技术学院中，大学本科、硕士及博士教学组织形式也都采用班级的形式。但大学本科学士学位阶段与普通大学有所不同，普通大学为大学学士班，而技职类高校是四技（四年制技术类）。另外，还有专门接收二专和五专升入的二技（二年制技术类，即专升本）。

（1）科技大学。与普通大学一样必须拥有至少三个学院（有些学校采用学科群）。科技大学同样既有公立的，也有私立的。台湾地区原仅有如崑山科技大学等五所私立科技大学、六所“国立”科技大学。近十年内，众多私立技术学院升格为科技大学，公私立科技大学数量显著增加。

科技大学有较为雄厚的师资力量，与普通大学不同，其专任教师中拥有博士学位者必须达到百分之五十以上，而非百分之七十以上。但实际已都达到百分之七十以上，有些大学的系、所专任教师拥有博士学位者甚至也已达到百分之百。

（2）技术学院：现在的技术学院除少数几所外，大都也是在近十年内由原来的专科学校升格改制而来。技术学院必须至少拥有三个系。技术学院与科技大学相比，仅在规模和专业学科数量上不如科技大学。但其师资水平和科研能力并不逊色。技术学院也设有研究所，可以招收培养攻读学位研究生。技术学院在设立或改制满三年后，符合校地、校舍、师资、图书资料与仪器设备、以及教学与科研等方面的相关条件，可以申请升格为科技大学。

（3）专科学校：顾名思义，其学校规模和专业设置的数量较小，专任教师以及学生人数等也都较少。专科学校一般没有研究所，没有学士班的修学课程。专科学校内一般开设二年制和五年制专科，二专招收对象为高级职业学校（高中）；五专招生对象是初中毕业生。二专和五专毕业时为大学二年专修科程度，可以选择进入科技大学或技术学院的二技（专升本）学习，也可以在工作三年后直接报考硕士班研究生。

专科学校在创办五年以上，符合校地、校舍、师资、图书资料与仪器设备、以及教学与科研等方面的相关条件，可以申请升格为技术学院。

截至 2011 年 5 月，台湾地区各县市技职教育类高等院校的分布情况是：

县 市	学　　校
台北市	“国立”台湾科技大学　“国立”台北科技大学　“国立”台北护理健康大学　“国立”台北商业技术学院　“中国科技大学”　“国立”台湾戏剧学院　台华科技大学　德明财经科技大学　台北科学技术学院　兰阳技术学院　台湾警察专科学校（公立）　马偕医护管理专科学校　康宁医护暨管理专科学校
新北市	明志科技大学　圣约翰科技大学　景文科技大学　东南科技大学　亚东技术学院　致理技术学院　华夏技术学院　德霖技术学院　黎明技术学院　醒吾技术学院　耕莘健康管理专科学校
桃园县	清云科技大学　万能科技大学　龙华科技大学　南亚技术学院　长庚技术学院　新生医护管理专科学校
新竹县市	明新科技大学　元培科技大学　大华技术学院
苗栗县	育达商业科技大学　亚太创意技术学院　仁德医护管理专科学校
台中市	“国立”勤益科技大学　朝阳科技大学　弘光科技大学　中台科技大学　远东科技大学　侨光科技大学　“国立”台中技术学院　修平技术学院　“国立”台中护理专科学校
南投市	南开科技大学
彰化市	建国科技大学　中州技术学院
云林县	“国立”虎尾科技大学　“国立”云林科技大学　环球科技大学
嘉义县市	吴凤科技大学　大同技术学院　崇仁医护管理专科学校
台南市	崑山科技大学　南台科技大学　嘉南药理科技大学　台南科技大学　远东科技大学 中华医事科技大学　南荣技术学院　敏惠医护管理专科学校
高雄市	“国立”高雄应用科技大学　“国立”高雄海洋科技大学　“国立”高雄第一科技大学 “国立”高雄餐旅大学　辅英科技大学　树德科技大学　正修科技大学　高苑科技大学 空军航空技术学院（公立）文藻外语学院　东方设计学院　和春技术学院　育英医护管理专科学校　树人医护管理专科学校　高美医护管理专科学校
屏东县市	“国立”屏东科技大学　大仁科技大学　美和科技大学　“国立”屏东商业技术学院 高凤数位内容学院　永达技术学院　慈惠医护管理专科学校
澎湖县	“国立”澎湖科技大学
花莲县	慈济技术学院　大汉技术学院　台湾观光学院
台东县市	“国立”台东专科学校

3. 师范教育体系

师范教育即台湾的师资教育。台湾地区的师范教育有其较为完整的体系。长期以来，台湾地区对师范教育始终采取一元化封闭式的培养方式，中、小学和幼稚园师资只能由师范类大专院校或极少数有师范教育专业的综合性大学培养，造成了师资短缺。从上世纪九十年代起，师资培育管道开放多元化，非师范教育类大学也可以开设教育学程。同时，对于非师范类大学的师资培育提出了明确的要求与规定。另外，不仅师范院校毕业生，任何大学学生只要修毕教育学程，都可申请为实习教师。

台湾的师范学院和师范专科学校，在近二十年内都已升格改制为师范大学。

4. 远程教育体系

台湾的远程教育体系即空中大学教育，由官方实施。如前所介绍，目前台湾岛内南北两地，即台北市和高雄市各有一所空中大学，这两所学校已将全岛基本覆盖。

5. 军警教育体系

属于军方和警察体系的高等教育。有大学、学院和专科学校。

台湾地区各类高校的基本情况可参见附表。

1990 年——2010 年台湾地区大专院校统计

年份	合计	大学			学院			专科		
		“国立”	市立	私立	“国立”	市立	私立	“国立”	市立	私立
1991	123	13		8	14	1	14	12	1	60
1992	124	13		8	14	1	14	13	1	60
1993	125	13		8	14	1	15	13	1	60
1994	130	15		8	16	1	18	12	1	59
1995	134	16		8	17	1	18	15	1	58
1996	137	16		8	19	2	22	14		56
1997	139	20		18	19	2	19	10		51
1998	137	21		18	20	2	23	6		47
1999	141	21		23	23	2	36	4		32
2000	150	25		28	22	2	50	4		19
2001	154	27		30	21	2	55	3		16
2002	154	27		34	21	2	55	3		12
2003	158	30		37	19	2	54	3		13
2004	159	34		41	15	2	53	3		11
2005	162	40	1	48	9	1	46	3		14

2006	163	40	1	53	10	1	42	3		13
2007	164	41	1	58	9	1	39	3		12
2008	162	41	1	60	7	1	37	3		12
2009	164	41	1	63	8	1	35	3		12
2010	163	44	1	67	5	1	30	3		12

1991 年——2010 年台湾地区技术职业类大学、学院统计

年 份	合 计	科技大学		技术学院	
		公 立	私 立	公 立	私 立
1991	3			3	
1992	3			3	
1993	3			3	
1994	6			5	1
1995	7			6	1
1996	10			6	4
1997	20	4	1	6	9
1998	26	5	1	7	13
1999	47	5	2	10	30
2000	62	6	5	10	41
2001	67	6	6	11	44
2002	71	6	9	11	45
2003	72	6	11	10	45
2004	75	8	14	8	45
2005	75	9	20	7	39
2006	77	9	23	8	37
2007	78	10	27	7	34
2008	78	10	28	7	33
2009	78	10	31	7	30
2010	77	12	34	4	27

二、高等院校的师资

台湾地区历来重视教师培养，对于教师的录用，不论是大专院校还是中小学校甚至幼稚园，都有严格的规定和程序。例如幼稚园老师的任用，必须经过师范院校或大学教育学程的专业学习，并取得教师证书，还必须参加相应培训取得与幼稚园相符的资格，方可参加公开甄选。幼稚园老师如此，大学教师则可见一斑。

1. 教师类别

台湾地区高等院校中教师可分为专任教师与兼任教师二种，专任教师为学校的全职在编人员；兼任教师一般任职于企事业单位。兼任教师每学期应有聘书、各学期实际任教至少满一学分且授课学时数至少达十八小时。无论是专任教师还是兼任教师，都必须符合高校教师的任职条件和资格，并且具有较高的学历与学术水平。

2. 教师资格

凡担任大学、独立学院和专科学校教师，必须取得专科以上教师资格。台湾地区教师资格的取分检定及审定分二种：高级中等以下学校的教师采检定制；专科以上学校的教师采审定制。专科以上学校教师资格的审定分别由学校和“教育部”进行，复审合格者才能取得教师证书，方可在高校任教。

3. 职级与聘任

根据台湾“大学法”和“专科学校法”规定，大学及专科学校教师分为：教授、副教授、助理教授、讲师四级。

大学教师的聘任分为初聘、续聘及长期聘任三种。聘任工作的原则是公平、公正、公开，初聘应当在传播媒体或学术刊物公告信息。台湾对于教师的聘任、升等、停聘、解聘、不续聘及资遣等有严格的程序和运作规定，经各级教师评审委员会审议后，再由校务会议审议通过。

台湾地区各校 2010 — 2011 学年度专任教师情况如下：

	学　校	总计	教授	副教授	助理教授	讲师	其他
合计 50,213	博士学位	34,397	9,313	12,238	12,397	333	116
	硕士学位	13,032	629	1,649	1,327	8,402	1,025
	学士学位	2,548	320	474	238	594	922
	专科毕业	173	7	34	24	37	71
	其　他	63	6	7	14	8	28
	“国立”政治大学	711	300	206	160	37	8

“国立”清华大学	615	313	144	136	14	8
“国立”台湾大学	1992	1056	466	376	51	43
“国立”台湾师范大学	904	355	269	187	59	34
“国立”成功大学	1251	569	346	268	59	9
“国立”中兴大学	758	339	216	151	40	12
“国立”交通大学	692	325	164	164	29	10
“国立”中央大学	589	275	158	131	18	7
“国立”中山大学	477	232	126	92	17	10
“国立”台湾海洋大学	388	136	118	114	10	10
“国立”中正大学	541	194	171	152	17	7
“国立”高雄师范大学	298	98	107	72	10	11
“国立”彰化师范大学	395	132	140	88	21	14
“国力”阳明大学	385	150	129	68	21	17
“国立”台北大学	332	109	97	93	20	13
“国立”嘉义大学	507	122	188	139	41	17
“国立”高雄大学	214	48	62	96	6	2
“国力”东华大学	477	113	178	170	8	8
“国立”暨南国际大学	267	52	82	115	3	15
“国立”台湾科技大学	503	167	111	156	65	4
“国立”云林科技大学	347	109	132	71	25	10
“国立”屏东科技大学	380	106	134	101	31	8
“国立”台北科技大学	459	108	195	102	38	16
“国立”高雄第一科技大学	252	50	97	91	9	5
“国立”高雄应用科技大学	371	84	119	110	47	11
“国立”台北艺术大学	160	37	43	36	14	30
“国立”台湾艺术大学	159	35	64	36	19	5
“国立”台东大学	170	30	67	44	17	12
“国立”宜兰大学	231	60	94	34	39	4
“国立”联合大学	291	44	123	58	53	13
“国立”虎尾科技大学	350	62	143	108	33	4
“国立”高雄海洋科技大学	237	34	93	58	43	9
“国立”台南艺术大学	94	12	32	41	8	1
“国立”台南大学	241	74	93	64	5	5
“国立”台北教育大学	217	88	79	37	8	5
“国立”新竹教育大学	182	60	65	46	6	5
“国立”台中教育大学	184	43	83	44	9	5

“国立”屏东教育大学	194	37	80	58	13	6
“国立”澎湖科技大学	109	13	36	45	13	2
“国立”勤益科技大学	285	53	111	64	51	6
“国立”体育大学	98	25	23	21	16	13
“国立”台北护理健康大学	161	26	53	25	38	19
“国立”高雄餐旅大学	140	5	56	39	36	4
“国立”金门大学	91	12	16	53	8	2
东海大学	544	133	185	141	60	25
辅仁大学	704	154	237	216	74	23
东吴大学	442	148	156	70	56	12
中原大学	500	131	145	162	45	17
淡江大学	812	226	292	222	43	29
中国文化大学	748	184	260	205	63	36
逢甲大学	639	159	251	92	112	25
静宜大学	384	71	143	97	63	10
长庚大学	638	153	198	213	63	11
元智大学	343	73	93	143	26	8
中华大学	298	57	104	68	56	13
大叶大学	331	44	109	115	46	17
华梵大学	146	17	56	48	16	9
义守大学	564	88	182	226	57	11
世新大学	312	65	117	81	37	12
铭传大学	640	68	195	275	91	11
宝践大学	414	37	119	150	88	20
朝阳科技大学	408	43	131	168	52	14
高雄医学大学	511	127	133	192	49	10
南华大学	221	25	68	110	10	8
真理大学	375	26	92	167	77	13
大同大学	206	62	59	48	34	3
南台科技大学	588	83	202	166	129	8
崑山科技大学	445	46	154	129	97	19
嘉南药理科技大学	520	56	145	222	68	29
树德科技大学	288	21	62	131	43	31
慈济大学	363	47	83	165	55	13
台北医学大学	425	121	112	144	45	3
中山医学大学	478	95	139	170	64	10

龙华科技大学	264	22	86	87	62	7
辅英科技大学	419	18	80	78	146	97
明新科技大学	436	30	151	115	129	11
长荣大学	368	59	88	154	38	29
弘光科技大学	413	37	96	115	94	71
中国医药大学	526	126	154	177	64	5
清云科技大学	371	31	109	138	80	13
正修科技大学	440	49	143	115	124	9
万能科技大学	305	27	94	72	100	12
玄奘大学	163	24	37	71	29	2
建国科技大学	310	23	100	84	90	13
明志科技大学	182	19	55	59	45	4
高苑科技大学	313	18	90	100	96	9
大仁科技大学	341	30	110	64	126	11
圣约翰科技大学	250	25	84	54	81	6
岭东科技大学	269	22	94	78	56	19
“中国科技大学”	321	24	75	99	112	11
中台科技大学	336	29	87	92	96	32
亚洲大学	339	47	71	180	24	17
开南大学	274	28	66	165	8	7
佛光大学	149	29	33	80	5	2
台南应用科技大学	333	23	91	102	108	9
远东科技大学	275	27	71	70	96	11
元培科技大学	260	15	60	107	71	7
景文科技大学	280	15	79	65	101	20
中华医事科技大学	334	22	85	72	149	6
东南科技大学	284	11	86	64	113	10
德明财经科技大学	251	17	72	72	88	2
明道大学	199	20	37	117	19	6
立德大学	137	13	24	62	32	6
南开科技大学	228	24	70	57	69	8
中华科技大学	301	20	84	76	113	8
桥华科技大学	254	14	80	65	86	9
育达商业科技大学	234	18	50	76	75	15
美和科技大学	290	16	44	98	100	32
吴凰科技大学	234	16	63	66	84	5

环球科技大学	211	10	24	76	91	10
台湾首府大学	162	9	18	96	30	9
台北市立教育大学	215	58	80	53	13	11
“国立”台湾体育学院	86	14	30	18	15	9
“国立”屏东商业技术学院	163	7	62	45	40	9
“国立”台中技术学院	341	41	126	60	98	16
“国立”台北商业技术学院	187	17	63	32	63	12
“国立”台湾戏曲学院	29	3	5	9	10	2
兴国管理学院	71	3	12	39	11	6
大华技术学院	214	14	64	41	85	10
文藻外语学院	282	12	59	126	80	5
大汉技术学院	97	3	24	18	49	3
慈济技术学院	143	2	30	42	62	7
永达技术学院	145	4	43	24	69	5
和春技术学院	181	3	45	46	74	13
北台湾科学技术学院	297	14	94	51	120	18
致理技术学院	258	9	74	70	93	12
醒吾技术学院	257	8	68	55	107	19
亚东技术学院	168	13	52	36	60	7
南亚技术学院	245	23	71	52	93	6
中州技术学院	189	13	55	56	61	4
修平技术学院	268	23	64	71	104	6
稻江科技暨管理学院	93	9	11	38	23	12
德霖技术学院	244	9	62	40	122	11
南荣技术学院	166	6	50	37	66	7
兰阳技术学院（日间）	199	4	17	42	128	8
兰阳技术学院（夜间）	11	0	0	0	10	1
黎明技术学院	196	4	49	26	110	7
东方设计学院	202	7	31	65	90	9
经国管理暨健康学院	139	2	31	33	49	24
长庚技术学院	367	10	53	62	153	89
崇右技术学院	130	7	25	25	60	13
大同技术学院	112	4	22	39	45	2
亚太创意技术学院	165	1	30	35	89	10
高凤数位内容学院	54	2	6	10	35	1
华夏技术学院	201	6	53	45	91	6

台湾观光学院	81	2	4	35	37	3
台北海洋技术学院	141	0	24	29	70	18
马偕医学院	21	8	7	6	0	0
台北市立体育学院	119	26	38	31	14	10
“国立”台中护理专科学校	68	4	13	15	15	21
“国立”台南护理专科学校	75	1	10	14	16	34
“国立”台东专科学校	46	3	7	16	20	0
康宁医护暨管理专校	87	0	10	9	61	7
马偕医护管理专科学校	111	3	7	22	55	24
仁德医护管理专校	185	1	5	26	134	19
树人医护管理专校	137	2	7	29	92	7
慈惠医护管理专校	139	1	3	17	97	21
耕莘健康管理专科学校	126	0	7	23	82	14
敏慧医护管理专校	125	1	5	11	76	32
高美医护管理专校	34	0	1	4	27	2
育英医护管理专校	80	0	1	8	41	30
崇仁医护管理专科学校（日间）	104	1	2	10	63	28
崇仁医护管理专科学校（夜间）	4	0	0	0	3	1
圣母医护管理专科学校	94	1	1	21	58	13
新生医护管理专科学校	183	2	3	33	120	25

台湾地区的“教师法”对教师的资格检定与审定，以及聘任、进修与研究、退休与离职等各项事宜都作了明确的规定，该“法”于 1995 年 8 月 9 日发布，2010 年 11 月 24 日修正并以“华总一义字第 09900317081 号”发布。

“教师法”

第一章　总则第 1 条　为明定教师权利义务，保障教师工作与生活，以提升教师专业地位，特制定本“法”。

第 2 条　教师资格检定与审定、聘任、权利义务、待遇、进修与研究、退休、抚恤、离职、资遣、保险、教师组织、申诉及诉讼等悉依本“法”之规定。

第 3 条　本“法”于公立及已立案之私立学校编制内，按月支给待遇，并依法取得教师资格之专任教师适用之。

第二章　资格检定与审定第 4 条　教师资格之取得分检定及审定二种：高级

中等以下学校之教师采检定制；专科以上学校之教师采审定制。

第 5 条　高级中等以下学校教师资格之检定分初检及复检二阶段行之。

初检合格者发给实习教师证书；复检合格者发给教师证书。

第 6 条　初检采检核方式。

具有下列资格之一者，应向主管教育行政机关缴交学历证件申请办理高级中等以下学校实习教师之资格：

一、师范校院大学部毕业者。

二、大学校院教育院、系、所毕业且修毕规定教育学分者。

三、大学校院毕业修满教育学程者。

四、大学校院或经“教育部”认可之国外大学校院毕业，修满“教育部”规定之教育学分者。

第 7 条　复检工作之实施，得授权地方主管教育行政机关成立县市教师复检委员会办理。

具有下列各款资格者，得申请高级中等以下学校教师资格之复检：

一、取得实习教师证书者。

二、教育实习一年成绩及格者。

教师合格证书由“教育部”统一颁发。

第 8 条　高级中等以下学校教师资格检定办法由“教育部”定之。

第 9 条　专科以上学校教师资格之审定分初审及复审二阶段，分别由学校及“教育部”行之。教师经初审合格，由学校报请“教育部”复审，复审合格者发给教师证书。

“教育部”于必要时，得授权学校办理复审，复审合格后发给教师证书。

第 10 条　专科以上学校教师资格审定办法由“教育部”定之。

第三章　聘任第 11 条　高级中等以下学校教师之聘任，分初聘、续聘及长期聘任，除依“师资培育法”第十三条第二项或第二十条规定分发者外，应经教师评审委员会审查通过后由校长聘任之。

前项教师评审委员会之组成，应包含教师代表、学校行政人员代表及家长会代表一人。其中未兼行政或董事之教师代表不得少于总额二分之一；其设置办法，由“教育部”定之。

专科以上学校教师之聘任分别依“大学法”及“专科学校法”之规定办理。

第 12 条　高级中等以下学校教师之初聘以具有实习教师证书或教师证书者为限；续聘以具有教师证书者为限。

实习教师初聘期满，未取得教师证书者，经教师评审委员会审查通过后得延长初聘，但以一次为限。

第 13 条　高级中等以下学校教师聘任期限，初聘为一年，续聘第一次为一年，以后续聘每次为二年，续聘三次以上服务成绩优良者，经教师评审委员会全体委员三分之二审查通过后，得以长期聘任，其聘期由各校教师评审委员会统一订定之。

第 14 条　教师聘任后除有下列各款之一者外，不得解聘、停聘或不续聘：

一、受有期徒刑一年以上判决确定，未获宣告缓刑。

二、曾服公务，因贪污渎职经判刑确定或通缉有案尚未结案。

三、依法停止任用，或受休职处分尚未期满，或因案停止职务，其原因尚未消灭。

四、褫夺公权尚未复权。

五、受监护或辅助宣告，尚未撤销。

六、行为不检有损师道，经有关机关查证属实。

七、经合格医师证明有精神病。

八、教学不力或不能胜任工作，有具体事实或违反聘约情节重大。

九、经学校性别平等教育委员会调查确认有性侵害行为属实。

教师有前项第六款或第八款规定情事之一者，应经教师评审委员会委员三分之二以上出席及出席委员过半数之审议通过。

教师有第一项第一款至第七款及第九款情形者，不得聘任为教师。其已聘任者，除有第七款情形者，依规定办理退休或资遣，及第九款情形者，依第四项规定办理外，应报请主管教育行政机关核准后，予以解聘、停聘或不续聘。

教师涉有第一项第九款情形者，服务学校应于知悉之日起一个月内经教师评审委员会审议通过后予以停聘，并静候调查。经调查属实者，由服务学校报主管教育行政机关核准后，予以解聘。

第 14-1 条　学校教师评审委员会依第十四条规定作成教师解聘、停聘或不续聘之决议后，学校应自决议作成之日起十日内报请主管教育行政机关核准，并同时以书面附理由通知当事人。

教师解聘、停聘或不续聘案于主管教育行政机关核准前，其聘约期限届满者，学校应予暂时继续聘任。

第 14-2 条　教师停聘期间，服务学校应予保留底缺，俟停聘原因消灭并经服务学校教师评审委员会审查通过后，回复其聘任关系。

教师依法停聘，于停聘原因未消灭前聘约期限届满者，学校教师评审委员会仍应依规定审查是否继续聘任。

第 14-3 条　依第十四条规定停聘之教师，停聘期间应发给半数本薪（年功薪）；停聘原因消灭后回复聘任者，其本薪（年功薪）应予补发。但有下列情形之一者，不在此限：

一、教师受有期徒刑或拘役之执行或受罚金之判决而易服劳役者，其停聘期间不发给本薪（年功薪）。

二、教师依第十四条第四项规定停聘者，其停聘期间不发给本薪（年功薪），俟调查结果无此事实并回复聘任者，补发全部本薪（年功薪）。

第 15 条　因系、所、科、组、课程调整或学校减班、停办、解散时，学校或主管教育行政机关对仍愿继续任教且有其他适当工作可以调任之合格教师，应优先辅导迁调或介聘；现职工作不适任或现职已无工作又无其他适当工作可以调任者或经公立医院证明身体衰弱不能胜任工作者，报经主管教育行政机关核准后予以资遣。

第 15-1 条　学校或主管教育行政机关依前条规定优先辅导迁调或介聘之教师，经学校教师评审委员会审查发现有第十四条第一项各款情事之一者，其聘任得不予通过。

主管教育行政机关依“国民教育法”所订办法办理迁调或介聘之教师，准用前项之规定。

第四章　权利义务第 16 条　教师接受聘任后，依有关法令及学校章则之规定，享有下列权利：

一、对学校教学及行政事项提供兴革意见。

二、享有待遇、福利、退休、抚恤、资遣、保险等权益及保障。

三、参加在职进修、研究及学术交流活动。

四、参加教师组织，并参与其他依法令规定所举办之活动。

五、对主管教育行政机关或学校有关其个人之措施，认为违法或不当致损害其权益者，得依法提出申诉。

六、教师之教学及对学生之辅导依法令及学校章则享有专业自主。

七、除法令另有规定者外，教师得拒绝参与教育行政机关或学校所指派与教学无关之工作或活动。

八、其他依本“法”或其他法律应享之权利。

第 17 条　教师除应遵守法令履行聘约外，并负有下列义务：

一、遵守聘约规定，维护校誉。

二、积极维护学生受教之权益。

三、依有关法令及学校安排之课程，实施教学活动。

四、辅导或管教学生，导引其适性发展，并培养其健全人格。

五、从事与教学有关之研究、进修。

六、严守职分，本于良知，发扬师道及专业精神。

七、依有关法令参与学校学术、行政工作及社会教育活动。

八、非依法律规定不得泄漏学生个人或其家庭资料。

九、担任导师。

一〇、其他依本“法”或其他法律规定应尽之义务。

前项第四款及第九款之办法，由各校校务会议定之。

第 18 条　教师违反第十七条之规定者，各聘任学校应交教师评审委员会评议后，由学校依有关法令规定处理。

第 18-1 条　教师因婚、丧、疾病、分娩或其他正当事由，得依教师请假规则请假。

前项教师请假规则，应包括教师请假假别、日数、请假程序、核定权责与违反之处理及其他相关事项，并由“教育部”定之。

第五章　待遇第 19 条　教师之待遇分本薪（年功薪）、加给及奖金三种。

高级中等以下学校教师之本薪以学经历及年资叙定薪级；专科以上学校教师之本薪以级别、学经历及年资叙定薪级。

加给分为职务加给、学术研究加给及地域加给三种。

第 20 条　教师之待遇，另以法律定之。

第六章　进修与研究第 21 条　为提升教育质量，鼓励各级学校教师进修、研究，各级主管教育行政机关及学校得视实际需要，设立进修研究机构或单位；其办法由“教育部”定之。

第 22 条　各级学校教师在职期间应主动积极进修、研究与其教学有关之知能；教师进修研究奖励办法，由“教育部”定之。

第 23 条　教师在职进修得享有带职带薪或留职停薪之保障；其进修、研究之经费得由学校或所属主管教育行政机关编列预算支应，其办法由“教育部”定之。

第七章　退休、抚恤、离职、资遣及保险第 24 条　教师之退休、抚恤、离职及资遣给付采储金方式，由学校与教师共同拨缴费用建立之退休抚恤基金支付之，并由政府负担最后支付保证责任。储金制建立前之年资，其退休金、抚恤金、资遣金之核发依原有规定办理。教师于服务一定年数离职时，应准予发给退休抚恤基金所提拨之储金。

前项储金由教师及其学校依月俸比例按月储备之。

在私立学校教师互转时，其退休、离职及资遣年资应合并计算。

第 25 条　教师退休抚恤基金之拨缴、管理及运用应设置专门管理及营运机构办理。教师之退休、抚恤、离职、资遣及保险，另以法律定之。

第八章　教师组织第 26 条　教师组织分为三级：在学校为学校教师会；在直辖市及县（市）为地方教师会；在“中央”为“全国”教师会。

学校班级数少于二十班时，得跨区（乡、镇）合并成立学校教师会。

各级教师组织之设立，应依人民团体法规定向该管主管机关申请报备、立案。

地方教师会须有行政区内半数以上学校教师会加入，始得设立。“全国”教师会须有半数以上之地方教师会加入，始得成立。

第 27 条　各级教师组织之基本任务如下：

一、维护教师专业尊严与专业自主权。

二、与各级机关协议教师聘约及聘约准则。

三、研究并协助解决各项教育问题。

四、监督离职给付储金机构之管理、营运、给付等事宜。

五、派出代表参与教师聘任、申诉及其他与教师有关之法定组织。

六、制定教师自律公约。

第 28 条　学校不得以不参加教师组织或不担任教师组织职务为教师聘任条件。

学校不得因教师担任教师组织职务或参与活动，拒绝聘用或解聘及为其他不利之待遇。

第九章　申诉及诉讼第 29 条　教师对主管教育行政机关或学校有关其个人之措施，认为违法或不当，致损其权益者，得向各级教师申诉评议委员会提出申诉。

教师申诉评议委员会之组成应包含该地区教师组织或分会代表及教育学者，且未兼行政教师不得少于总额的三分之二，但有关委员本校之申诉案件，于调查及诉讼期间，该委员应予回避；其组织及评议准则由“教育部”定之。

第 30 条　教师申诉评议委员会之分级如下：

一、专科以上学校分学校及“中央”两级。

二、高级中等以下学校分县（市）、省（市）及“中央”三级。

第31条　教师申诉之程序分申诉及再申诉二级。

教师不服申诉决定者，得提起再申诉。学校及主管教育行政机关不服申诉决定者亦同。

第32条　申诉案件经评议确定者，主管教育行政机关应确实执行，而评议书应同时寄达当事人、主管机关及该地区教师组织。

第33条　教师不愿申诉或不服申诉、再申诉决定者，得按其性质依法提起诉讼或依诉愿法或行政诉讼法或其他保障法律等有关规定，请求救济。

第一〇章　附则第34条　本“法”实施前已取得教师资格之教师，其资格应予保障。

第35条　各级学校兼任教师之资格检定与审定，依本“法”之规定办理。

兼任、代课及代理教师之权利、义务，由“教育部”订定办法规定之。

各级学校专业、技术科目教师及担任军训护理课程之护理教师，其资格均依教育人员任用条例之规定办理。

第35-1条　前条第三项之护理教师，其解职、申诉、进修、待遇、福利、资遣事项，准用教师相关法令规定。

经主管教育行政机关介派之护理教师具有健康与护理科合格教师资格者，自本法“中华民国”九十五年修正施行之日起至“中华民国”九十七年七月三十一日止，因军训护理课程调整致无法继续任教时，主管教育行政机关得办理介聘为健康与护理科教师；其介聘办法，由“教育部”定之。

第36条　本法各相关条文之规定，于公立幼儿园及已完成财团法人登记之私立幼稚园专任教师准用之。

未办理财团法人登记之私立幼儿园专任教师，除本“法”第二十四条、第二十五条外，得准用本“法”各相关条文之规定。

第36-1条　各级学校校长，得准用教师申诉之规定提起申诉。

第37条　本“法”授权“教育部”订定之各项办法，“教育部”应邀请“全国”教师会代表参与订定。

第38条　本“法”施行细则，由“教育部”定之。

第39条　本“法”自公布尔日施行。但待遇、退休、抚恤、离职、资遣、保险部分之施行日期，由“行政院”以命令定之；“中华民国”九十八年十一月六日修正之条文，自九十八年十一月二十三日施行。

三、学制与学位

1. 学制

台湾地区的学习年限是小学 6 年、初中 3 年、高中职 3 年，这是台湾地区沿用辛亥革命后于 1922 年施行的“壬戌”学制即“六三三”制。台湾地区高等教育阶段的学习年限，一般是大学 4 年、硕士和博士研究生各为二年。

台湾地区已经基本构建了较为完备的教育制度即学制。终身学习方面已形成了学制区域弹性和灵活；义务教育完全并强制性地实现“六三’制基本学制；高中阶段已经普及并完善了教育结构；高等教育实现了大众化、高校类型多样化。

台湾在高中和大学阶段实行双轨制：一轨是学术教育，另一轨是技术职业教育。两者在学校性质、学习年限等方面，相互之间无论是纵向和横向形成了相互交叉、相互影响、分类详细、有机相通的体系。

2. 学位授予规定

台湾地区的学位主要分为副学士、学士、硕士、博士四级。其中，副学士学位由专科学校授予；学士、硕士和博士学位由大学授予。各类学位名称、获得学位所应通过的各项考核由各大学订定并报台教育行政主管部门备查。

一般来说，台湾地区的大学、科技大学有学士、硕士和博士授予权，技术学院设立研究所的可以授予学士学位、硕士学位。学士学位在大学的学系修读；硕士、博士在大学设立的研究所修读，并且都实行班级制非导师制。

各级学位取得的条件如下：

（1）副学士学位：在专科学校及大学设有专科部学习的学生，修业期满且修满应修学分，有实习年限要求且实习完毕，经考核成绩合格者；专科学校及大学附设进修学校修读副学士学位的学生，修业期满且修满应修学分，有实习年限要求且实习完毕，经考核成绩合格者；

（2）学士学位：在大学学习的学生，修业期满且修满应修学分，有实习年限要求且实习完毕，经考核成绩合格者；空中大学（电视大学）学生，依其设置条例修满规定学分且成绩及格者；专科学校及大学附设进修学校修读学士学位的学生，修业期满且修满应修学分，有实习年限要求且实习完毕，经考核成绩合格者；大学双主修学生，修满本学系及他学系应修学分授予学士学位，辅系不另授学位。

（3）硕士学位：大学研究所硕士班研究生完成应修课程，提出论文，经学位考试委员会考试通过者；艺术类或应用科技类硕士班研究生，其论文得以创作、展演连同书面报告或以技术报道代替。

（4）博士学位：大学研究所博士班研究生完成学位应修课程且通过博士学位候选人资格考核，提出论文，经博士学位考试委员会考核通过者。此外，硕士班研究生修业一年以上成绩优异，经教授推荐，以及修业年限六年以上毕业且获学士学位并经有关专业训练二年以上、提出与硕士论文相当的专业论文经入学考试合格者，可以径行攻读博士学位。

台湾地区还规定，博士、硕士论文应以文件、录影带、录音带、光碟或其他方式，在台湾“国立中央图书馆”保存。

硕士学位考试委员会由校长聘请 3-5 人组成；博士学位考试委员会由校长聘请 5-9 人组成。

台湾地区学位授予的规定可参见 1994 年 6 月 23 日“华总一义字第 09300117561 号”修正公布的“学位授予法”，以及 1994 年 9 月 17 日“台参字第 0930122543A 号”的“学位授予法施行细则”。

“学位授予法”

第 1 条　学位之授予，依本“法”之规定。

第 2 条　学位分副学士、学士、硕士、博士四级。副学士学位由专科学校授予，并得由大学授予；

学士、硕士、博士学位由大学授予。

前项各级、各类学位名称，由各校定之，报“教育部”备查。

第 2-1 条　专科学校及大学设有专科部修读副学士学位学生，依法修业期满，修满应修学分，有实习年限者，实习完毕，经考核成绩合格者，授予副学士学位。

第 3 条　大学修读学士学位学生，依法修业期满，修满应修学分，有实习年限者，实习完毕，经考核成绩合格者，授予学士学位。

第 4 条　大学双主修学生，修满本学系及他学系应修学分者，得分别授予学士学位。修读辅系者，不另授予学位。

第 5 条　“国立”空中大学全修生，依“国立”空中大学设置条例修满规定学分成绩及格者，授予学士学位。

前项授予学士学位，其效力溯及本“法”修正通过前修满规定学分之毕业生。

第 5-1 条　专科学校及大学附设进修学校修读副学士学位、学士学位之学生，依法修业期满，修满应修学分，有实习年限者，实习完毕，经考核成绩合格者，分别授予副学士、学士学位。

第 6 条　大学研究所硕士班研究生，完成硕士学位应修课程，提出论文，经硕士学位考试委员会考试通过者，授予硕士学位。

艺术类或应用科技类研究所硕士班研究生，其论文得以创作、展演连同书面报告或以技术报告代替。

硕士学位考试委员会置委员三人至五人，由校长遴聘之。

第 7 条　大学研究所博士班研究生具有下列条件者，得为博士学位候选人：

一、完成博士学位应修课程。

二、通过博士学位候选人资格考核。

博士学位候选人提出论文，经博士学位考试委员会考试通过者，授予博士学位。

前项博士学位考试委员会置委员五人至九人，由校长遴聘之。

第 7-1 条　学生获得硕士、博士学位所应通过之各项考核规定，由各大学订定，并报“教育部”备查。

第 7-2 条　各大学对其所授予之学位，如发现论文、创作、展演、书面报告或技术报告有抄袭或舞弊情事，经调查属实者，应予撤销，并公告注销其已发之学位证书；其有违反其他法令者，并应依相关法令处理。

第 8 条　博、硕士论文应以文件、录像带、录音带、光盘或其他方式，于“国立”中央图书馆保存之。

第 9 条　硕士班研究生修业一年以上，成绩优异，由研究所教授推荐，所务会议审查通过，经校长核定并报请“教育部”备查后，得径行修读博士学位。

前项研究生未通过博士学位候选人资格考核，经所务会议审查通过，校长核定，得再回硕士班就读。

第一项研究生于通过博士学位候选人资格考核后，未通过博士学位考试，经博士学位考试委员会决定合于硕士学位标准者，得授予硕士学位。

第 10 条　凡修业年限六年以上之学系毕业获得学士学位，并经有关专业训练二年以上者，提出与硕士论文相当之专业论文，经博士班入学考试合格，径行修读博士学位者，得依第七条规定，授予博士学位。

第 11 条　硕士学位考试委员，除对硕士班研究生所提论文学科、创作、展演或技术报告有专门研究外，并应具有下列资格之一：

一、曾任教授或副教授者。

二、担任中央研究院院士或曾任中央研究院研究员、副研究员者。

三、获有博士学位，在学术上著有成就者。

四、属于稀少性或特殊性学科，在学术或专业上著有成就者。

前项第三款、第四款之提聘资格认定标准，由各系（所）务会议订定之。

第 12 条　博士学位考试委员，除对博士学位候选人所提论文学科、创作、展演或技术报告有专门研究外，并应具有下列资格之一：

一、曾任教授者。

二、担任中央研究院院士或曾任中央研究院研究员者。

三、曾任副教授或担任中央研究院副研究员，在学术上著有成就者。

四、获有博士学位，在学术上著有成就者。

五、属于稀少性或特殊性学科，在学术或专业上著有成就者。

前项第三款至第五款之提聘资格认定标准，由各系（所）务会议订定之。

第 13 条　军、警学校学生，符合本“法”与相关教育法律规定授予学位条件者，得由各该校授予学位。

第 14 条　本“国”或外国人士具有下列条件之一者，得为名誉博士学位候选人：

一、在学术或专业上有特殊成就或贡献，有益人类福祉者。

二、对文化、学术交流或世界和平有重大贡献者。

第 15 条　名誉博士学位由设有相关学科博士班研究所之大学组织名誉博士学位审查委员会审查通过后授予之，并报请“教育部”备查。

前项审查委员会由校长担任主席，教务长、有关学院院长、研究所所长、系主任，以及教授代表五人至七人组织之。

第 16 条　本“法”施行细则，由“教育部”定之。

第 17 条　本“法”自公布尔日施行。但“中华民国”九十三年六月四日修正之条文有关授予副学士学位之规定，自“中华民国”九十三年一月十六日施行。

“学位授予法施行细则”

第 1 条　本细则依学位授予法（以下简称本“法”）第十六条之规定订定之。

第2条　本"法"第六条第二项所称艺术类、应用科技类研究所，由各大学依其主要研究领域自行认定。

第3条　（删除）

第4条　依本"法"第六条第二项规定提出代替论文之书面报告或技术报告应撰写提要。

第5条　博士、硕士学位论文（含提要）以中文撰写为原则。

前经取得他种学位之论文，不得再行提出。

第6条　依本"法"第十条规定，报考研究所博士班者，其专业论文由各大学自行认定。

第7条　（删除）

第8条　（删除）

第9条　依本"法"第十五条规定报"教育部"备查之名誉博士学位授予名册，应载明授予对象之姓名、性别、出生年月日、国籍、学历、经历、所授学位名称及本"法"第十四条所依据之条件及具体说明。

第10条　本细则自发布日施行。

同等学力的认定台湾地区在大学招生中采取了可以同等学力报考的办法，不过同等学力的认定标准有明确的法律规定。台湾地区1995年8月30日发布了"报考大学同等学力认定标准"，"陆生三法"修正后，又于2011年1月5日"台参字09902268250C号"修正。其内容是：

第1条　本标准依"大学法"第二十三条第四项规定订定之。

第2条　具下列资格之一者，得以同等学力报考大学学士班一年级新生入学考试：

一、高级中等学校及进修学校肄业学生有下列情形之一：

（一）修满日间部二年级下学期或夜间部三年级下学期后，因故失学离校或休学二年以上，持有修业证明书、转学证明书或休学证明书附历年成绩单。

（二）修满日间部三年级上学期或夜间部四年级上学期后，因故失学离校或休学一年以上，持有修业证明书、转学证明书或休学证明书附历年成绩单。

（三）修满规定年限后，因故未能毕业，持有修业证明书。

二、五年制专科学校及进修学校肄业学生有下列情形之一：

（一）修满三年级下学期后，因故失学离校或休学一年以上，持有修业证明书、转学证明书或休学证明书附历年成绩单。

（二）修读四年级或五年级期间，因故失学离校或休学，或修满规定年限，因故未能毕业，持有修业证明书、转学证明书或休学证明书附历年成绩单。

三、高级中学及职业进修（补习）学校或实用技能班三年级（延教班）结业，持有结业证明书。

四、自学进修学力鉴定考试及格，持有高中、高职或专科毕业程度及格证明书。

五、知识青年士兵学力鉴别考试及格，持有高中程度及格证明书。

六、“国军”退除役官兵学力鉴别考试及格，持有高中程度及格证明书。

七、军中随营补习教育经考试及格，持有高中学力证明书。

八、下列国家考试及格，持有及格证书：

（一）公务人员高等考试、普通考试或一等、二等、三等、四等特种考试及格。

（二）专门职业及技术人员高等考试、普通考试或相当等级之特种考试及格。

九、持大陆高级中等学校肄业文凭，经主管教育行政机关检核通过或采认，并有第一款所列情形之一。

十、技能检定合格，有下列资格之一，持有证书及证明文件：

（一）取得丙级技术士证或相当于丙级之单一级技术士证后，从事工作经验五年以上。

（二）取得乙级技术士证或相当于乙级之单一级技术士证后，从事工作经验二年以上。

（三）取得甲级技术士证或相当于甲级之单一级技术士证。

十一、年满二十二岁且修习“教育部”认可之非正规教育课程累积不同科目课程达四十学分以上，持有学分证明。

十二、空中大学选修生修毕四十学分以上（不含推广教育课程），成绩及格，持有学分证明书。

第3条　具下列资格之一者，得以同等学力报考大学硕士班一年级新生入学考试：

一、在学士班肄业，未修满规定修业年限最后一年，因故退学离校或休学，自规定修业年限最后一年之始日起算已满二年，持有修业证明书，或休学证明书附历年成绩单。

二、修满学士班规定修业年限，因故未能毕业，自规定修业年限最后一年之末日起算已满一年，持有修业证明书，或休学证明书附历年成绩单。

三、在大学规定修业年限六年（含实习）以上之学士班修满四年课程，且已修毕毕业应修学分一百二十八学分以上。

四、取得专科学校毕业证书后，其为三年制者经离校二年以上；二年制或五年制者经离校三年以上；取得专科进修（补习）学校资格证明书、专科进修学校毕业证书或专科学校毕业程度自学进修学力鉴定考试及格证书者，比照二年制专科办理。各校并得依实际需要，另增订相关工作经验、最低工作年资之规定。

五、下列“国家”考试及格，持有及格证书者：

（一）公务人员高等考试或一等、二等、三等特种考试及格。

（二）专门职业及技术人员高等考试或相当等级之特种考试及格。

六、取得甲级技术士证或相当于甲级之单一级技术士证后，曾从事工作经验三年以上，持有证书及证明文件。

第4条　具下列资格之一者，得以同等学力报考大学博士班一年级新生入学考试：

一、硕士班学生修业满二年且修毕毕业应修科目与学分（不含论文），因故未能毕业，经退学离校或休学一年以上，持有修业证明书，或休学证明书附历年成绩单，并提出相当于硕士论文水平之著作者。

二、大学毕业获有医学学士学位或牙医学学士学位，经有关专业训练二年以上，并提出相当于硕士论文水平之著作者。

三、大学毕业获有学士学位，从事与所报考系所相关工作五年以上，并提出相当于硕士论文水平之著作者。

四、下列“国家”考试及格，持有及格证书，且从事与所报考系所相关工作六年以上，并提出相当于硕士论文水平之著作者：

（一）公务人员高等考试或一、二、三等特种考试及格。

（二）专门职业及技术人员高等考试或相当等级之特种考试及格。

前项各款相当于硕士论文水平之著作，由各大学自行认定。

艺术类或应用科技类相当于硕士论文水平之著作，得以创作、展演连同书面报告或以技术报告代替。

第一项第二款所定有关专业训练及第三款、第四款所定与报考系所相关工作，由学校自行认定。

本办法“中华民国”九十五年十二月二十八日修正施行前已符合原第四条第一项第二款规定资格者，于本办法修正施行后五年内，得依原规定报考大学博士班入学考试。

第5条　国外高级中等学校及专科学校学历符合大学办理国外学历采认办法

规定者，得准用第二条第一款及第二款规定办理。

修业年限少于国内高级中等学校及专科学校之国外同等学校毕业生，得以同等学力报考大学学士班。但大学得增加其毕业应修学分，或延长其修业年限。

国外专科以上学校学历符合大学办理国外学历采认办法规定者，得准用第三条第一款至第四款及前条第一项第一款至第三款规定办理。

军警校院学历，依“教育部”核准比叙之规定办理。

第 6 条　本标准所定年数起迄计算方式，除下列情形者外，自规定起算日，计算至报考当学年度注册截止日为止：

一、离校或休学年数之计算：自修业证明书、转学证明书或休学证明书所附历年成绩单所载最后修满学期之截止日期，起算至报考当学年度注册截止日为止。

二、专业训练及从事相关工作年数之计算：以专业训练或相关工作之证明上所载开始日期，起算至报考当学年度注册截止日为止。

第 7 条　本标准自发布日施行。

3. 多元入学

台湾地区的大学招生原来也采用统一高考方式，“一考定终生”。在 2001 年前后开始改革，

制定了“大学多元入学方案。”改革后的高校招生方式主要有以下几种：

(1) 推荐甄选制度。从 2002 年起，高等院校招生采取了推荐甄选与高考相结合的方式。由各大学联合组成“大学招生策进会”，共同制定“大学推荐甄选入学共同招生办法”和当年各校的招生简章，规定所有的招生工作以公开方式向社会宣布，甄选委员会也必须公告学测、术科考试成绩筛选结果，避免暗箱操作营私舞弊现象。

被推荐的学生首先必须参加大学入学考试中心的学科能力测验（简称“学测”），按照学测成绩标准和各校招生系科专业的要求报名甄选，择优录取。台湾地区学科能力测验检定是大学系科专业要求的学科能力测验最低标准，未达标者该志愿学校不予分发（录取）。学科能力测验成绩标准计算方式是：

顶标：成绩位于第 88 百分位数的考生级分；

前标：成绩位于第 75 百分位数的考生级分；

均标：成绩位于第 50 百分位数的考生级分；

后标：成绩位于第 25 百分位数的考生级分；

底标：成绩位于第 12 百分位数的考生级分；

（2）繁星入学。由高中（职）学校推荐在校成绩优良学生参加，主要是以全校成绩排名百分比为录取依据，为落实平衡城乡差距，以及推动高中（职）社区化，每所高校仅能录取同一所高中（职）学校至多 1 名学生。

（3）技优入学：技艺技能优良学生，获得国际技能竞赛单位主办或是台湾官方主办的技艺技能竞赛奖牌，或是取得台湾官方的乙级以上技术士证照，就有资格参加技优入学。学校则是透过书面资料审查以及面试方式决定录取结果。

（4）申请入学。每位学生可以选择 5 到 6 个志愿（专业），分二阶段进行，普通大学第一阶段以基本学科能力测验（简称学测）成绩，筛选招生名额 3 － 5 倍的学生参加第二阶段；技职类校院则是以统一入学测验（简称统测）成绩，最多筛选招生名额 3 倍的学生参加第二阶段。第二阶段则是由学校透过书面资料审查以及面试的方式决定录取结果。

（5）登记分发入学。高中学生以指定科目考试（简称指考）、高职学生则以统测成绩，透过选填志愿（就是投档）方式，按照分数高低及志愿顺序决定录取结果。

在研究所研究生（含硕士班、硕士在职专班及博士班）的入学方面，主要有二种方式。其一是推荐入学：由学校自行办理，主要依据是看学生的在校成绩及专题研究的成果，学校透过书面资料审查与面试来决定录取与否；其二是考试入学：由学校完全依据自行办理的学生笔试成绩决定是否录取，通常考试科目有 2 科到 6 科不等。

台湾地区现行教育体系还实行大学先修制度、在职专班、以及回流制度等，其教育方式很有特色，也为民众接受各级各类教育提供了多种选择机会。

台湾地区 2010–2011 学年度各专业学科在校学生数如下：

	博士班	硕士班	学士班	二专	五专
总计	34178	185000	1021636	15818	-
教育学门	2540	17410	21185	-	
艺术学门	332	6655	17644	94	1982
人文学门	2361	13455	91643	386	8453
设计学门	400	3535	43507	251	1425
社会及行为科学学门	1837	14057	33899	-	-
传播学门	98	2918	23949	8	-
商业及管理学门	2896	29434	197023	2687	8045

法律学门	260	5544	14715	-	1
生命科学学门	2318	4929	16394	-	19
自然科学学门	2115	5110	16411	-	-
数学及统计学门	354	2242	13416	-	-
电算机学门	581	6166	63879	1528	5224
工程学门	12931	50237	230496	2019	7397
建筑及都市规划学门	299	2842	11959	188	237
农业科学学门	897	3805	20870	194	105
兽医学门	171	387	1299	-	-
医药卫生学门	3434	7361	67627	1450	42987
社会服务学门	97	1971	26406	1823	2069
民生学门	78	4764	97318	5040	8766
运输服务学门	127	1059	7491	150	261
环境保护学门	34	948	2045	-	-
军警国防安全学门	-	27	580	-	-
其他学门	18	143	1880	-	-
人文类	5651	41225	176439	731	11860
社会类	5266	58689	393310	9558	18881
科技类	23261	85086	451887	5529	56230

四、私立高等院校

1. 教育体系中的私立学校

（1）私立学校的发展过程。

私立学校是依照法律规定、经主管当局批准，由财团法人或自然人开办的教育机构。台湾地区将私立学校纳入教育体系的重要组成部分，将私人办学作为加快台湾教育发展的一个重要措施。目前，台湾地区的私立学校教育在人才培养、科学研究、服务社会等方面与各级各类公立学校相比毫不逊色，在台湾地区教育体系中不可或缺。私立学校教育的发展经历了不同阶段。

1）私立学校教育的兴起。上世纪四十年代末至五十年代初，当时台湾地区私立专科学校仅有 1 所、私立中学 24 所。国民党政权迁台后岛内人口猛增，六十年代岛内经济“起飞”对人才的需求，使得原有学校数量已远远无法满足教育需求。为了保障教育需求，当局采取了“政府”与民间共同办学的政策，鼓励社会力量和民间资本兴办学校。期间，《私立学校奖励办法》、《私立学校施行规则》、《各级各类私立学校设立标准草案》等规章陆续出台。台湾地区民间办学迅速兴起，私立学校数量迅速增多。

2）发展过程中的调整。七十年代初伴随着能源危机对岛内出口加工业的冲击，台湾当局对岛内经济发展战略进行了调整，改变劳动力密集型向技术密集型产业发展的策略。产业转型对技术人才的需求催生了私立专科学校的数量急剧增加，以至出现过热现象。因而当局进行了严加整顿，放缓了建校速度。当局公布了《私立学校法》，用法律规范私立学校并赋予私立学校设立的法律依据。

3）跨越式发展与在调整。八十年代开始，台湾地区伴随着经济由劳动密集型转变为技术密集型，以及新兴产业的兴起，岛内对各类高层次人才的需求量大增。因而私立学校又获得了新的发展空间，私立高等教育迅猛、跨越式地发展，数量急剧增加。同时也出现了办学质量问题。当局加强了对私立学校的监管力度，并明确了退场机制。

本世纪初开始，对私立学校在办学经费上给予补助，缩小公私立大学资源差距。鼓励各校自行调整内部系所，也鼓励部分规模过小、缺乏经营效率及竞争能力的学校与其它学校合并，建立多校区大学，使资源得到有效利用。私立学校逐步走向市场，使更多社会资源投入高级人才的培育，减轻当局财政负担。

目前，台湾地区私立学校在质量上不亚于公立学校，在数量上已超过公立学校。

（2）私立学校的地位。

私立学校在台湾教育中的位置。台湾地区于 1974 年 11 月 16 日公布了“私立学校法”，2008 年 1 月 16 日又进行了修正。“私立学校法”总则第一条明确：“为促进私立学校多元健全发展，提高其公共性及自主性，以鼓励私人兴学，并增加国民就学及公平选择之机会”。

按照台湾地区现行的教育制度，学校的设置主体形态为公立和私立（公立学校包括“国立”、市立），因而私立学校是台湾地区教育体系的重要组成部分。台湾经济的发展与私立高等教育的发展相辅相成，互相促进。人才和庞大的劳动力队伍，为台湾经济增长和社会发展作出了不可磨灭的贡献。私立高等教育在数量、层次、专业、地域分布等各个方面弥补了公立高等教育的不足，为台湾的经济振兴、社会发展培养了大量社会急需的人才。

（3）私立学校类型。

半个世纪来，台湾地区将私立学校作为加快地区教育发展的一个重要措施，鼓励并规范私立教育的发展。

目前，台湾地区私立学校已经涉及各级各类教育领域，从幼稚园、小学、初高中到大专院校，以及诸如会计、外语、文秘、电脑、课外补习、幼教等正规学历教育之外，都有为数众多的私立学校和补习学校，形成了一个比较完整的、有相当规模的私立教育体系。

2. 私立高等院校

（1）私立学校的管理与内部组织结构

1）台湾地区强调对私立学校实行法制化管理，以依法治教为原则。“私立学校法”以及“私立学校法施行细则”是实施管理的法律依据。“大学法”及其施行细则对于私立学校在筹设、学校法人、立案招生、监督、奖励补助与捐款、教职员待遇、合并改制解散等都作了规范。

按照“大学法”规定，私立大专院校的行政主管部门是“教育部”。负责对私立学校进行监督、辅导，以及私立学校筹设、停办、解散、迁校、奖惩等重大决定，对于绩效卓著的私立高校，经主管机关同意，可以自行决定学校增设系、所、学程、科、组、班；招生之系、所、学程、科、组、班及人数，入学方式及其名额之分配；遴聘校长、专任教师之年龄；向学生收取费用之项目、用途及数额，但以学校具有完善之助学机制者为限；办理学校型态之实验教育或学校内之教育实验等。

2）私立高校内部的管理，实行董事会领导下的校长总揽学校内部事务的管理体制。

董事会对校长的选聘、解聘、校务报告、校务计划及重要规章的审核、经费筹措、预算与决算、基金管理、财务监督等方面拥有决定权。

（2）私立高校的设立

1）学校财团法人。私立高校的设立应由学校财团法人向其主管机关提出申请。所谓学校财团法人指以设立及办理私立学校为目的，依规定，经法人主管机关许可设立之财团法人。学校法人是依法规，由自然人、法人为设立私立学校，由捐助人或遗嘱执行人拟订捐助章程及拟设私立学校的计划，检附捐助财产清册及相关资料，向法人主管机关提出申请成立的。台教育行政主管部门是高等院校学校财团法人的主管机关。

在提出成立学校财团法人时，还必须提供包括学校法人的目的，捐助的财产，办学理念，创办人推举事项，董事总额、资格及董事加推候选人与选聘、解聘、连任事项，董事长推选及解职事项，董事会之组织、职权、开会次数、召集程序、会议主席之产生、决议方法、董事有利害关系时之回避等运作事项，监察人总额、资格、职权及选聘、解聘事项，学校法人及所设私立学校管理方法事项，订立捐助章程之年、月、日等计划方案。

学校法人的创办人由捐助人或遗嘱执行人担任。但经捐助人或遗嘱执行人依捐助章程指定者，亦可成为创办人；法人为创办人时，其职权之行使，由其指派之代表人为之。创办人以一人至三人为限。

学校法人应于办理法人登记后三年内，完成私立学校的筹设及立案。

2）申请设立学校。学校法人向其主管机关提出申请筹设私立学校时，应当提供以下筹办开设学校计划及事项：兴学目的；学校名称；学校位置、校地面积、校舍、设备及相关资料；拟设学院、系、所、学程、科、组、班、级及附属机构；学校经费概算；设校资金及财产之数额、种类、价值及相关证明文件；学校法人相关资料。私立学校的名称，应明确表示学校的类别、等级及所属学校法人。私立学校可以设分校或分部。学校法人在设学校期间所设基金与设校所需经费，及立案招生后三年内办学所需经费，不得以借入资金方式筹措。

3）私立高校董事会及对外法人。

按照规定，学校法人应置董事、监察人，其第一届董事、监察人，除得由创办人担任外，其余由创办人于法人主管机关批准设立后的三个月内，依捐助章程所定董事、监察人总额，遴选适当董事、监察人，报法人主管机关核定。第一届董事、监察人于核定后三十日内，由创办人聘任，并召开董事会成立会议，推选董事中一人为董事长，董事长对外代表学校法人。

学校法人董事会，由董事七人至二十一人组成，董事相互间有配偶及三亲等以内血亲、姻亲之关系者，不得超过董事总额三分之一。董事会得配备办事人员若干人，并得纳入所设私立学校员额编制。董事每届任期为四年，连选得连任。创办人为当然董事，不经选举而连任。董事长、董事、监察人不得兼任所设私立学校校长及校内其他行政职务。

学校法人置监察人一人至三人，由董事会依捐助章程所定资格，遴聘适当人员担任，任期四年，分别起算。监察人之职权包括：财务之监察、财务账册、文件及财产资料之监察、决算报告之监察、其他捐助章程规定事项之监察。

4）私立高校校长。

私立学校置校长一人，由学校法人遴选并聘任符合法律规定的资格者。学校法人包括董事长、董事、监察人的配偶及其直系血亲，不得担任校长。

校长依法令及学校章则综理校务，执行学校法人董事会的决议，受其监督、考核，并于职务范围内，对外代表学校。校长应专任，除担任本校教课外，不得担任校外专职。

3. 私立高校的特点

（1）台湾地区私立高等院校既有普通教育，又有技术教育；从规模与层次来说，有大学、独立学院和专科学校。普通综合性大学与“国立”大学各占半壁江山，技术类高校占绝大多数。技术类高校是科技大学、技术学院和专科学校。

台湾地区私立高等学校的建立和发展与各个时期社会环境、经济发展有着极其密切的关系。经济的快速发展为私立高等教育提供了广阔的发展空间并积累了物质基础，成为私立高校发展的强大推动力。反过来，也促进了经济的持续发展。

（2）私立高等学校具有鲜明的办学特色。在公私立大学竞争十分激烈的情况下，学校缺乏特色的就会降低市场竞争力，面临招生困境。私立高等院校在长期的发展过程中，形成了一批颇有特色的大学，不论在人才培养上还是科学研究上都能够与公立大学相媲美。专业设置、教学手段与方法紧贴社会需求，

（3）拥有较强的科研能力和较高的学术及教学水平。私立学校体制决定了其高效、精致的管理机制。同时，作为高等教育体系中的重要组成部分，私立学校与公立学校是共同成长发展起来的。私立学校无论是科研能力还是教学水平，都与公立学校不相上下，在许多方面或专业学科领域还处于岛内高校的领先水平。如逢甲大学曾连续四年夺得卓越教学计划第一名、世新大学的新闻传播，还有技术类的崑山科技大学科研研发能力，等等。

（4）投资主体多元化。私立学校主要由社会知名人士、企业和宗教团体创建。

（5）相对于公立高等学校反应快，改革阻力小，办学体制灵活，促进了高等教育的多样化发展。

4. 办学经费

私立学校办学经费的主要来源是社会民间资金、学费、“政府”的教育投入和补贴、接受捐赠等。在“政府”教育投入方面，目前已达到百分之三十。此外，台教育行政主管部门还成立了财团法人私立学校兴学基金会，通过基金运作补贴私立高等院校。

五、迈向顶尖大学计划

上世纪九十年代开始，台湾社会感到其高等教育距离国际一流大学仍有较大差距，将导致其在全球化中的地位与影响力处于劣势。面对祖国大陆“211”工程、“985”计划的实施，加大对高等教育的投入，高校加快了迈向世界一流的步伐。韩国和日本也纷纷加大了对大学的投入。台湾当局认为教育方面当务之急，是努力打造国际一流大学，从而争取国际一流人才、经费与重要研发成果，提升岛内高等教育机构的国际学术能见度。同时，有了国际一流大学，就如同有了强力吸石，吸引世界优秀人力与充裕经费的投入，自然能为台湾带来知识竞争力，以及具经济产值的研发成果与就业机会，对于岛内的发展相当重要，扮演火车头角色，带动台湾地区整体大学教育水平之提升。因此，台湾当局决定从 2006 年起开始实施“迈向顶尖大学计划”。

1. 计划期限

该项计划以五年为一期，目前已进入第二期。第一期从 2006 年至 2011 年；第二期从 2011 年至 2015 年止。

2. 经费投入

每一期每年一百亿元，五年合计五百亿元，经费来源为特别预算。因此，台湾地区将该计划简称为“五年五百亿”。

为确保经费来源之稳定性，使学校能做中长期之规划，学校通过审查之后，原则上一次核定五年经费，分年分期拨付；经费拨付方式维持 Block Funding，给予大学运作弹性。

3. 计划目标

（1）整个计划共分成两个部分：一是发展国际一流大学计划，另一是建设顶尖研究中心计划。

1）国际一流大学计划。选取具发展潜力大学一至二所，给予教学、研究资源的补助，并透过大学本身机构体质（如法人化、规模化）的改进，使得所投注的补助，获得可长可久的效果。

2）顶尖研究中心计划。以大学内的研究中心（或领域）作为发展特色，而以学校为申请单位。大学根据其优秀领域，与其他大学研究中心或研究机构建立合作关系，在人力物力上整合，进行重点领域的发展。促使研究中心不论在研究发展、教学创新、产学合作或技术移转的绩效上，都能获致一流的表现。

（2）迈向顶尖计划的目标。具体内容为以下几个方面：

1）加速顶尖大学国际化，扩展学生之世界观大学的国际化包括招收外国学生及扩大本国学生之国际视野与经验。透过该计划经费挹注，协助学校开设外语授课课程、建置更国际化及多元化的校园，加速招收优秀外籍生。岛内学生亦可透过修习双联学位、交换学生等方式，进一步落实国际化活动，开拓国际视野，成为真正具有国际观、全人类关怀及能够体察国际脉动的一流人才。

2）提升大学研发创新质量，强化国际学术界之影响力与能见度提升台湾一流大学基础科学、尖端奈米（纳米）科技研究、生物医学、信息电子等领域之研发水平，并与国际一流大学、著名学术机构及民间企业进一步合作，以追求研究之卓越。同时促使各大学强调学术论文质量及重要性，未来在 Nature、Science 等代表性顶尖期刊发表的重要论文数预期将能稳定成长。

（3）积极延揽并培育人才，厚植台湾地区人力资源透过计划协助顶尖大学，提升教学研究环境、提供教师弹性薪资、简化杰出优异人士引进聘用程序、荐送有发展潜力的教学研究人员到国外进修及研究等策略，协助各校延揽国外人才并留住校内优异教学研究人员，以厚植台湾地区人力资源。

（4）强化产学合作，促进产业升级及提升台湾地区竞争力以大学丰富的科技资源，整合其他学术机构及民间企业的能量，协助现有产业升级，并以前瞻的学术研究成果促成新技术的发展及新兴产业的发展，进一步提升竞争力。

（5）响应社会及产业需求，培育顶尖人才学校可以依本身教学、研发能量及发展重点，以其学术研究响应社会及产业需求，可参考台湾未来发展所需之专精领域（如：重点服务业、六大新兴产业、新兴智能型产业等）提出申请，使大学的研究中心、重点领域，得以协助产业及社会需求发展。以均衡培养岛内整体所需各领域人才，促进学校教师带领学生从事跨领域技术的相关研究，培养具有相关经验的研发人才。

简言之，其目标是在十年内至少产生一所跻身国际一流大学前一百名，甚至前五十名的高等教育机构；在五年之内至少 10 个顶尖研究中心达到亚洲排名第一名。

4. 实施情况

迈向顶尖大学计划现已进入第二期，第一期共有十一所大学、四所研究中心所属的大学获得补助。这些学校是：台湾大学、成功大学、“国立”清华大学、“中央”大学、交通大学、中山大学、阳明大学、中兴大学、政治大学、长庚大学和台湾科技大学。

为了加强对经费的控管，台湾教育主管部门专门制定并于 1996 年 2 月 9 日公布，又于 2010 年 2 月 11 日“台高（二）字第 0990021468C 号”修正了“发展国际一流大学及顶尖研究中心计划经费使用原则”，参见如下：

一、“教育部”（以下简称“本部”）为执行发展国际一流大学及顶尖研究中心计划，特订定本原则。

二、计划经费编列与分配：

（一）本“部”为办理发展国际一流大学及顶尖研究中心计划（以下简称本计划）之审查，应邀请国内外学术声望卓著之学者专家及相关部会，审议“国内”大学校院具发展为国际一流潜力之校院及领域条件后，核定补助学校及经费分配，并依据学校计划书所列年度质化及量化具体目标评估其绩效。

（二）学校应提出以全校性整体教学、研究及重点领域提升改善计划及经费额度，并订定经费使用原则、相关收支办法及程序。

（三）本计划年度经费之经常门与资本门比例，由本“部”视本计划审议结果及学校需求编列。

（四）“本部”执行本计划预算，于年度终了未能执行完竣者，应依“中央政府”各机关单位预算执行要点相关规定办理保留，其中属编列特别预算者，依扩大公共建设投资特别条例第九条之一规定，得办理保留供以后年度继续使用。但未发生契约责任，经“行政院”同意者，得保留三年。

（五）学校经复审通过并核定经费后，应依相关审查意见及核定经费额度修正计划书据以执行，并将修正后之计划书报“本部”作为未来管考之依据。

三、计划经费编列基准及使用原则

（一）本计划补助之经费系属提升学校整体教学及研究水平，其使用范围如下：

1. 购置图书仪器。

2. 兴建或改善学校建筑设施。

3. 办理国际学术交流。

4. 于学校编制外，聘任国内外知名学者、专家、技术人员、博士后研究人员或国内外一流师资担任特聘职教授人员之薪资。

5. 提供编制内教师（含研究人员及专业技术人员）除本俸、学术加给及主管职务加给以外之给与经费。

6. 聘任编制外项目工作人员之薪资。

7. 学校为执行本计划，在咨询校务发展及提升教学与研究方面所需之费用。

（二）本计划经费不得支用于下列项目：

1. 附属机构、分部、分校及园区之土地取得及建筑设施所需费用。

2. 原已获“行政院”核定建筑工程，并承诺由学校校务基金支应者。

3. 体育设施及餐厅。

4. 本计划之主持费用、学校管理费（含水电费、电话费、燃料费及一般行政事务设备之维护费用）及内部场地费。

5. 本机关人员之出席费、稿费、审查费、工作费、引言人费、咨询费及编制内人员加班费。

6. 学校于招生时所提供入学之奖助学金。

（三）学校得依弹性薪资方式，订定聘任“国内”外知名学者、专家、技术人员、博士后研究人员、“国内”外一流师资担任教学、研究人员之薪资与编制内教师（含研究人员及专业技术人员）除本俸、学术加给及主管职务加给以外之给与经费相关规定，并完成校内程序后实施。所聘编制外人员为国外优异人才时，其最高薪资得比照其国外年薪待遇支领。

（四）学校得自定编制外项目计划工作人员之薪资，不得以弹性薪资方式订定薪资基准；未自定薪资基准者，得参考“国科会”补助专题研究计划专任助理人员工作酬金参考表给与薪资。

（五）学校依本计划邀请国外人士短期来台时，其支给基准得依下列规定之一办理：

1. 依“行政院”各机关聘请国外顾问、专家及学者来台工作期间支付费用最高标准表、“行政院国家科学委员会”补助延揽客座科技人才作业要点、等核支，其报酬已包含酬金及生活费者，不得另外支付演讲费、咨询费、审查费、顾问费及生活费等费用。

2. 依邀请人士（含学者、专家、技术人员、博士后研究人员等）之学术地位及专业自行另定基准，经完成校内程序后实施，其项目如下：

（1）“国内”外交通费。

（2）住宿费。

（3）酬金（含演讲费、审查费、咨询费及顾问费等，依其工作执行项目核支，以不重复支付为原则）。

（4）保险费。

（5）其他（如配偶之来台机票款等）。

（六）学校为执行本计划，其“国内”外出差及旅费使用原则如下：

1. 依“国内”出差旅费报支要点支给“国内”差旅费用。

2. 出国计划由学校自行核定，并于预算表中编列国外差旅经费，且出国人员应依国外出差旅费报支要点核实报支。出国人员得包含执行本计划相关之行政人员及学生。

3. 学校所列国外出差旅费预算如有不足，须由年度相关经费项下调整支应时，得在本计划原编列国外旅费总额百分之十范围内，由学校核定。

（七）本部或学校办理有关本计划之采购时，应依“政府”采购法规定办理。

（八）学校各梯次用于建筑设施经费总数，除另有规定外，不得超过该梯次所获补助总经费百分之二十五，其使用范围如下：

1. 基础建设：包括共同管沟、配电及污水处理等。

2. 提升校内教学及研究：包括共同实验室、教学大楼、相关教研大楼内部实验研究及教学设施之装修等。

3. 学生及学人宿舍需先完成 BOT 评估免适用，始得支用，并应有一定比例之配合款。

4. 其他与本计划直接相关之建筑及设施，于叙明范围、内容及与本计划之相关性后，始得支用。前项第五款第二目之“国内”外交通费、住宿费及保险费应核实报支。

四、计划经费收支处理及查核：

（一）学校应以专账登录本计划经费之收支，并不得移作他用；属跨校性计划者，则由计划申请学校负责经费收支管理及核销等事宜。

（二）学校应依会计法、审计法及会计制度等有关规定办理各项财务及财物处理。有关所得税及其他税赋之扣缴，应由计划执行学校负责办理。

（三）年度补助经费尚未拨入学校前，如属“本部”原核定之延续性计划，得由学校自筹款先行支应计划所需支出。

（四）私立学校有关本计划补助款经费之列帐科目应为补助及捐赠收入，年度终了未使用完毕之补助经费，其保留作业依校内程序办理。

（五）“国立”大学校院应循作业基金预算程序纳编已核定之计划经费。因作业不及致无法纳编时，有关购建固定资产部分，应在当年度基金预算总额内调整容纳，经检讨确实无法调整容纳时，始得依“中央政府”附属单位预算执行要点规定补办预算；经部分则并决算办理。

（六）实施校务基金之“国立”大学校院办理本计划之入账方式，其中经常门补助部分以其他补助收入列账，经常支出并决算办理；资本门补助部分则以受赠公积列账。

（七）学校于年度终了，未使用完毕之资本门补助经费得办理保留，并列入次年度继续使用，经保留后，不得流用。未发生契约责任者，依扩大公共建设投资特别条例第九条之一规定，得保留三年；发生契约责任者，保留期限最长以五年为限。有关固定资产预算之保留，依“中央政府”附属单位预算执行要点规定办理，其保留申请表应将本计划另纸表达，并以总表呈现各校整体保留情形。

（八）“本部”于每年三月、六月及九月，分三期依学校经费执行进度拨付学校该年度补助经费；必要时，“本部”得延期或停止拨付。

（九）经费之核销：

1. 学校应将每年度原始凭证分类整理并装订成册，并于本计划结束后一个月内，连同成果报告及经费收支报告表送“本部”办理核销。但经“本部”征得审计部同意，原始凭证实施就地查核之学校，得免送核。

2. 原始凭证应贴于粘存单，注明科目及用途，如有英文名词，须附注中文，并经计划执行学校首长及有关人员如主办会计、事务采购、财物验收或保管等盖章。

3. 有关跨校执行之计划，其经费报销、支出凭证及经费收支报告表应由各执行学校分别审核（填报）后送总计划执行学校汇整报“本部”。但各分项计划经费系由总计划执行学校统一拨付及核销者，其支出凭证及经费收支报告表得由总计划执行学校统一审核（填报）后报“本部”。

（十）计划所属财物之归属及保管：

1. 学校如有固定资产之添置，应由学校财产管理人员验收盖章，列入财产目录。

2. 计划内所购置之财产，学校于计划完成后，或因故无法继续执行时，得依相关规定，商请计划执行学校拨借其他机关（构）或学校使用。

（十一）计划执行进度及补助经费之查核：

1. 学校应于每季依实际执行情形详填发展国际一流大学及顶尖研究中心计划

经费收支情形报表，于用印后免备文送“本部”，俾列管执行进度。

2. 本计划执行过程中，“本部”得随时派员查核进度及账目，发现有虚报计划执行进度，致补助经费溢拨时，得要求学校缴回溢拨经费；经“本部”删减或剔除之项目，学校未改进或办理时，“本部”得要求学校更换计划主持人、停（减）拨经费或终止补助。

3. 各项经费如有不符规定或不实之支出，所列支之费用不予核销且追缴外，并应负相关责任；“本部”得酌予删减、停拨次年度之经费补助或终止补助。

4. 未依规定提报数据或提报数据错误者，“本部”得酌予删减、停拨次年度之经费补助或终止补助。

5. 学校执行本计划年度经费之执行率应达百分之七十五上，并作为考评项目之一。经费使用率未达规定且未叙明合理原因者，“本部”得酌予删减次年度之经费补助。

（十二）学校本计划执行结束后，经费如有结余，依下列方式办理：

1. 属编列特别预算者：依扩大公共建设投资特别条例规定解缴“国库”，不得移用。

2. 属编列“本部”年度预算者：实施校务基金学校，依“本部”补助及委办经费核拨结报作业要点规定，以纳入校务基金方式处理。但未执行项目之经费，仍应全数或按原补助比率缴回。私立大学校院者，需按补助经费及学校配合款计算比例缴回“本部”。

五、本计划经费之请拨、支用及核结作业，应依本原则执行，如有未尽事宜，依“本部”补助及委办经费核拨结报作业要点及相关规定办理。

六、教学卓越计划

在实施迈向顶尖大学计划的同时，台湾地区还在实施“奖励大学教学卓越计划”，用教育经费奖励教学卓越的大学，以此来鼓励大学提高重视教育质量，推动台湾地区高等教育水平的整体提升。

1. 卓越计划目的

强化大学对教学核心价值的重视，引导大学在教学方面进行整体性、制度性的调整与改革，以协助教师教学专业成长、提升学生学习成效、改善课程规划内容、营造优质教学环境、提升学生就业竞争力，并发展各大学之教学特色。

2. 补助内容

根据台湾地区制定的“教育部补助奖励大学教学卓越计划及区域教学资源中心计划实施要点”，

教学卓越计划包含二个部分的内容，奖励大学教学卓越计划和区域教学资源中心计划。

（1）奖励大学教学卓越计划。奖励个别学校整体性与制度性的提升教学数量。各大学校院依其发展现况、系所特性、师生结构、教学资源等条件，推动各项教学质量提升措施，改善学生学习成效、落实全人教育，提升毕业生就业竞争力，并鼓励学校建立明确自我定位、发展独特利基、展现办学特色，以巩固学校永续经营基础。

（2）区域教学资源中心计划：为建立教学卓越绩优学校之模范推广、经验传承与资源共享平台，整合运用区域内各校可供分享的教学资源，协助资源不足学校营造优质之教学环境，协助教师专业成长，调整及改进课程，提升大学教学质量及学生学习成效。

3. 补助对象

（1）申请资格。奖励大学教学卓越计划：公私立大学校院。区域教学资源中心计划：由通过奖励大学教学卓越计划审查之学校提出申请。包括奖励大学教学卓越计划执行绩优学校，和已获发展国际一流大学及顶尖研究中心计划（第二期为迈向顶尖大学计划）补助之学校。

（2）申请条件。符合下列条件的学校可以提出计划申请：

1）奖励大学教学卓越计划师资方面：已设立协助教师教学专业成长之专责单位，建立完善之新进教师辅导与教师教学专业成长机制，并有实质成效。已订定教师评鉴办法，并自 2007 学年度（含）以前开始实施。申请时应至少完成全校三分之一以上专任教师之评鉴。办理全校性教学评估，对评量结果有奖励及改善措施。建立具体之教学改善回馈机制，并有实质成效。

学生方面：已建立大一新生辅导机制，提供全校学生选课地图及学习咨询。协助学生进行职涯探索及生涯规划，并有实质成效。已发展全校性学生核心能力指标，并有强化学生就业竞争力之具体措施。关注毕业生就业发展，已建立全校性之毕业生追踪机制。建置毕业生流向数据库，将毕业生之追踪调查资料回馈至教学及课程改善，并能据以协助在校学生之选课、学习及职涯规划。

课程方面：课程大纲上网率达百分之百，并在学生选课前完成上网公布作业。在系所课程委员会纳入校内外学者专家、产业界、毕业生及学生代表，或其他得获取学者专家、产业界、毕业生及学生回馈意见的有效替代机制。已建立课程定期检讨评估机制，使学习内容符合社会发展趋势。

2）区域教学资源中心计划担任中心学校者，应为通过年度奖励大学教学卓越计划审查，且有意愿成立资源中心的公私立大学校院。

邀请奖励大学教学卓越计划执行绩优学校，或已获发展国际一流大学及顶尖研究中心计划（第二期为迈向顶尖大学计划）补助的学校，担任中心学校，或成立具备特定功能，可整体提升教学成效之资源中心。建立教学卓越绩优学校之模范推广、经验传承与资源共享平台，整合运用区域内各校可供分享的教学资源，协助资源不足学校营造优质之教学环境，协助教师专业成长，调整及改进课程，提升大学教学质量及学生学习成效。

4. 补助基准

（1）奖励大学教学卓越计划占总经费百分之八十；区域教学资源中心计划占总经费的百分之二十。

（2）学校相对应的自筹配套经费不得低于核定总计划额度的百分之十。

（3）补助经费系供学校提升整体教学质量并建立完善配套机制，学校可以基于全校整体性考虑，聘请短期任教的教师及补强整修配合改善教学环境所需的硬件，也可用于聘用编制外之人员或编制内人员（不包括行政人员）的各项人事费支出（例如延聘岛内外知名学者、专家、技术人员、博士后研究人员之薪资及延聘岛内、外一流师资担任特聘职教授）；延聘岛外优异教师任教期间最高薪资可比照其于岛外的待遇支领，以提升教学质量。

卓越教学计划的实施，有效地推动了岛内大专院校教学品质的提升，对实施迈向顶尖计划忽略教学进行了有效补缺。逢甲大学在实施卓越教学计划中，已获得四年第一名。

值得一提的是，台湾地区高等教育在实施迈向顶尖大学计划和大学卓越教学计划时，一方面考虑了学校个体的提升，同时，又兼顾了区域及整体的共同提升，点面结合。迈向顶尖大学计划以学校研究中心为龙头，联合区域内其他大学研究中心或研究机构建立合作关系，在人力物力上整合，进行重点领域的发展。大学教学卓越计划中的区域教学中心计划，则是建立教学卓越绩优学校的模范推广、经验传承与资源共享平台，整合运用区域内各校可供分享的教学资源，协助资源不足学校营造优质之教学环境，协助教师专业成长，调整及改进课程，提升大学教学质量及学生学习成效。这样，使得手段和目的相结合，少数大学在享有创办一流大学优越条件的同时，担负起了整合引领区域内其他大学一起提升的责任。

第三章

认可大陆学历

在分隔了近半个世纪之后于上世纪九十年代中期，海峡两岸高等院校之间开始了教育交流，并且逐步推进和深入。近年来两岸高校之间合作的领域与规模日益扩大，许多高校已结为姊妹校，开展了教师互访讲学与合作科研、联合举办学术研讨会等形式的合作。学生之间的交流更是形式多样，包括举办夏令营、各种竞赛，以及校际之间的学生互换等。

在两岸教育交流过程中，由于台湾方面迟迟未能承认祖国大陆学历以及未能开放大陆学生赴台学习，因而严重地阻碍了两岸之间教育交流与合作的进一步发展。两岸教育界和社会各界纷纷呼吁，尽快开放大陆学生赴台学习和承认大陆学历。经过共同努力，2010 年 8 月台“立法部门”通过了所谓的“陆生三法”，开放岛内高校招收的陆学生并承认大陆高校学历。

一、“陆生三法”

2010 年 8 月 19 日下午，台湾“立法机构”三读通过了“陆生三法”修正案。所谓“陆生三法”即:《台湾地区与大陆地区人民关系条例》(简称“两岸关系条例”)、《大学法》和《专科学校法》这三部“法律”的简称。

1.《台湾地区与大陆地区人民关系条例》

在“陆生三法”中“两岸人民关系条例”为“母法”，是台湾地区规范两岸事务的“根本法”。在涉及大陆学生赴台学习与承认大陆学历方面修改《大学法》和《专科学校法》，则必须要符合“两岸人民关系条例”并首先修改涉及的相关条款，才可修改《大学法》、《专科学校法》，以及《大陆地区学历采认办法》。并且方可制定《大陆地区人民来台就读专科以上学校办法》。

此次修订的《台湾地区与大陆地区人民关系条例》的条款为第二十二条，其条款内容是:

“第 22 条　在大陆地区接受教育之学历，除属医疗法所称医事人员相关之高等学校学历外，得予采认；其适用对象、采认原则、认定程序及其他应遵行事项之办法，由‘教育部’拟定，报‘行政院’核定之。

大陆地区人民非经许可在台湾地区设有户籍者，不得参加公务人员考试、专门职业及技术人员考试之资格。

大陆地区人民经许可得来台就学，其适用对象、申请程序、许可条件、停留期间及其他应遵行事项之办法，由‘教育部’拟定，报‘行政院’核定之。”

该条款确定了对祖国大陆除医疗专业外的学历采认，以及允许陆生赴台就学，同时明确规定不得参加公务员和职业与技术考试的资格。另外对相关的作业程序等明令由其“教育部”拟定并报“行政院”核定。

2.《大学法》

台湾地区的《大学法》是规范台湾地区大学、独立学院有关办学宗旨、设立及类别、组织及会议、教师分级及聘用、学生事务及其他相关事宜的法律文件。此次修订的“大学法”主要涉及的是关于大陆学生赴岛内大专院校就学事宜，相关条款为第二十五条，内容是：

“第 25 条　重大灾害地区学生、政府派赴国外工作人员子女、参加国际性学科或术科竞赛成绩优良学生、运动成绩优良学生、退伍军人、蒙藏学生、侨生、大陆地区学生及外国学生进入大学修读学位，不受前条公开名额、方式之限制。

前项大陆地区学生，不得进入经‘教育部’会商各有关机关认定公告涉及‘国家’安全、机密之院、系、所及学位学程修读。

第一项学生进入大学修读学位之名额、方式、资格、办理时程、招生委员会组成方式、录取原则及其他有关考生权利义务事项之办法，除大陆地区学生部分由‘教育部’拟订，报请‘行政院’核定外其余由‘教育部’定之。”

根据“两岸人民关系条例”的规定，“大学法”在本条款中作了相应的修正，同时，也明确了可允许岛内大学接收大陆学生就读，但须受名额限制，名额及相关作业程序等明定由其“教育部”拟定并报“行政院”核定。此条款还规定大陆地区学生，不得修读涉及“国家”安全、机密的院、系、所之学位学程，也就是拒绝大陆学生就读所谓的敏感专业。

3.《专科学校法》

《专科学校法》与《大学法》相类似，《专科学校法》则是规范台湾地区专科学校关于办学宗旨、设立、组织、教师分级及聘用、学生事务、及其他相关事宜的法律文件。此次修订的《专科学校法》相关条款为第二十六条，内容是：

“第 26 条　重大灾害地区学生、政府派赴国外工作人员子女、参加国际性学科或术科竞赛成绩优良学生、运动成绩优良学生、退伍军人、蒙藏学生、侨生、大陆地区学生及外国学生进入专科学校修读学位，不受前条公开名额、方式之限制。

前项大陆地区学生，不得进入经‘教育部’会商各有关机关认定公告涉及‘国家’安全、机密之修读。

第一项学生进入专科学校修读学位之名额、方式、资格、办理时程、招生委员会组成方式、录取原则及其他有关考生权利义务事项之办法，除大陆地区学生部分由‘教育部’拟订，报请‘行政院’核定外，其余由‘教育部’定之。”

由此可见，《专科学校法》与《大学法》所修正的条款内容基本相同。

二、采认学历

“陆生三法”通过后，祖国大陆学历从法理上可以说已在台湾地区被承认。实际上早在 1997 年 10 月 22 日吴京担任台湾地区教育行政主管部门负责人时，该部门便订定了“大陆地区学历检核及采认办法”，同时废止了《沦陷区来台学生学历审核暨辅导就学办法》，并且径直对外公布且宣布承认祖国大陆当时进入“211 工程”的七十三所大学学历。由于时逢李登辉当政正鼓吹“一边一国”之时，因而被扼杀。

2011 年 1 月 6 日台湾地区修正并公布了《大陆地区学历采认办法》。根据该“办法”以及目前承认的大陆四十一所大学学历来看，承认大陆学历是有限制的，因而是采认。

1. 采认类别

列入采认的大陆学历包括中等以下各级各类学校学历、高等学校或机构学历。

2. 申请者

申请持有大陆学历证件者是：台湾地区人民、申请来台湾地区就读的大陆地区人民、申请在台湾地区大专院校依“法”在境外开设的专班就读的大陆地区人民、经许可进入台湾地区团聚和依亲居留或长期居留的大陆地区人民。

3. 采认条件

大陆地区高校或机构学习期限及学习课程，应与台湾地区同级同类别学校相当，有关学位的学习年限规定：持学士学位者，学习时间累计在当地学校至少满三十三个月；持硕士学位者，学习时间累计在当地学校至少满八个月；持博士学位者，学习时间累计在当地学校至少满十六个月；硕博连读者，学习时间累计在当地学校至少满二十四个月；专科学校毕业学历或具有专科学校毕业同等学力进修学士学位者，学习时间累计在当地学校至少满十六个月。

目前，大陆四十一所高校被台湾地区认可并列入名册，所以，只有这四十一所大学学生方可采认学历。

4. 办理采认

符合采认条件者，在申请时需要提供相应的材料，包括经公证或被台有关部门指定有权验证团体验证的类学校的学历证明（毕、肄业证书）、学位证书等。硕士以上学位还应检查学位论文。

大陆地区中等以下各级各类学校学历，由台县市主管教育行政机构办理采认；持大陆地区中等学校学历拟就读学士或二专副学士学位者以及申请赴台湾地区或海外开设专班就读硕士、博士学位者，由就读学校办理查验后送“教育部”办理查证及认定；其他均由台湾地区“教育部”查证及认定。申请赴台就读者，可委托学校。

三、相关限制

从台湾地区开始采认大陆学历看，虽有限制但毕竟还是有所突破，有助于两岸教育交流的深入发展。目前，还有一些领域或绝大多数高校学历还未被承认。

1. 受限领域

在《大陆地区学历采认办法》第八条为不予采认者，该条（七）规定：“医疗法所称医事人员相关之学历”，同时第九条又规定：“经本部采认之大陆地区学历，不得以该学历办理台湾地区高级中等以下学校师资职前教育课程之审查及教师资格之取得”。因此，根据第八条之规定，大陆地区医学专业的学历不予承认。根据第九条，实际上师范类也受到一定的限制。

2. 受限学校

在承认大陆高校学历方面，台湾地区教育行政主管部门目前将祖国大陆四十一所大学列入《认可名册》。所谓《认可名册》，指台湾地区“教育部”就大陆地区高等学校或机构的研究及教学水平和质量进行认可后，收入其名称、地址所汇集并公告的名册。目前，被列入《认可名册》的学校是：

北京大学	中国人民大学	清华大学	北京航空航天大学
北京理工大学	中国农业大学	北京师范大学	中央民族大学
同济大学	复旦大学	上海交通大学	华东师范大学
南开大学	天津大学	大连理工大学	东北大学
吉林大学	哈尔滨工业大学	南京大学	东南大学
浙江大学	中国科学技术大学	厦门大学	山东大学
中国海洋大学	武汉大学	华中科技大学	湖南大学
中南大学	中山大学	华南理工大学	四川大学
重庆大学	电子科技大学	西安交通大学	西北工业大学
西北农林科技大学	兰州大学	北京体育大学	中央音乐学院
中央美术学院			

上面四十一所学校其中三十八所大学为“985 工程”学校。而这些学校的医学类专业，以及绝大多数高校的学历未被承认。

3. 其他

其他不被采认的情况包括，非经正式管道入学、函授或远程方式教学、高等教育自学考试、在分校就读、大学下设独立学院授予的学历、非正规学制的高等学校、未同时取得毕业证书和学位证书等。

附：台“教育部”2011 年 1 月 6 日“台参字第 0990231890C 号”修正发布的采认办法。

《大陆地区学历采认办法》

第一条　本办法依“台湾地区与大陆地区人民关系条例”（以下简称本条例）第二十二条第一项规定订定之。

本办法用词，定义如下：

一、大陆地区学历证件：指由大陆地区各级各类学校或学位授予机构（以下简称机构）发给之学历证件，包括学位证（明）书、毕业证（明）书及肄业证（明）书。

二、查验：指查核验明经大陆地区公证处公证属实，且经“行政院”设立或指定之机构或委托之民间团体验证之相关证件及其他依本办法规定应检具之相关证件。

三、查证：指依大陆地区学历证件、成绩证明、论文等文件、资料，查明证实当地政府权责机关对学校或机构认可情形与其入学资格、修业期限及修习课程等事项。

四、采认：指就大陆地区学历完成查验、查证，认定与台湾地区同级同类学校相当之学历。

五、认可名册：指“教育部”（以下简称“本部”）就大陆地区高等学校或机构之研究及教学质量进行认可后，收录其名称、地址所汇集并公告之名册。

第三条　下列人民持有大陆地区学历证件者，得依本办法申请大陆地区学历采认：

一、台湾地区人民。

二、申请来台湾地区就读之大陆地区人民。

三、申请于台湾地区大专校院依法于境外开设之专班就读之大陆地区人民。

四、经许可进入台湾地区团聚、依亲居留或长期居留之大陆地区人民。

五、经许可在台湾地区定居之大陆地区人民。

前项人民，于本条例“中华民国”九十九年九月三日修正生效后，于当学期或以后学期入学于大陆地区高等学校或机构就读者，始得依本办法申请高等学校或机构学历采认。

第四条　符合前条规定之大陆地区人民，申请学历采认，应检具下列文件：

一、中等以下各级各类学校学历：

（一）经大陆地区公证处公证属实之学历证件【毕业证（明）书或肄业证（明）书】及公证书复印件；必要时，另应检附历年成绩证明。

（二）前目公证书经“行政院”设立或指定之机构或委托之民间团体验证与大陆地区公证处原发副本相符之文件复印件。

二、高等学校或机构学历：

（一）毕业证（明）书。

（二）学位证（明）书及历年成绩。

（三）前二目文件经大陆地区证明属实之证明文件。

（四）第一目及第二目文件经大陆地区公证处公证属实之公证书。

（五）前目公证书经“行政院”设立或指定之机构或委托之民间团体验证与大陆地区公证处原发副本相符之文件复印件。

（六）硕士以上学历者，并应检具学位论文。

经许可在台湾地区居留之大陆地区人民，申请学历采认，除应依前项规定办理外，并应检具居留证。

经许可在台湾地区定居之大陆地区人民，申请学历采认，除应依第一项规定办理外，并应检具“国民”身份证。

第五条台湾地区人民申请学历采认，除准用前条第一项各款规定检具文件外，并应检具“国民”身份证明及“内政部入出国及移民署”核发之入出国日期证明书。

台湾地区人民在台湾地区大学就读后，依第七条第二项规定，经由学术合作，同时在“本部”认可名册内所列之大陆地区高等学校或机构修读学位者，其申请学历采认，得免检具前条第一项第二款第一目之大陆地区高等学校或机构毕业证（明）书。

第六条　大陆地区学历之采认，依下列规定办理：

一、持大陆地区中等以下各级各类学校学历之台湾地区人民或大陆地区人民，除第二款以外，由直辖市、县（市）主管教育行政机关办理采认。

二、持大陆地区中等学校学历拟就读学士或二专副学士学位之台湾地区人民或大陆地区人民，由就读学校办理查验后，送“本部”办理查证及认定。

三、申请来台湾地区就读硕士、博士学位，或申请于台湾地区大专校院依法于境外开设之专班就读之大陆地区人民，由就读学校办理查验后，送“本部”办理查证及认定。

四、持大陆地区高等学校或机构学历之台湾地区人民或大陆地区人民，除前款以外，由“本部”办理采认。

前项第一款所称直辖市、县（市）主管教育行政机关，指申请学历采认当事人户籍所在地之主管教育行政机关；无户籍者，指申请学历采认当事人拟就读学校所在地之主管教育行政机关。

“本部”办理第一项第二款及第三款查证、认定及第四款采认，必要时，得委托学校、机关（构）或团体为之。

第七条　大陆地区高等学校或机构之修业期间及修习课程，应与台湾地区同级同类学校规定相当。各级学位之修业期间，规定如下：

一、持学士学位者，累计在当地学校修业期间至少应满三十二个月。

二、持硕士学位者，累计在当地学校修业期间至少应满八个月。

三、持博士学位者，累计在当地学校修业期间至少应满十六个月。

四、硕士、博士学位同时修习者，累计在当地学校修业期间至少应满二十四个月。

五、以专科学校毕业学历或具专科学校毕业同等学力进修学士学位者，累计在当地学校修业期间至少应满十六个月。

经由学术合作，同时在台湾地区大学及“本部”认可名册内所列之大陆地区高等学校或机构修读学位者，该二校修业期间，得依下列规定予以并计，不适用前项规定。但在二校当地修习学分数，

累计应各达获颁学位所需总学分数之三分之一以上：

一、持学士学位者，累计在二校修业期间至少应满三十二个月。

二、持硕士学位者，累计在二校修业期间至少应满十二个月。

三、持博士学位者，累计在二校修业期间至少应满二十四个月。

前二项修业期间，应以申请人所持大陆地区高等学校或机构之行事历及相关文件综合判断。

第八条　大陆地区高等学校或机构学历之采认，应以认可名册内所列者为限；其有下列情形之一者，不予采认：

一、非经正式入学管道入学。

二、采函授或远距方式教学。

三、经高等教育自学考试方式通过后入学。

四、在分校就读。

五、大学下设独立学院授予之学历。

六、非正规学制之高等学校。

七、医疗法所称医事人员相关之学历。

八、未同时取得毕业证（明）书及学位证（明）书。

九、其他经“本部”公告不予采认之情形。

第九条　经“本部”采认之大陆地区学历，不得以该学历办理台湾地区高级中等以下学校师资职前教育课程之审查及教师资格之取得。

第十条　外国人、香港及澳门居民之大陆地区学历采认，准用本办法所定大陆地区人民申请采认之规定。

第十一条　台湾地区与大陆地区人民自本条例“中华民国”八十一年九月十八日制定生效后，至九十九年九月三日修正生效前，已于大陆地区高等学校或机构就读者，其所取得之学位，符合第七条及第八条规定，得申请参加“本部”自行或委托学校、机关（构）或团体办理之学历甄试；经甄试通过者，由“本部”

核发相当学历证明。

前项甄试，得以笔试、口试、论文审查或“本部”公告之方式办理。

申请参加学历甄试应检具之文件，准用第四条规定。

第十二条　申请人所提供之各项证件，有伪造、变造、冒用情事者，应予撤销其学历之采认，涉及刑事责任者，移送检察机关依法办理。

第十三条　本办法自发布日施行。

第四章

招收大陆学生

一、"陆生来台就读法"

根据"陆生三法"，台湾地区教育主管部门于2011年1月6日订定了《大陆地区人民来台就读专科以上学校办法》。同年1月11日颁布了《"教育部"审查专科以上学校招收大陆地区人民来台就学招生计划作业要点》。对招收大陆学生的各项事宜明确地具体地加以规范。

1. 规范事宜

根据《大学法》第二十五和《专科学校法》第二十六条的相同表述即：关于学生"进入大学修读学位之名额、方式、资格、办理时程、招生委员会组成方式、录取原则及其他有关考生权利义务事项之办法，除大陆地区学生由"教育部"拟订，报"行政院"核定外，其余由"教育部"定之"的规定，《大陆地区人民来台就读专科以上学校办法》则明确规定了大陆学生赴台学习方面，有关招生名额、方式、资格、办理时程、招生委员会组成方式、录取原则及其他有关考生权利义务等事宜和事项。

（1）报考资格或类别为：台湾公立招收大学博士、硕士；私立大学招收博士、硕士、学士；

公私大专招收二年制副学士。亦即公立大学不招收大陆大学本、专科生。

（2）采用外加名额（俗称计划外）方式办理，全岛各校（除学校或其分校、分部设立于澎湖、金门、连江等离岛县）的招生总名额控制在当学年度核定招生总名额的百分之一以内。

（3）联合招生方式，成立台湾地区招收大陆地区学生联合招生委员会，以联合招生的方式办理；或者经核准单独招生，则该校也须组成由校内行政及学术主管担任委员的招生委员会。

（4）报名录取，学士班一律网上报名，并参采大陆高考成绩；硕士、博士班由各校单独进行试务及审查作业，汇报给"联招会"统一公告录取结果。

2. "一限二不"

"大学法"、"专科学校法"和"大陆地区人民来台就读专科以上学校办法"对于大陆学生赴台就读包含了多项限制。简言之就是"一限二不"：限制承认医事学历，大陆学生不得报考涉及安全机密相关的系所（专业、学科）、非台湾籍的学生不得参加公务员考试，另外，由于目前只采认大陆四十一所大学的学历，因而，其他学校毕业生则被排除在赴台攻读研究生之外。

此外，还有诸如大陆学生在台就读期间不能编列奖助学金、不得从事专职或兼职之工作的限制。

3. 招生机构

台湾地区负责招收大陆学生的工作机构是“大学校院招收大陆地区学生联合招生委员会”，该委员会由台湾地区招收大陆学生的各高等院校校长担任委员。委员会的报名网址是 http://rusen.stut.edu.tw 或 http://www.rusen.org.tw/。地址：台南市永康区南台街 1 号，邮编：71005。

4. 奖学金

按照规定大陆学生在台就读期间不能编列奖助学金，但各校都设法筹集资金和各类捐款等方式，为大陆学生设立奖学金，特别是为研究生设立奖学金。

下面就是台湾地区以“教育部令”2011 年 1 月 6 日“台参字第 0990231436C 号”发布的该办法：

《大陆地区人民来台就读专科以上学校办法》

第一条　本办法依台湾地区与大陆地区人民关系条例（以下简称本条例）第二十二条第三项、“大学法”第二十五条第三项及“专科学校法”第二十六条第三项规定订定之。

第二条　本办法所称大陆地区学生，指大陆地区人民有下列情形之一者：

一、经许可来台湾地区（以下简称来台）就读国内二年制专科以上学校（以下简称学校），或经由学术合作，同时在国内大学校院与“教育部”（以下简称“本部”）认可名册内所列之大陆地区高等学校或机构修读学位。

二、就读学校依法于境外开设之学位专班。

第三条　大陆地区人民符合“国内”下列学制报考资格之一者，得依本办法申请来台就学：

一、公立大学校院日间学制博士班、硕士班。

二、私立大学校院日间学制博士班、硕士班及学士班。

三、公私立专科学校二年制副学士班。

前项学制，不包括军警校院。

学校招收大陆地区人民之名额，采外加方式办理，“全国”各校外加招生总名额，不得超过“本部”当学年度核定招生总名额百分之一。

学校申请招生名额时，以“本部”当学年度核定该校相同学制班次招生名额百分之二为原则。学校或其分校、分部设立于澎湖县、金门县、连江县者，得项目申请招收大陆地区人民，不受前条第一项学制及前二项招生名额之限制。

“大学法”第二十五条第二项及“专科学校法”第二十六条第二项所定涉及“国家”安全、机密之院、系（科）、所及学位学程，其认定基准及相关注意事项，由“本部”每年定期公告。

“本部”公告前条认定基准后，学校为招收大陆地区人民就学，应拟订招生计划，报“本部”核定。

学校办理前项招生，应以联合招生方式办理。但项目报“本部”核准者，得单独招生。

学校依第一项规定报“本部”核定后，应组成联合或单独招生委员会，分别由各招生学校校长，或单独招生学校之校内行政及学术主管担任委员。各该招生委员会应拟订招生规定及招生简章，报“本部”核定后，始得实施。

考生对招生事宜有疑义，应于一定期限内向招生委员会提出申诉，招生委员会应于一个月内作成决定，必要时应组成项目小组调查处理。

第三项招生规定，应包括招生委员会组成方式、招生、考试方式、招生名额及提报程序、考生身份认定、利益回避、录取原则、保证人之资格、成绩复查、考生申诉处理程序及其他有关考生权利义务事项。

第三项招生简章，除详列前项规定内容外，应包括各院、系（科）、所与学位学程招生名额、报考资格、报名程序、考试项目、考试日期、评分基准、录取方式、考试试场规则与违规处理方式及其他相关规定，且至迟应于受理报名二十日前公告。

第七条　大陆地区人民申请来台就学，应于学校规定期间，检附下列文件向联合招生委员会或学校报名，经录取者，由学校发给录取通知：

一、入学申请表。

二、最高学历证明文件或在学证明。

三、具备足够在台就学之财力证明书。

四、学校所规定之其他文件。

第八条　学校应自行或指定人员，担任所录取大陆地区学生之保证人，并出具保证书。

前项保证人相关事项，准用大陆地区专业人士来台从事专业活动许可办法第二条及第二十一条规定办理。

第九条　大陆地区人民经学校录取后，申请进入台湾地区者，应备齐下列文件，委托录取学校代表“内政部入出国及移民署”（以下简称“入出国及移民署”）申请入境：

一、入出境许可证申请书。

二、学校发给之录取通知复印件及保证书。

三、大陆地区居民身份证、其他证照或足资证明身份之文件复印件。

四、委托学校代为办理进入台湾地区申请手续之委托书复印件。

五、经大陆地区公证处公证之大陆地区医疗机构或国际旅行卫生保健中心出具之健康检查合格证明。

六、其他相关证明文件。

前项第五款健康检查合格证明应检查项目，依“中央”卫生主管机关订定之健康检查证明应检查项目表办理。

第一项申请文件不全，得补正者，应通知申请人于接到通知之翌日起二个月内补正，届期未补正者，驳回其申请。

第十条　大陆地区学生来台就学经申请许可第一次进入台湾地区者，由“入出国及移民署”依前条第一项第二款学校录取通知所指定入境期间，发给单次入出境许可证。

大陆地区学生应于前项单次入出境许可证所载期间入境，并注册入学；入学时，应检附下列文件：

一、大陆地区、香港及澳门学校最高学历，或外国学校最高学历或同等学力证明文件及成绩单，中、英文以外之语文，应附中文或英文译本。

二、具备足够在台就学之财力证明书。

三、经“行政院”设立或指定之机构或委托之民间团体验证之前条第一项第五款健康检查合格证明。

前项第一款大陆地区、香港及澳门学校最高学历，应依大陆地区学历采认办法或香港澳门学历检核及采认办法规定办理采认；外国学校最高学历或同等学力证明文件，应依大学办理国外学历采认办法规定办理采认。

第二项第二款之财力证明书在大陆地区开具者，应经大陆地区公证处公证，并经“行政院”设立或指定之机构或委托之民间团体验证；在第三地区开具者，应经“我国”驻外使领馆、代表处、办事处或其他经“外交部”授权机构（以下简称驻外馆处）验证。

大陆地区学生入学后，应缴回第一项单次入出境许可证正本，由就读学校代向“入出国及移民署”申请换发逐次加签入出境许可证。

前项逐次加签入出境许可证之有效期间为二年，并得视修业情况于有效期间届满前申请酌予延长，每次延长期间不得逾二年。但有下列情形之一者，每次延长期间不得逾六个月：

一、博士班修业已满五年。

二、硕士班修业已满三年。

三、学士班修业已满四年。

四、二年制副学士班修业已满二年。

前项逐次加签入出境许可证于有效期间内办理加签后，即可入出境；其加签效期，自加签之翌日起六个月，得入出境一次。但不得逾逐次加签入出境许可证之有效期间。

大陆地区学生依第六项规定申请延长期间者，应于停留期间届满一个月前，备齐下列文件，委托就读学校代向“入出国及移民署”申请办理：

一、延期申请书。

二、入出境许可证。

三、就读学校出具之在学证明及公函。

第十一条 大陆地区人民申请来台就学，或经学校录取后申请入境，有下列情形之一者，得不予许可；已许可者，得撤销或废止之：

一、曾来台就学，经学校退学并出境之翌日起算未满二年。

二、所持最高学历证明文件，依前条第三项规定，不予采认。

三、参加暴力、恐怖组织或其活动。

四、涉有内乱罪、外患罪重大嫌疑。

五、在台湾地区外涉嫌重大犯罪或有犯罪习惯。

六、现在大陆地区行政、军事、党务或其他公务机构任职。

七、曾有本条例第十八条第一项各款情形之一。

八、违反其他法令规定之情形。

有本条例第十八条第一项第一款情形者，自出境之日起算，其不予许可期间为二年至五年；有同项第二款或第三款情形者，自出境之日起算，其不予许可期间为一年至三年。

第十二条　大陆地区学生来台时，已逾该学年第一学期修业期间三分之一者，不得入境，应于第二学期开学前，重新申请入境，始得注册入学。

第十三条　大陆地区学生在台就学期间，不得申请转入低于目前就读年级之学制班次。

第十四条　大陆地区学生于申请就读学校毕业后，得继续申请在台就读下一阶段学制班次；其入学方式及程序，依本办法规定办理。

第 十五条　学校发现大陆地区学生有申请资格不符规定、所缴证件及资料有伪造、变造、冒用或有考试舞弊等情事者，应撤销其入学许可；已注册入学者，撤销其学籍，且不发给与修业有关之任何证明文件；毕业后发现者，撤销其毕业资格，并追缴或注销其学位证书。

第十六条　大陆地区学生之学杂费收费基准，由就读学校依教学成本订定，且不得低于“本部”每年公告之“国内”同级私立学校之学杂费收费基准。

前项学杂费之收费基准及项目，应报“本部”备查，并于招生简章中载明。

“中央机关”及其所属各机关（构）不得编列预算，提供大陆地区学生奖助学金。学校不得以“中央政府”补助款作为大陆地区学生奖助学金。

第十七条　大陆地区学生在台每学期注册时，应检附在学期间有效之医疗、伤害保险证明文件；在校生应由就读学校集体办理学生团体保险，保费由各学校在每学期注册费用内加列保险费科目代收。

前项保险证明文件在大陆地区开具者，其证明文件应经大陆地区公证处公证，并经“行政院”设立或指定之机构或委托之民间团体验证；在第三地区开具者，应经驻外馆处验证。

第十八条　第六条第三项之招生委员会应就大陆地区学生就学权益、助学措施、医疗及伤害保险、生活辅导等各项信息，编印就学服务参考手册，并指定专责单位或人员协助其就学。

大陆地区学生入学后，学校应指定专责单位或人员负责办理大陆地区学生住宿、课业辅导、生活管理、联系、通报、协寻及其他协助事项。

第十九条　大陆地区学生在台就学期间，不得从事专职或兼职之工作。

违反前项规定者，应依本条例第十八条规定办理强制出境。

第二十条　大陆地区学生在台就学期间，改以就学许可目的以外之身份在台停留或居留者，学校应予退学。

大陆地区学生以就学许可目的以外之身份在台停留或居留期间，其入学方式与“国内”一般学生相同。

第二十一条　大陆地区学生有休学、退学、变更或丧失学生身份等情事，应于生效之翌日起十日内离境，届期未离境者，视为逾期停留，列入未来入境申请资格之考虑。但应届毕业学生得于毕业后一个月内离境。

大陆地区学生参加转学考试经录取或毕业后有第十四条就读下一阶段学制班次之情形，不受前项离境规定之限制，于注册入学后，委托录取学校代向“入出国及移民署”申请换发入出境许可证。

大陆地区学生有前条第一项因来台许可目的变更，致丧失学生身份之情形，依变更后之许可目的居留，不受第一项离境规定之限制。

学校遇有第一项情形，应以书面通知学生依限离境，并于事实发生之日起三个工作日内通报“本部”、“行政院大陆委员会”及“入出国及移民署”；未依限离境者，学校应负协寻责任。

第二十二条　学校依法赴境外开设学位专班招收大陆地区人民，或大学校院与“本部”认可名册内所列之大陆地区高等学校或机构，经由学术合作，提供大陆地区学生同时修读学位之班次，不受第三条第一项学制与第四条第一项及第二项招生名额之限制。

前项学生因修业或课程需要申请来台者，其入出境及停留程序，依本办法规定办理。

第二十三条　学校应于每年十一月三十日前，将已注册入学之大陆地区学生造册，载明姓名、就读年级、就读之院、系（科）、所、学位学程，并同招生办理情形，报“本部”备查。

大学校院与本部认可名册内所列之大陆地区高等学校或机构，经由学术合作，提供大陆地区学生同时修读学位之班次，于第二学期就学者，学校应于每年三月三十一日前检送前项资料，报“本部”备查。

第二十四条　本部为规划大陆地区学生来台就学相关事宜，并审议学校所报招生计划、招生规定、招生简章、招生院、系（科）、所、学位学程及招生名额等事项，得召开大陆地区学生来台就学审议会。

前项审议会成员，应包括社会公正人士、学者专家、学校代表及机关代表。

第二十五条　“本部”得视需要邀集学者专家、相关机关代表，对学校招收大陆地区学生成效、生活辅导及学习情形办理访视。

第二十六条　学校违反本办法或其他法令有关招收大陆地区学生之规定者，“本部”得视情节轻重，予以纠正、限期改善或调整其招收大陆地区学生名额。

第十七条　本办法自发布日施行。

二、2011学年度招收大陆学生台湾地区已启动2011年度高校在大陆的招生工作，台湾大学校院招收大陆地区学生联合招生委员会将负责招收大陆地区学生的联合招生工作。

1. 招收大学本科生

（1）2011年台湾地区将有87所大学招收大学本科生（学士班）共1,488名。

（2）报名资格。户籍所在地为：北京、上海、江苏、浙江、福建及广东六省市。必须经参加2011年大陆高校招生统一考试（即高考）取得成绩，且有下列情形之一者：

1）持大陆地区高中毕业证（明）书者；

2）持香港或澳门高中毕业证（明）书者；

3）具有台湾公立或已立案的私立高中毕业或具有报考学士班同等学力资格者；

4）具有外国高中毕业或具有报考学士班同等学力资格者。

（3）报名、考试与录取。

1）北京、上海、江苏、浙江、福建及广东六省市参加2011年普通高校招生全国统一考试的高中毕业生可报考。具体报名手续及相关信息可登录"海峡两岸招生服务中心"网站（http://hxla.gatzs.com.cn）。

2）目前按本科一批和二批分数线成绩中录取。

2. 招收研究生（硕、博士）

（1）招生名额。2011年台湾地区各大学招收大学研究生共653人，其中：硕士班571人；博士班：82人。

（2）报名资格。应届毕业生、非应届毕业生现在的户籍所在地为：北京、上海、江苏、浙江、福建及广东六省市的考生，报考硕士班年龄在40岁以下、博士班年龄在45岁以下，且有下列情形之一者：

1）持有台"教育部"《认可名册》所列大陆高校或机构的学士或硕士学位毕业证（明）书者及学位证书，并经学历甄试通过者，取得相当证明者；

2）具符合采认的香港或澳门高校学位者；

3）具有台湾公立或已立案的私立高校学位或具有报考硕士班、博士班同等学力资格者；

4）具有外国高校学位或具有报考硕士班、博士班同等学力资格者。

5）台“教育部”认可名册所列大陆高校或机构是：

北京大学　中国人民大学　清华大学　北京航空航天大学　北京理工大学　中国农业大学　北京师范大学　中央民族大学　同济大学　复旦大学　上海交通大学　华东师范大学　南开大学　天津大学　大连理工大学　东北大学　吉林大学　哈尔滨工业大学　南京大学　东南大学　浙江大学　中国科学技术大学　厦门大学　山东大学　中国海洋大学　武汉大学　华中科技大学　湖南大学　中南大学　中山大学　华南理工大学　四川大学　重庆大学　电子科技大学　西安交通大学　西北工业大学　西北农林科技大学　兰州大学　北京体育大学　中央音乐学院　中央美术学院

3. 招生专业、学科

（1）大学本科生（学士班）。

2011 年台湾地区大学校院学士班（大学本科）招收大陆学生招生学校及招生系组、学位学程（即各高校的招生专业）：

学　校	招生学系组（专业）
辅仁大学	历史学系　哲学系　音乐学系 应用美术学系　影像传播学系　新闻传播学系　广告传播学系　宗教学系　图书资讯学系　护理学系　公共卫生学系　临床心理学系　数学系应用数学组　物理学系物理组　化学系 生命科学系　资讯工程学系　心理学系 英国语文学系　德语语文学系　法国语文学系 儿童与家庭学系　食品科学系　营养科学系 财经法律学系　社会学系　社会工作学系 体育学系运动健康管理组
淡江大学	资讯与图书馆学系　大众传播学系　化学学系 建筑学系　资讯工程学系　英文学系 日本语文学系　通讯科技组　教育科技学系 资讯创新与科技学系　资讯创新与科技学系软体工程组
华梵大学	机电工程学系　电子工程学系　资讯管理学系环境设计组 企业管理学系　工业设计学系　建筑学系 美术学系文创设计组　环境与防灾设计学系 工业工程与经营资讯学系
圣约翰科技大学	工业工程与管理系　机械与电脑辅助工程系　电子工程系 电脑与通讯工程系　电机工程系资讯工程系　国际商务系 休闲事业管理系　餐饮管理系
景文科技大学	旅运管理系　旅馆管理系　国际贸易系 企业管理系　财务金融系　视觉传达设计系 电子工程系　资讯工程系

东南科技大学	机械工程系　电机工程系　资讯管理系
致理技术学院	国际贸易系　财务金融系　行销与流通管理系 保险金融管理系　会计资讯系　应用日语系　应用英语系
醒吾技术学院	企业管理系　国际贸易暨商务系
亚东技术学院	电机工程系　电子工程系　机械工程系　工商业设计系 通讯工程系材料与纤维系　医务管理系
黎明技术学院	机械工程系　电机工程系
华夏技术学院	室内设计系　资讯管理系　化妆品应用系　资产与物业管理系 电子工程系　数位媒体设计系　资讯工程系　建筑系
法鼓佛教学院	佛教学系
中国文化大学	史学系　英国语文学系　法国语文学系 大气科学系　生命科学系　法律学系法学组 法律学系财经法律组　经济学系　社会福利学系 园艺暨生物技术学系　食品暨保健营养学系　机械工程学系 纺织工程学系　国际贸易学系　国际企业管理学系 新闻学系　中国戏剧学系　心理辅导学系　中国音乐学系 建筑及都市设计学系　景观学系 体育学系　广告学系　大众传播学系　中国文学系（中国文学组） 中国文学系（文艺创作组）
世新大学	新闻学系　公共关系暨广告学系　口语传播学系　数位多媒体设计学系动画设计组　数位多媒体设计学系设计组 广播电视电影学系广播组　广播电视电影学系电视组 广播电视电影学系电影组　图文传播暨数位出版学系　传播管理学系　资讯传播学系
铭传大学	传播学院　企业管理学系　财务金融学系 国际企业学系　风险管理与保险学系　建筑学系 商品设计学系　商业设计学系　数位媒体设计学系 资讯工程学系　资讯传播工程学系　资讯管理学系 电子工程学系　电脑与通讯工程学系　生物科技学系
实践大学	服装设计学系
大同大学	电机工程学系　事业经营学系
台北医学大学	护理学系　老人护理暨管理学系　公共卫生学系　医务管理学系 牙体技术学系
“中国科技大学”	室内设计系　数位多媒体设计系　资讯管理系 企业管理系　资讯工程系（新竹分部）　行销与流通管理系 休闲事业管理系（新竹分部）
德明财经科技大学	会计资讯系　财政税务系
中华科技大学	机械工程系（台北校区）　电机工程系（台北校区） 电子工程系（台北校区）
北台湾科学技术学院	资讯管理系　国际贸易系　餐饮管理系

台北海洋技术学院	食品科技与行销系　海空物流与行销系
中原大学	应用数学系　物理学系　化学系 心理学系　生物科技学系　化学工程学系 土木工程学系　机械工程学系　生物医学工程学系 生物环境工程学系　国际经营与贸易学系 企业管理学系　会计学系　资讯管理学系　财务金融学系 建筑学系　商业设计学系　特殊教育学系 应用外国语文学系　工业与系统工程学系　应用华语文学系 电子工程学系　资讯工程学系　电机工程学系
元智大学	机械工程学系　电机工程学系　通讯工程学系　光电工程学系 资讯工程学系　资讯管理学系　资讯传播学系　管理学院 中国语文学系　应用外语学系　社会暨政策科学学系 艺术与设计学系　化学工程与材料科学学系
龙华科技大学	机械工程系　化工与材料工程系　电机工程系 电子工程系　资讯网路工程系　国际企业系 财务金融系　企业管理系　资讯管理系 工业管理系　多媒体与游戏发展科学系　应用外语系
清云科技大学	电机工程系　电机工程系绿色能源组　资讯工程系 土木工程系　资讯工程系网路技术组　物业经营与管理系 行销与流通管理系　企业管理系　资讯管理系 国际企业经营系　工业管理系资讯应用组　财务金融系 应用外语系　工业管理系服务管理组
万能科技大学	行销与流通管理系　营建科技系营建管理组　电子工程系 资讯工程系　观光与休闲事业管理系　光电工程系
开南大学	资讯及电子商务学系　物流与航运管理学系　应用日语学系
南亚技术学院	建筑系室内设计组　资讯管理系
明新科技大学	工业工程与管理系　化学工程与材料科技系　休闲事业管理系
大华技术学院	机电工程系　电视与网路行销管理系　电子工程系
中华大学	机械工程学系　资讯工程学系　土木工程学系
玄奘大学	数位媒体设计学系　艺术与创意设计学系
元培科技大学	放射技术系　医学检验生物技术系　资讯工程系 视光系　食品科学系　环境工程卫生系 餐饮管理系　生物科技系　资讯管理系 企业管理系　应用财务管理系　应用英语系 医务管理系　护理学系　生物医学工程学系 健康休闲管理系
育达商业科技大学	企业管理系　行销与流通管理系　财务资讯与金融系 国际商务系　应用英语系　多媒体与游戏发展科学系 游戏开发组多媒体与游戏发展科学系　视觉创意组
亚太创意技术学院	视觉传达设计系　多媒体与电脑娱乐科学系

东海大学	物理学系物理组　物理学系应用物理组　数学系　中国文学系 生命科学系生物医学组　外国语文学系　电机工程学系 工业工程与经营资讯学系　企业管理学系　财务金融学系 资讯工程学系软体工程组　美术学系　畜产与生物科技学系 行政管理暨政策学系　社会学系　景观学系　生命科学系 生态暨生物多样性组　法律学系
逢甲大学	化学工程学系　会计学系　国际贸易学系 财税学系　经济学系　企业管理学系 行销学系　材料科学与工程学系　应用数学系　中国文学系 外国语文学系　土木工程学系　建筑学系　风险管理与保险学系 财务金融学系　工业工程与系统管理学系 机械与电脑辅助工程学系　资电学院不分系荣誉班
静宜大学	英国语文学系　法律学系　大众传播学系 化粧品科学系　国际企业学系　会计学系 观光事业学系　财务金融学系　资讯传播工程学系 财务与计算数学系计算数学组　财务与计算数学系财务工程组 品营养学系营养与保健组　食品营养学系食品与生物技术组 社会工作与儿童少年福利学系
朝阳科技大学	财务金融系　企业管理系　休闲事业管理系 营建工程系　工业工程与管理系　应用化学系 环境工程与管理系　建筑系　工业设计系 视觉传达设计系　景观及都市设计系　幼儿保育系 资讯管理系　资讯工程系
中山医学大学	物理治疗学系　生物医学科学学系
弘光科技大学	护理系　应用英语系　文化事业发展系 食品科技系　幼儿保育系　健康事业管理系 资讯管理系　餐旅管理系　资讯工程系 环境与安全卫生工程系绿色科技组　环境与安全卫生工程系 环境工程组环境与安全卫生工程系工业安全卫生组
中国医药大学	药用化妆品学系　医学检验生物技术学系 营养学系　物理治疗学系　生物医学影像暨放射科学学系 医务管理学系
岭东科技大学	行销与流通管理系　观光与休闲管理系　应用外语系 财务金融系　资讯网路系　视觉传达设计系 数位媒体设计系　流行设计系
亚洲大学	健康产业管理学系　光电与通讯学系　资讯传播学系 休闲与游憩管理学系　数位媒体设计学系　心理学系 视觉传达设计学系　创意商品设计学系　时尚设计学系
侨光科技大学	财务金融系　企业管理系
修平技术学院	电机工程系　工业工程与管理系

大叶大学	电机工程学系　工业工程与科技管理学系　资讯工程学系 环境工程学系　多媒体数位内容学位学程　材料工程学系 工业设计学系　视觉传达设计学系　空间设计学系 造形艺术学系　人力资源暨公共关系学系　会计资讯系 生物产业科技学系　分子生物科技学系　国际企业管理学系 药用植物与保健学系　机械与自动化工程学系
建国科技大学	机械工程系　电机工程系　自动化工程系 电脑与通讯工程系　运动健康与休闲系　应用外语系 土木工程系　资讯管理系　国际企业管理系 工业工程与管理系　商业设计系
明道大学	财务金融学系　光电暨能源工程学系　景观设计学系 数位设计学系
中州技术学院	电子工程系　行销与流通管理系　资讯工程系 观光与休闲管理系　时尚创意设计与管理系　资讯管理系 幼儿保育系　视讯传播系　保健食品系　景观系　餐饮厨艺系 运动与健康促进系
南开科技大学	电机工程系　文化创意与设计系　财务金融系　机械工程系 车辆组　自动化工程系　工业工程与管理系 福祉科技与服务管理系福祉产业科技组　电子工程系 电脑游戏设计组　福祉科技与服务管理系服务事业管理组
环球科技大学	行销管理系　财务金融系　应用外语系 美容造型设计系　观光与餐饮旅馆系　视觉传达设计系 幼儿保育系
南华大学	传播学系　创意产品设计学系　自然生物科技学系
吴凤科技大学	机械工程系　电机工程系
稻江科技暨管理学院	财经法律学系
南台科技大学	资讯工程系　资讯管理系　企业管理系　行销与流通管理系 休闲事业管理系　餐旅管理系　企业电子化学位学程 国际企业系　财务金融系　会计资讯系　资讯传播系 创新产品设计系　幼儿保育系　多媒体与电脑娱乐科学系　视觉传达设计系商业设计组　电机工程系电能资讯组　电机工程系控制与晶片组　电机工程系生医电子组　电子工程系系统应用组　管理与资讯系工业管理组　化学工程与材料工程系
崑山科技大学	电子工程系　电机工程系　环境工程系 资讯传播系　资讯管理系　电脑与通讯系 资讯工程系　企业管理系　会计资讯系 不动产经营系　财务金融系　国际贸易系 视觉传达设计系　视讯传播设计系　空间设计系 公共关系暨广告系　应用英语系　幼儿保育系

嘉南药理科技大学	医药化学系　化妆品应用与管理系　食品科技系 婴幼儿保育系　生活应用与保健系　应用外语系　文化事业发展系 老人服务事业管理系　医务管理系　资讯管理系　资讯科技系 职业安全卫生系　环境工程与科学系　环境资源管理系 餐旅管理系　休闲保健管理系　观光事业管理系　运动管理系
长荣大学	资讯管理学系
台南应用科技大学	服饰设计管理系　美容造型设计系
远东科技大学	机械工程系　电脑应用工程系　自动化控制系 电机工程系　电子工程系　企业管理系 餐饮管理系
康宁大学	应用日语学系
台湾首府大学	幼儿教育学系　商品开发与设计学系　休闲管理学系
兴国管理学院	应用日语学系
南荣技术学院	电子工程系　电机工程系
义守大学	电机工程学系　电子工程学系　资讯工程学系 通讯工程学系　机械与自动化工程学系　工业管理学系　企业管 理学系　土木与生态工程学系　财务金融学系 公共政策与管理学系　观光学系　休闲事业管理学系 餐旅管理学系　应用日语学系　生物科技学系
树德科技大学	行销管理系　运筹管理系　休闲事业管理系 企业管理系　休闲游憩与运动管理系　金融系 国际企业与贸易系　儿童与家庭服务系　电脑与通讯系 资讯工程系　资讯管理系　动画与游戏设计系 生活产品设计系　流行设计系　视觉传达设计系 室内设计系　表演艺术系
辅英科技大学	护理系　物理治疗系　保健营养系 环境工程与科学系　职业安全卫生系　生物科技系 幼儿保育系
正修科技大学	土木与工程资讯系　工程技术组　电子工程系光电组 观光游憩学位学程　应用外语系商务英文组 资讯工程系生技彩妆学位学程　影像显示科技学位学程 医学机电工程学位学程　国际企业系国际贸易组 企业管理系投资理财组　资讯管理系资讯科技组　机工程系 设计制造组　电机工程系电机与控制组　财务金融系 公司理财组建筑与室内设计系　室内设计组　工业工程与管理系 经营管理组数位内容科技管理学位学程　运动健康与休闲系 运动健康组时尚生活创意设计学位学程　国际企业系国际行销组 运动健康与休闲系休闲产业组　创意产业经营学位学程 幼儿保育系托育教学组
高苑科技大学	电子工程系　电子工程系航空电子组　企业管理系

文藻外语学院	英国语文系　法国语文系　德国语文系 西班牙语文系　日本语文系　应用华语文系 外语教学系　翻译系　国际事务系 资讯管理与传播系　传播艺术系
和春技术学院	财务金融系　工业工程与管理系　多媒体设计系
东方设计学院	美术工艺系　广播艺术系影视制作组
大仁科技大学	生物科技系　食品科技系保健营养组　应用外语系日文组　资讯管理系　数位多媒体设计系　资讯工程系　幼儿保育系　健康事业管理系　行销与流通管理系　食品科技系食品技术与应用组　环境与职业安全卫生系环境科技组 环境与职业安全卫生系职业安全卫生组　时尚美容应用系　旅游管理系餐饮管理组　休闲运动管理系　观光事业系
美和科技大学	企业管理系　幼儿保育系　美容系
永达技术学院	经营管理系餐饮管理组　化妆品应用与管理系
高凤数位内容学院	数位娱乐创意系　数位影音设计系
佛光大学	乐活生命文化学系　文化资产与创意学系　学习与数位科技学系 资讯应用学系网路与多媒体组
慈济大学	公共卫生学系　医学资讯学系生物资讯组　医学资讯学系医学资讯技术组
大汉技术学院	珠宝技术系　观光事业管理系
慈济技术学院	医务管理系　会计资讯系　餐饮管理系 旅游管理系
“国立”金门大学	食品科学系　应用英语学系　国际暨大陆事务学系　绿色建筑与土木工程学位学程　休闲产业经营学位学程
“国立”澎湖科技大学	观光休闲系　海洋运动与游憩系　餐旅管理系　观光休闲系　海洋运动休闲系　航运管理系　电机工程系　电信工程系　应用外语系　资讯管理系　行销与物流管理系　资讯工程系　澎湖县水产养殖系　食品科学系

（2）硕士学位研究生。

2011 年台湾地区大学校院在大陆招收硕士研究生班的学校及系所、学位学程（即专业学科）如下：

学　校	招生系所、学程
“国立”台北大学	公共行政暨政策学系
“国立”台湾艺术大学	多媒体动画艺术学系动画艺术硕士班

辅仁大学	历史学系　应用美术学系　大众传播学研究所　公共卫生学系　数学系　德语语文学系 儿童与家庭学系　宗教学系
淡江大学	资讯与图书馆学系　化学学系　土木工程学系 机械与机电工程学系　产业经济学系　英文学系 法国语文学系　教育政策与领导研究所　教育科技学系课程与教学研究所
华梵大学	东方人文思想研究所　中国文学系
圣约翰科技大学	工业工程与管理系　自动化及机电整合研究所
台湾海洋大学	电机工程学系　通讯与导航工程学系　资讯工程学系光电科学研究所
“国立”政治大学	中国文学系　社会学系　地政学系 经济学系　劳工研究所　社会工作研究所 外交学系　企业管理学系　科技管理研究所 传播学院　英国语文学系　日本语文学系 法律学系　资讯科学系
“国立”台湾大学	中国文学系　戏剧学系　物理学系 地质科学系　地理环境资源学系　心理学系　政治学系　经济学系　国家发展研究所药学系　微生物学研究所　土木工程学系　化学工程学系　环境工程学研究所　料科学与工程学系 建筑与城乡研究所　工业工程学研究所　医学工程学研究所 生物环境系统工程学系　农业化学系 森林环境暨资源学系　动物科学技术学系　农业经济学系 园艺暨景观学系　生物产业机电工程学系　食品科技研究所 国际企业学系　健康政策与管理研究所　电机工程学系光电工程学研究所　电子工程学研究所　资讯工程学系 电信工程学研究所　资讯网路与多媒体研究所　法律学系 生化科技学系
“国立”台湾师范大学	资讯教育研究所　生命科学系　图文传播学系 机电科技学系　应用电子科技学系　体育学系　东亚学系　欧洲文化与观光研究所　餐旅管理研究所 管理研究所　表演艺术研究所（剧场组）　全球经营与策略研究所科技应用与人力资源发展学系
“国立”阳明大学	生物医学工程学系　生理学研究所　药理学研究所 生医光电研究所　物理治疗暨辅助科技学系
“国立”台湾科技大学	机械工程系　材料科学与工程学系　营建工程系 化学工程系　电子工程系　电机工程系 资讯工程学系　企业管理系　财务金融研究所 科技管理研究所　建筑系　工商业设计系 数位与学习教育研究所

台北科技大学	机电整合研究所　制造科技研究所　电机工程系 化学工程研究所　环境工程与管理研究所　资源工程研究所 工业工程与管理系　经营管理系硕士班　资讯与运筹管理研究所　服务与科技管理研究所　建筑与都市设计研究所　创新设计研究所　技术及职业教育研究所
“国立”台北艺术大学	新媒体艺术学系　艺术行政与管理研究所
台北教育大学	文化创意产业经营学系
“国立”台北护理健康大学	资讯管理系　生死教育与辅导研究所　旅游健康研究所
“国立”台北商业技术学院	资讯与决策科学研究所　国际商务系硕士班
中国文化大学	史学系　地学研究所地理组　法律学系 国际贸易学系　新闻学系　美术学系 建筑及都市设计学系
世新大学	新闻学系　口语传播学系　行政管理学系
铭传大学	企业管理学系　财务金融学系　传播管理学系 资讯工程学系
台北医学大学	医学资讯研究所　生医材料暨组织工程研究所
台北市立教育大学	华语文教学硕士学位学程
“国立”中央大学	中国文学系　数学系　物理学系 化学学系　化学工程与材料工程学系　统计研究所土木工程学系　机械工程学系　环境工程研究所 企业管理学系　材料科学与工程研究所　资讯管理学系 经济学系　生物医学工程研究所　电机工程学系 资讯工程学系　人力资源管理研究所　通讯工程学系 大气物理研究所　客家政治经济研究所
“国立”体育大学	休闲产业经营学系
中原大学	化学系　生物科技学系　化学工程学系 土木工程学系　生物医学工程学系　企业管理学系 国际经营与贸易学系　建筑学系　特殊教育学系 工业与系统工程学系　电子工程学系　电机工程学系
长庚大学	生物医学研究所　电子工程学系　资讯工程学系 机械工程学系
元智大学	电机工程学系　化学工程与材料学学系　通讯工程学系　资讯工程学系　管理学院商学硕士班　资讯管理学系 管理学院经营管理硕士班
龙华科技大学	商学与管理研究所　资讯管理系

“国立”清华大学	物理学系 化学系 化学工程学系 动力机械工程学系 材料科学工程学系 电机工程学系电子工程研究所 光电工程研究所 通讯工程研究所 资讯工程学系 资讯系统与应用研究所 工业工程与工程管理学系 中国文学系 人类学研究所 社会学研究所 台湾文学研究所 工程与系统科学系生命科学院联合招生 生医工程与环境科学系 核子工程与科学研究所 计量财务金融学系 科技管理研究所
“国立”交通大学	电子研究所 电信工程研究所 电控工程研究所 显示科技研究所 应用艺术研究所 环境工程研究所 运输科技与管理学系 工业工程与管理学系 交通运输研究所 经营管理研究所 资讯管理研究所 财务金融研究所 教育研究所 社会与文化研究所 传播研究所人文社会学系族群与文化硕士班 应用化学系 管理科学系
“国立”新竹教育大学	教育心理与谘商学系
“国立”联合大学	资讯管理学系
育达商业科技大学	企业管理系
“国立”中兴大学	历史学系 植物病理学系 昆虫学系 化学系 生物产业机电工程学系 物理学系 土木工程学系 环境工程学系 化学工程学系 兽医学系 企业管理学系 科技管理研究所 国家政策与公共事务研究所 国际农学硕士学位学程
“国立”台中教育大学	数学教育学系 资讯科学学系
“国立”勤益科技大学	资讯工程系 冷冻空调与能源系 电机工程系 研发科技与资讯管理研究所
“国立”台湾体育学院	运动管理学系（嘉义校区）
“国立”台中技术学院	资讯管理系
东海大学	中国文学系 工业工程与经营资讯学系 化学系 资讯工程学系 企业管理学系 财务金融学系 社会学系 食品科学系食品科技组 建筑学系 工业设计学系
逢甲大学	电声硕士学位学程 国际贸易学系 经济学系 企业管理学系 中国文学系 公共政策研究所 资讯工程学系 风险管理与保险学系 财务金融学系 工业工程与系统管理学系 机械与电脑辅助工程学系
静宜大学	国际企业学系 资讯管理学系
朝阳科技大学	营建工程系 工业工程与管理系 应用化学系 环境工程与管理系 资讯管理系 资讯工程系
中国医药大学	药用化妆品学系 医务管理学系
岭东科技大学	财务金融研究所 观光与休闲管理研究所 国际企业研究所
亚洲大学	健康产业管理学系 数位媒体设计学系

“国立”彰化师范大学	特殊教育学系 数学系 化学系 中国文学系 电机工程学系 电信工程学研究所 企业管理学系 应用运动科学研究所 会计学系 美术学系硕士班—甲组、艺术学组
大叶大学	电机工程学系 机械与自动化工程学系 企业管理学系 分子生物科技学系 设计暨艺术学院文化产业组
明道大学	设计学院
暨南国际大学	电机工程学系 社会政策与社会工作学系
“国立”云林科技大学	资讯工程系 营建工程系 企业管理系 资讯管理系 工业工程与管理研究所 财务金融系 会计系 国际企业管理研究所 工业设计系 视觉传达设计系 国际文化设计研究所 设计运算研究所创意生活设计系
“国立”虎尾科技大学	机械设计工程系 电机工程系 电子工程系机械与机电工程研究所
环球科技大学	中小企业经营策略管理研究所
“国立”中正大学	中国文学系 地球与环境科学系 地震学历史学系 生命科学系分子生物 社会福利学系 心理学系 机械工程学系 经济学系国际经济学 化学工程学系 资讯管理学系 法律学系 犯罪防治学系
嘉义大学	生物农业科技学系 食品科学系食品科技组
“国立”成功大学	中国文学系 物理学系 化学系 生命科学系 机械工程学系 化学工程学系材料科学及工程学系 资源工程学系 土木工程科学系 测量及空间资讯学系 环境工程学系 生物医学工程学系 电脑与通信工程研究所 电机工程学系 医学资讯研究所 制造资讯与系统研究所 建筑学系 都市计划学系 会计学系 财务金融研究所 工业与资讯管理学系 生物化学暨分子生物学研究所 环境医学研究所 分子医学研究所 法律学系
“国立”台南艺术大学	民族音乐学研究所
“国立”台南大学	行政管理学系 经营与管理学系科技管理
南台科技大学	电机工程系 电子工程系 资讯工程系 化学工程与材料工程系
崑山科技大学	电子工程系 数位生活科技研究所 视觉传达设计系 房地产开发与管理研究所 媒体艺术研究所
嘉南药理科技大学	化妆品科技研究所 环境工程与科学系
“国立”中山大学	应用数学系 环境工程研究所 企业管理学系 财务管理学系 人力资源管理研究所 政治学研究所 社会学系 中国与亚太区域研究所
“国立”高雄师范大学	英语学系 地理学系 数学系工业科技教育学系 亚太工商管理学系 音乐学系
高雄第一科技大学	营建工程系 科技法律研究所 行销与流通管理系 金融理财研究所 应用日语系 口笔译研究所 系统资讯与控制研究所

“国立”高雄应用科技大学	企业管理系　观光与餐旅管理研究所　国际企业系　会计系 人力资源发展系　金融资讯研究所　财经与商务决策研究所
“国立”高雄餐旅大学	餐旅管理研究所
义守大学	电机工程学系　电子工程学系　资讯工程学系　材料科学与工程学系　管理学院管理硕士班
树德科技大学	人类性学研究所　应用设计研究所
辅英科技大学	环境工程与科学系
正修科技大学	化工与材料工程研究所　营建工程研究所营建工程组　资讯管理研究所　运动健康与休闲研究所休闲组
“国立”屏东科技大学	休闲运动保健系　技术及职业教育研究所　社会工作系 水产养殖系　野生动物保育研究所　生物科技系　森林系　财务金融研究所　资讯管理系 企业管理系　景观暨游憩管理研究所
“国立”屏东教育大学	教育心理与辅导学系
“国立”屏东商业技术学院	企业电子化研究所　行销与流通管理系　国际企业研究所
“国立”宜兰大学	食品科学系　动物科技学系　生物技术研究所
佛光大学	乐活生命文化学系生命学组　资讯应用学系网路与多媒体组
“国立”东华大学	艺术与设计系　企业管理学系　国际企业学系　财务金融学系　资讯工程学系　中国语文学系
慈济大学	教育研究所
“国立”台东大学	幼儿教育学系
“国立”金门大学	土木与工程管理学系　观光管理学系　建筑学系 运动与休闲学系　国际暨大陆事务学系　电子工程学系
“国立”澎湖科技大学	服务业经营管理研究所　水产资源与养殖研究所　食品科学研究所　电资研究所　观光休闲事业管理研究所

（5）博士研究生。

台湾地区 2011 招收大陆学生就读博士研究生班的学校及系所、学位学程（即专业学科）如下：

学　校	招生系所、学程
淡江大学	英文学系
“国立”政治大学	历史学系　会计学系　新闻学系
“国立”台湾大学	图书资讯学系　化学系　国家发展研究所 微生物学研究所　土木工程学系　化学工程学系 材料科学与工程学系　园艺暨景观学系　国际企业学系 电机工程学系　职业医学与工业卫生研究所 电信工程学研究所　电子工程学研究所　法律学系 分子与细胞生物学研究所

“国立”台湾师范大学	数学系　物理学系　工业教育学系
“国立”阳明大学	生物医学工程学系　生化暨分子生物研究所
“国立”台湾科技大学	机械工程系　营建工程系　电子工程系 电机工程系　工业管理系
台北科技大学	电机工程系　技术及职业教育研究所　工商管理研究所
“国立”中央大学	天文研究所　土木工程学系　机械工程学系 财务金融学系　电机工程学系
中原大学	化学工程学系
长庚大学	生物医学研究所
元智大学	化学工程与材料学学系
“国立”清华大学	化学系　化学工程学系　电机工程学系 历史研究所　生命科学院联合招生　工程与系统科学系 科技管理研究所
“国立”交通大学	电子研究所　电信工程研究所　电控工程研究所 物理研究所　交通运输研究所　环境工程研究所
“国立”中兴大学	森林学系　土木工程学系　化学工程学系
逢甲大学	资讯工程学系
朝阳科技大学	资讯科技研究所
中国医药大学	公共卫生学系博士班
“国立”彰化师范大学	辅导与谘商学系
“国立”云林科技大学	工程科技研究所　企业管理系　设计学研究所
“国立”虎尾科技大学	机械与机电工程研究所
“国立”中正大学	化学暨生物化学系　会计与资讯科技学系
“国立”成功大学	光电科学与工程学系　化学工程学系　土木工程学系 环境工程学系　微电子工程研究所　统计学系 础医学研究所
崑山科技大学	机械与能源工程研究所
“国立”中山大学	应用数学系　环境工程研究所　企业管理学系中国与亚太区域研究所
高雄第一科技大学	工程科技研究所 - 机械组
“国立”屏东科技大学	食品科学系
“国立”东华大学	经济学系

4. 招生名额

（1）大学本科生 2011 年台湾地区高校学士班（本科）招收大陆学生的学校及名额：

	学　校	所在地	学士班		学　校	所在地	学士班		
1	辅仁大学	新北市	40	45	中国医药大学	台中市	13		
2	淡江大学	新北市	45	46	岭东科技大学	台中市	24		
3	华梵大学	新北市	10	47	亚洲大学	台中市	22		
4	真理大学	新北市	2	48	侨光科技大学	台中市	2		
5	圣约翰大学	新北市	24	49	修平技术学院	台中市	2		
6	景文大学	新北市	14	50	大叶大学	彰化县	22		
7	东南科技大学	新北市	21	51	建国科技大学	彰化县	33		
8	致理技术学院	新北市	20	52	明道大学	彰化县	11		
9	醒吾技术学院	新北市	2	53	中州技术学院	彰化县	13		
10	亚东技术学院	新北市	16	54	南开科技大学	南投县	18		
11	黎明技术学院	新北市	2	55	环球科技大学	云林县	19		
12	华夏技术学院	新北市	8	56	南华大学	嘉义县	3		
13	法鼓佛教学院	新北市	1	57	吴凤科技大学	嘉义县	2		
14	中国文化大学	台北市	50	58	稻江科技暨管理学院	嘉义县	2		
15	世新大学	台北市	35	59	南台科技大学	台南市	45		
16	铭传大学	台北市	62	60	崑山科技大学	台南市	27		
17	实践大学	台北市	3	61	嘉南药理科技大学	台南市	46		
18	大同大学	台北市	2	62	长荣大学	台南市	2		
19	台北医学院	台北市	9	63	台南应用科技大学	台南市	2		
20	“中国科技大学”	台北市	25	64	远东科技大学	台南市	35		
21	德明财经科技大学	台北市	2	65	康宁大学	台南市	2		
22	中华科技大学	台北市	3	66	台湾首府大学	台南市	3		
23	北台湾科学技术学院	台北市	3	67	兴国管理学院	台南市	2		
24	台北海洋技术学院	台北市	2	68	南荣技术学院	台南市	2		
25	中原大学	桃园县	49	69	义守大学	高雄市	46		

26	元智大学	桃园县	28	70	树德科技大学	高雄市	25		
27	龙华科技大学	桃园县	19	71	辅英科技大学	高雄市	17		
28	清云科技大学	桃园县	29	72	正修科技大学	高雄市	32		
29	万能科技大学	桃园县	20	73	高苑科技大学	高雄市	3		
30	开南大学	桃园县	3	74	文藻外语学院	高雄市	11		
31	南亚技术学院	桃园县	2	75	和春技术学院	高雄市	3		
32	中华大学	新竹县	3	76	东方设计学院	高雄市	2		
33	明新科技大学	新竹县	3	77	大仁科技大学	屏东县	23		
34	大华技术学院	新竹市	3	78	美和科技大学	屏东县	3		
35	玄奘大学	新竹市	3	79	永达技术学院	屏东县	2		
36	元培科技大学	新竹市	27	80	高凤数位内容学院	屏东县	2		29
37	育达商业科技大学	苗栗县	17	81	佛光大学	宜兰县	7		20
38	亚太创意技术学院	苗栗县	2	82	慈济大学	花莲县	6		3
39	逢甲大学	台中市	61	83	大汉技术学院	花莲县	2		2
40	东海大学	台中市	52	84	慈济技术学院	花莲县	2		
41	静宜大学	台中市	43	85	台湾观光学院	花莲县	2		
42	朝阳科技大学	台中市	31	86	“国立”金门大学	金门县	64		
43	中山医学大学	台中市	2	87	“国立”澎湖科技大学	澎湖县	63		
44	弘光科技大学	台中市	23			合计：1,488人			

（2）台湾地区高校2011年在大陆招收硕士班、博士班学校及名额是：

	学　校	所在地	小计	硕士班	博士班		
1	“国立”台北大学	新北市	1	1			
2	“国立”台湾艺术大学	新北市	1	1			
3	辅仁大学	新北市	8	8			
4	淡江大学	新北市	11	10	1		
5	华梵大学	新北市	2	2			
6	圣约翰科技大学	新北市	2	2			
7	“国立”台湾海洋大学	基隆市	7	7			
8	“国立”政治大学	台北市	3	17	3		
9	“国立”台湾大学	台北市	73	58	15		

10	“国立”台湾师范大学	台北市	17	14	3		
11	“国立”阳明大学	台北市	8	6	2		
12	“国立”台湾科技大学	台北市	23	18	5		
13	“国立”台北科技大学	台北市	21	18	3		
14	“国立”台北艺术大学	台北市	2	2			
15	“国立”台北教育大学	台北市	1	1			
16	“国立”台北护理健康大学	台北市	4	4			
17	“国立”台北商业技术学院	台北市	2	2			
18	中国文化大学	台北市	7	7			
19	世新大学	台北市	3	3			
20	铭传大学	台北市	5	5			
21	台北医学大学	台北市	2	2			
22	台北市立教育大学	台北市	1	1			
23	“国立”中央大学	桃园县	27	22	5		
24	“国立”体育大学	桃园县	1	1			
25	中原大学	桃园县	13	12	1		
26	长庚大学	桃园县	8	7	1		
27	元智大学	桃园县	9	8	1		
28	龙华科技大学	桃园县	2	2			
29	“国立”清华大学	新竹市	31	24	7		
30	“国立”交通大学	新竹市	34	27	7		
31	“国立”新竹教育大学	新竹市	1	1			
32	“国立”联合大学	苗栗县	1	1			
33	育达商业科技大学	苗栗县	1	1			
34	“国立”中兴大学	台中市	18	15	3		
35	“国立”台中教育大学	台中市	2	2			
36	“国立”勤益科技大学	台中市	4	4			29
37	“国立”台湾体育学院	台中市	1	1			20
38	“国立”台中技术学院	台中市	2	2			3
39	逢甲大学	台中市	13	12	1		2
40	东海大学	台中市	10	10			
41	静宜大学	台中市	4	4			
42	朝阳科技大学	台中市	10	9	1		
43	中国医药大学	台中市	3	2	1		
44	岭东科技大学	台中市	3	3			
45	亚洲大学	台中市	2	2			

46	“国立”彰化师范大学	彰化县	11	10	1			
47	大叶大学	彰化县	5	5				
48	明道大学	彰化县	1	1				
49	“国立”暨南国际大学	南投县	2	2				
50	“国立”云林科技大学	云林县	16	13	3			
51	“国立”虎尾科技大学	云林县	8	7	1			
52	环球科技大学	云林县	1	1				
53	“国立”中正大学	嘉义县	14	12	2			
54	“国立”嘉义大学	嘉义市	2	2				
55	“国立”成功大学	台南市	34	27	7			
56	“国立”台南艺术大学	台南市	1	1				
57	“国立”台南大学	台南市	2	2				
58	南台科技大学	台南市	7	7				
59	崑山科技大学	台南市	7	6	1			
60	嘉南药理科技大学	台南市	4	4				
61	“国立”中山大学	高雄市	23	19	4			
62	“国立”高雄师范大学	高雄市	5	5				
63	“国立”高雄大学	高雄市	1	1				
64	“国立”高雄第一科技大学	高雄市	9	8	1			
65	“国立”高雄应用科技大学	高雄市	9	9				
66	“国立”高雄餐旅大学	高雄市	1	1				
67	义守大学	高雄市	5	5				
68	树德科技大学	高雄市	4	4				
69	辅英科技大学	高雄市	1	1				
70	正修科技大学	高雄市	4	4				
71	“国立”屏东科技大学	屏东县	12	11	1			
72	“国立”屏东教育大学	屏东县	1	1				
73	“国立”屏东商业技术学院	屏东县	3	3				
74	“国立”宜兰大学	宜兰县	3	3				
75	佛光大学	宜兰县	3	3				
76	“国立”东华大学	花莲县	16	15				
77	慈济大学	花莲县	2	2				
78	“国立”台东大学	台东县	1	1				
79	“国立”金门大学	金门县	9	9				
80	“国立”澎湖科技大学	澎湖县	5	5				
合　计			653 人	571 人				

第五章

台湾地区大学、独立学院简介

一、"国立"政治大学

网址：http://www.nccu.edu.tw

地址：116 台北市文山区指南路 2 段 64 号

校长：吴思华

学校简史：

政治大学前身为 1927 年设在南京的国民党中央党务学校，1929 年 6 月更名为中央政治学校。抗日战争期间，迁长沙、重庆等地，抗战胜利后潜回南京。1946 年与中央干部学校合并，成立"国立政治大学"。1954 年 7 月，台湾当局决定在台北复校，1955 年重新开办。

目前，在校学生：16,038 人，专任教师：744 人。

学制与学位：

学　制	学习年限	授予学位
学士班	4 年	学士
硕士班	1-4 年	硕士
博士班	2-7 年	博士

学院与系所、学制：

1. 文学院

中国文学系：博士、硕士、大学学士班

历史学系：博士班、硕士班、大学学士班

哲学系：博士、硕士、大学学士班

华语文教学博士学程：博士、硕士班

国文教学：硕士在职专班

宗教研究所：博士、硕士班

图书信息与档案学所：硕士班

台湾史研究所：博士、硕士班

台湾文学研究所：博士、硕士班

图书信息学数字：硕士在职专班

2. 理学院

应用数学系：博士、硕士、大学学士班

神经科学研究所：硕士班

心理学系：博士、硕士、大学学士班

应用物理研究所：硕士班

信息科学系：博士、硕士、大学学士班

信息科学系：硕士在职专班

数学教学：硕士在职专班

3. 社会科学学院

政治学系：博士、硕士、大学学士班

国家发展研究所：博士班、硕士班

社会学系：博士、硕士、大学学士班

劳工研究所：硕士班

财政学系：博士、硕士、大学学士班

社会工作研究所：硕士班

公共行政学系：博士、硕士、大学学士班

亚太研究英语学程：博士班

地政学系：博士、硕士、大学学士班

亚太研究英语硕士学程：硕士在职

经济学系：博士、硕士、大学学士班

行政管理：硕士在职专班

民族学系：博士、硕士、大学学士班

4. 法学院

法律学系：博士、硕士、大学学士班

法律科际整合研究所：硕士班

法学院在职班：硕士在职专班

5. 商学院

国际经贸学系：博士、硕士、大学学士班

财务管理学系：博士、硕士、大学学士班

金融学系：博士、硕士、大学学士班

科技管理研究所：博士、硕士班

风险管理与保险学系：博士、硕士、大学学士班
会计学系：博士、硕士、大学学士班
统计学系：博士、硕士、大学学士班
智慧财产研究所：硕士班
管 / 商专业学程：经营管理硕士学程
企业管理学系：博士、硕士、大学学士班
国际经管硕士学程：硕士在职专班
信息管理学系：博士、硕士、大学学士班
6. 外国语文院
英国语文学系：博士、硕士、大学学士班
土耳其语文学系：大学学士班
阿拉伯文学系：大学学士班
语言学研究所：大学学士班
斯拉夫文学系：硕士、大学学士班
欧洲语文学程：大学学士班
日本语文学系：博士、硕士班、大学学士班
欧洲语言文化学程：硕士在职专班
韩国语文学系：大学学士班
英语系英语教师在职：硕士在职专班
7. 传播学院
新闻学系：博士、硕士、大学学士班
数位内容：硕士学程 硕士班
广告学系：硕士、大学学士班
传播学位学程：进修学士班
广播电视学系：硕士、大学学士班
传播学在职班：硕士在职专班
国际传播英语：硕士学位学程、硕士班
8. 国际事务学院
外交学系：博士、硕士、大学学士班
国家安全与大陆研究：硕士在职专班
东亚研究所：博士、硕士
战略与国际事务：硕士在职专班

俄罗斯研究所：硕士班

9. 教育学院

教育学系：博士班、硕士班、大学学士班

教育行政与研究所：硕士班

幼儿教育所：硕士班

学校行政：硕士在职专班

二、“国立”清华大学

网址：http://www.nthu.edu.tw

地址：300 新竹市光复路二段 101 号

校长：陈力俊

学校简史：

1955 年台湾当局决定在新竹组建“清华大学研究院筹备委员会”。1956 年 7 月起先后成立原子科学研究所（后扩展为原子科学院）、数学研究所等，招收研究生。1964 年开办大学部，开始招收本科生。该校近二十几年来，积极发展人文社会、生命科学、电机信息与科技管理领域科系。

目前，在校学生：12,286 人，专任教师：615 人。

学制与学位：

学　制	学习年限	授予学位
学士班	4 年	学士
硕士班	1-4 年	硕士
博士班	2-7 年	博士

学院与系所、学制：

1. 理学院

数学系：博士、硕士、大学学士班

天文研究所：博士、硕士班

物理学系：博士、硕士、大学学士班

理学院学士班：大学学士班

化学系：博士、硕士、大学学士班

先进光源科技学程：博士、硕士班

统计学研究所：博士、硕士班

2. 工学院

化学工程学系：博士、硕士、大学学士班

工业工程与工程管理学系在职班：硕士班

动力机械工程学系：博士、硕士、大学学士班

工学院学士班：大学学士班

材料科学工程学系：博士、硕士、大学学士班

奈（纳）米工程与微系统研究所：博士、硕士班

工业工程与工程管理学系：博士、硕士、大学学士班

3. 原子科学院

工业与系统科学系：博士、硕士、大学学士班

生先进光源科技学程：博士、硕士班

核子工程与科学研究所：博士、硕士班

原子科学院：大学学士班

生医工程与环境科学系：博士、硕士、大学学士班

4. 人文社会学院

中国文学系：博士、硕士、大学学士班

社会学研究所：博士、硕士班

外国语文学系：硕士、大学学士班

哲学研究所：硕士班

历史研究所：博士、硕士班

台湾文学研究所：硕士班

语言学研究所：博士、硕士班

人文社会学院：大学学士班

人类学研究所：博士、硕士班

台湾研究教师在职进修：硕士在职专班

5. 生命科学院

生命科学系：大学学士班

生物科技研究所：博士、硕士班

医学科学系：大学学士班
系统神经科学研究所：硕士班
分子医学所：博士、硕士班
生命科学院学士班：学士班
生物信息与结构生物研究所：博士、硕士班
分子与细胞生物研究所：博士、硕士班
6. 电机信息学院
资讯工程学系：博士、硕士、大学学士班
光电工程研究所：博士、硕士班
电机工程学系：博士、硕士、大学学士班
电机信息：大学学士班
通讯工程所：博士、硕士班
信息系统与应用所：博士、硕士班
电子工程所：博士、硕士班
7. 科技管理学院
计量财务金融学系：硕士、大学学士班
高阶经营管理：硕士在职专班
经济学系：博士、硕士、大学学士班
科技管理学院：大学学士班
科技管理所：博士、硕士班
国际专业管理：硕士班
经营管理：硕士在职专班
服务科学研究所：硕士班
科技法律所：硕士班
8. 共同教育委员会
学习科学所：硕士班

三、"国立"台湾大学

网址：http://www.ntu.edu.tw
地址：106台北市大安区罗斯福路四段一号

校长：李嗣涔

学校简史：

1928 年 3 月，日本侵占台湾时为研究东南亚资源及便利在台日本青年升学，建立“台北帝国大学”。抗战胜利后，1945 年 11 月改名为“国立台湾大学”。

目前，在校学生：33,533 人，专任教师：2,011 人。

学制与学位：

学　制	学习年限	授予学位
学士班	4 年	学士
硕士班	1-4 年	硕士
博士班	2-7 年	博士

学院与系所、学制：

1. 文学院

中国文学系：博士、硕士、大学学士班

日本语文学系：硕士、大学士班

外国语文学系：博士、硕士、大学学士班

戏剧学系：硕士、大学士班

历史学系：博士、硕士、大学学士班

艺术史研究所：博士、硕士班

哲学系：博士、硕士、大学学士班

语言学研究所：博士、硕士班

人类学系：博士、硕士、大学学士班

音乐学研究所：硕士班

图书信息学系：博士、硕士、大学学士班

台湾文学研究所：硕士班

2. 理学院

数学系：博士、硕士、大学学士班

地理环资学系：博士、硕士、大学学士班

物理学系：博士、硕士、大学学士班

大气科学系：博士、硕士、大学学士班

化学系：博士、硕士、大学学士班
海洋研究所：博士、硕士班
地质科学系：博士、硕士、大学学士班
天文物理研究所：博士、硕士班
心理学系：博士、硕士、大学学士班
应用物理研究所：博士、硕士班
3. 社会科学院
政治学系：博士、硕博士、大学学士班
社会工作学系：博士、硕士、大学学士班
经济学系：士、硕士、大学学士班
国家发展研究所：博士、硕士班
社会学系：博士、硕士、大学学士班
新闻研究所：硕士班
4. 医学院
医学系：大学学士班
微生物学研究所：博士班、硕士班
临床医学所：博士、硕士、硕士在职班
免疫学研究所：博士、硕士班
药学系：博士、硕士、大学学士班
临床药学研究所：硕士班
职能治疗学系：博士、硕士、大学学士班
法医学研究所：硕士班
物理治疗学系：博士、硕士、大学学士班
解剖学暨细胞生物所：博士、硕士班
护理学系：博士、硕士大学学士班
毒理学研究所：博士、硕士班
生理学研究所：博士、硕士班
肿瘤医学研究所：博士班
药理学研究所：博士、硕士班
临床基因医学研究所：博士班
分子医学研究所：博士、硕士、硕士在职班
转译医学博士学位学程：博士班

生物化学暨分子生物学研究所：博士、硕士班
病理学研究所：博士、硕士班
医学检验暨生物技术学系：博士、硕士、大学学士班
5. 工学院
土木工程学系：博士、硕士、大学学士班
环境工程学研究所：博士、硕士班
机械工程系所：博士、硕士、大学学士班
建筑与城乡研究所：博士、硕士班
化学工程学系：博士、硕士、大学学士班
工业工程学研究所：硕士
医学工程学研究所：博士、硕士班
应用力学所：博士、硕士、大学学士班
工程科学及海洋工程学系：博士、硕士、大学学士班
材料科学与工程学系：博士、硕士大学学士班
高分子科学与工程学研究所：博士、硕士班
6. 生物资源暨农学院
农艺学系：博士、硕士、大学学士班
昆虫学系：博士、硕士大学学士班
生物环境系统工程学系：博士、硕士、大学学士班
农业化学系：博士、硕士、大学学士班
生物产业机电工程学系：博士、硕士、大学学士班
发展学系博士、硕士、大学学士班
森林环境暨资源学系：博士、硕士、大学学士班
动物科技学系：博士、硕士、大学学士班
植物病理与微生物学系：博士、硕士、大学学士班
食品科技研究所：博士、硕士班
农业经济学系：博士、硕士、大学学士班
生物科技研究所：博士班
园艺学系：博士、硕士、大学学士班
7. 管理学院
工商管理学系：大学学士班
信息管理学系：博士、硕士、大学学士班

会计学系：博士、硕士、大学学士班
商学研究所：博士、硕士班
财务金融学系：博士、硕士、大学学士班
硕士专班（EMBA）：硕士在职专班
国际企业学系：博士、硕士、大学学士班
企业管理：硕士在职专班

8. 公共卫生学院

公共卫生学系：硕士、大学学士班
环境卫生研究所：博士、硕士班
健康政策与管理研究所：博士、硕士班
流行病学与预防医学研究所：博士、硕士班
职业医学与工业卫生研究所：博士、硕士班
公共卫生学位学程：硕士

9. 电机信息学院

电机工程学系：博士、硕士、大学学士班
电子工程学研究所：博士、硕士、硕士在职班
资讯工程学系：博士、硕士、大学学士班
生医电子与信息学研究所：博士、硕士班
电信工程学研究所：博士、硕士班
信息网络与多媒体研究所：博士、硕士班
光电工程学研究所：博士、硕士班

10. 法律学院

法律学系：博士、硕士、大学学士班
科际整合法律学所：硕士班

11. 生命科学院

生命科学系：大学学士班
渔业科学研究所：博士、硕士班
生化科技学系：博士、硕士、大学学士班
生化科学研究所：博士、硕士班、
植物科学所：博士、硕士班
生态与演化生物学所：博士、硕士班
动物学研究所：博士、硕士班

12. 牙医专业学院

牙医学系：大学学士班

口腔生物科学研究所：硕士班

临床牙医学所：博士、硕士班

13. 兽医专业学院

兽医学系：博士、硕士、大学学士班

临床动物医学研究所：硕士班

14. 进修推广部

中国文学系：进修学士班

法律学系：进修学士班

外国语文学系：进修学士班

企业管理学系：进修学士班历史学系：进修学士班

四、"国立"台湾师范大学

网址：http://www2.ntnu.edu.tw

地址：106 台北市大安区和平东路 1 段 162 号

电话：02-77341111

校长：张国恩

学校简史：

台湾师范大学建立于 1946 年，1955 年名为台湾省立师范大学，1967 年改为"国立"台湾师范大学。

目前，在校学生：15,375 人，专任教师：925 人。

学制与学位：

学　制	学习年限	授予学位
学士班	4 年	学士
硕士班	1-4 年	硕士
博士班	2-7 年	博士

学院与系所、学制：

1. 教育学院

教育学系：博士、硕士、大学学士班

特殊教育学系：博士、硕士、大学士班

教育与心理辅导学系：博士、硕士、大学学士班

图书信息学研究所：硕士、博士班

社会教育学系：博士、硕士、大学学士班

教育政策与行政所：硕士班

健康促进与卫生教育学系：博士、硕士、大学学士班

复健咨商研究所：硕士班

人类发展与家庭学系：博士、硕士、大学学士班

信息教育研究所：硕士、博士班

公民教育与活动领导学系：博士、硕士、大学学士班

课程与教学研究所：硕士、博士班

2. 文学院

国文学系：大学学士、硕士、博士班

翻译研究所：硕士、博士班

英语学系：大学学士、硕士、博士班

台湾文化及语言文学研究所：硕士、博士班

历史学系：大学学士、硕士、博士班

台湾史研究所：硕士

地理学系：大学学士、硕士、博士班

3. 理学院

数学系：大学学士、硕士、博士班

资讯工程学系：大学学士、硕士、博士班

物理学系：大学学士、硕士、博士班

科学教育研究所：硕士、博士、硕士在职专班

化学系：大学学士、硕士、博士班

环境教育研究所：硕士、博士班

生命科学系：大学学士、硕士、博士班

光电科技研究所：硕士、博士班

地球科学系：大学学士、硕士、博士班
海洋环境科技研究所：硕士班
4. 艺术学院
美术学系：大学学士、硕士、博士班
艺术史研究所：硕士班
视觉设计学系：大学学士班
5. 科技学院
工业教育学系：大学学士、硕士、博士班
机电科技学系：大学学士、硕士班
图文传播学系：大学学士班、硕士班
应用电子科技学系：大学学士、硕士班
科技应用与人力资源发展学系：大学学士、硕士、博士班
6. 运动与休闲学院
体育学系：大学学士、硕士、博士班
运动科学研究所：硕士班
运动竞技学系：大学学士、硕士班
运动与休闲管理研究所：硕士、硕士在职专班
7. 国际与侨教学院
应用华语文学系：大学学士班
数理学科：侨生先修
东亚文化暨发展学系：大学学士班
华语文教学研究所：硕士班、博士班
国际华语与文化学系：大学学士班
国际汉学研究所：硕士班
华语文学科：侨生先修
欧洲文化与观光所：硕士班
外语学科：侨生先修
8. 音乐学院
音乐学系：大学学士、硕士、博士班
表演艺术研究所：学士学程（对内）、硕士班
民族音乐研究所：硕士班

9. 管理学院

企业管理学士学位学程：大学学士班

国际事务与全球战略研究所：硕士班

管理研究所：硕士班

餐旅管理与教育所：硕士班

10. 社会科学学院

政治学研究所：硕士班、博士班

社会工作学研究所：硕士班

大众传播研究所：硕士班

五、"国立"成功大学

网址：http://www.ncku.edu.tw

地址：701 台南市大学路一号

电话：06-2757575

传真：06-2743981

校长：黄煌辉

学校简史：

前身是日本侵占台湾时于 1931 年设立的台南高等工业专科学校，1944 年改称为台南工业专门学校。抗战胜利后，1945 年改为台湾省立台南工业专科学校，1946 年改为台湾省立工学院，1956 年 8 月改为台湾省立成功大学，1971 年 8 月改为"国立"成功大学。

目前，在校学生：22,636 人，专任教师：532 人。

学制与学位：

<table>
<tr><th>学　制</th><th>学习年限</th><th>授予学位</th></tr>
<tr><td>学士班</td><td>4 年</td><td rowspan="3">学士</td></tr>
<tr><td>医学系</td><td>7 年</td></tr>
<tr><td>进修教育学士班</td><td>5 年</td></tr>
<tr><td>硕士班</td><td>1-4 年</td><td>硕士</td></tr>
</table>

博士班	2-7 年	博士

学院与系所、学制：

1. 文学院
中国文学系：博士、硕士、大学学士班
艺术研究所：硕士班
外国语文学系：博士、硕士、大学学士班
台湾文学系：博士、硕士班、大学学士班
历史学系：博士、硕士、大学学士班
2. 理学院
物理学系：大学学士、硕士、博士班
地球科学系：大学学士、硕士、博士班
化学系：大学学士、硕士、博士班
光电科学与工程所：硕士、博士班
数学系暨应用数学研究所：大学学士、硕士、博士班
太空天文与电浆科学研究所：硕士班
3. 工学院
工程管理专班：硕士在职专班
医学工程研究所：硕士、博士班
机械工程学系：大学学士、硕士、博士班
海洋科技与事务所：硕士、博士班
环境工程学系：大学士、硕士、博士班
航空太空工程学系：学士、硕士、博士班
土木工程学系：大学学士、硕士、博士班
测量及空间资讯学系：大学士、硕士、博士班
水利及海洋工程学系：大学学士、硕士、博士班
民航研究所：硕士班
奈（纳）米科技暨微系统工程研究所：硕士、博士班
工程科学系：大学学士、硕士、博士班
系统及船舶机电工程学系：大学士、硕士、博士班
4. 电机资讯学院
电机工程学系：大学学士、硕士、博士班

计算机与通信工程所：硕士、博士班
资讯工程学系：大学学士、硕士、博士班
制造信息与系统所：硕士、博士班
光电工程学系：大学学士班
微电子工程研究所：硕士、博士班
医学信息所：硕士班

5. 规划与设计学院

建筑学系：博士、硕士、大学学士班
工业设计学系：博士、硕士、学士班
都市计划学系：博士、硕士、大学学士班
创意产业设计研究所：博士、硕士班

6. 管理学院

工业与资讯管理学系：大学学士、硕士、博士班
电信管理研究所：硕士班
信息管理研究所：硕士、博士班
财务金融研究所：硕士班、博士班
交通管理科学系：大学学士、硕士、博士班
国际经营管理研究所：硕士、博士班
企业管理学系：大学学士、硕士、博士班
体育健康与休闲所：硕士班
会计学系：学士、硕士、博士班
高阶管理在职班：(EMBA）硕士专班
统计学系：大学学士、硕士、博士班
经营管理：(AMBA）硕士学位学程
国际企业所：硕士、博士班

7. 医学院

医学系：大学学士班
行为医学研究所：硕士班
医学检验生物技术学系：硕士、大学学士班
分子医学研究所：硕士班
护理学系：硕士、大学学士班
基础医学研究所：博士班

职能治疗学系：硕士、大学学士班
临床医学研究所：博士、硕士班
物理治疗学系：硕士、大学学士班
公共卫生研究所：博士、硕士班
生物化学暨分子生物学研究所：硕士班
细胞生物与解剖学研究所：硕士班
药理学研究所：硕士班
口腔医学研究所：硕士班
生理学研究所：硕士班
健康照护科学研究所：博士班
微生物及免疫学研究所：硕士班
药学生物科技研究所：博士班
临床药学研究所：硕士班
老年学研究所：硕士班
环境医学研究所：博士、硕士班

8. 社会科学院

政治学系：大学学士班
政治经济学研究所：硕士、博士班
经济学系：大学学士、硕士班
教育研究所：硕士、博士班
法律学系：大学学士班、硕士班、博士班
科技法律研究所：硕士班
心理学系：大学学士班
认知科学研究所：硕士班

9. 生物科学与科技学院

生命科学系：大学学士、硕士、博士班
热带植物科学研究所：硕士班
生物多样性研究所：硕士、博士班
生物信息与讯息传递研究所：硕士、博士班
生物科技研究所：硕士、博士班

10. 跨学院之学士学位学程

学士学位学程：大学学士班

六、“国立”中兴大学

网址：http://www.nchu.edu.tw
地址：402 台中市南区国光路 250 号
电话：04-22873181
传真：04-22851796
校长：萧介夫

学校简史：

前身为 1919 建立的农林专门学校，1928 年归并到“台北帝国大学”的附属农林专门部。

1943 独立设校并迁至台中，改名为台中高等农林学校。抗战胜利后，改名为台湾省立农业专科学校，1946 年改为台湾省立农学院。1961 年与台中校区的理工学院和台北创立的法商学院合并成为台湾省立中兴大学，1971 年改为“国立”中兴大学。

目前，在校学生：17, 351 人，专任教师：780 人。

学制与学位：

学　制	学习年限	授予学位
学士班	4 年	学士
硕士班	1-4 年	硕士
博士班	2-7 年	博士

学院与系所、学制：

1. 文学院
中国文学系：大学学士、硕士班、博士班
图书信息学研究所：硕士班
外国语文学系：大学学士、硕士班
台文学与跨国文化所：硕士、硕士在职专班
历史学系：大学学士、硕士、博士班

2. 农业暨自然资源学院
农艺学系：大学学士、硕士、博士班
园艺学系：大学学士、硕士、博士班
食品暨应用生物科技学系：大学学士、硕士、博士班
生物产业管理研究所：硕士班
森林学系：大学学士、硕士、博士班
生物科技学研究所：硕士、博士班
应用经济学系：大学学士、硕士、博士班
生物产业管理进修学程：大学学士班
植物病理学系：大学学士、硕士、博士班
生物科技学士学位学程：大学学士班
昆虫学系：大学学士、硕士、博士班
景观与游憩学位学程：大学学士、硕士班
动物科学系：大学学士、硕士、博士班
国际农学硕士学位学程：硕士班
水土保持学系：大学学士、硕士、博士班
3. 理学院
化学系：大学学士、硕士、博士班
信息网络与多媒体所：硕士班
物理学系：大学学士、硕士、博士班
统计学研究所：硕士班
应用数学系：大学学士、硕士、博士班
奈（纳）米科学研究所：硕士班
信息科学与工程学系：大学学士、硕士博士班
4. 工学院
土木工程学系：大学学士、硕士、博士班
材料科学与工程学系：学士、硕士、博士班
环境工程学系：大学学士、硕士、博士班
精密工程研究所：硕士、博士班
电机工程学系：大学学士、硕士班
通讯工程研究所：硕士班
化学工程学系：大学学士、硕士、博士班

光电工程研究所：硕士、硕士在职专班
生医工程所：硕士班
5. 生命科学院
生命科学系：大学学士、硕士、博士班
生物医学研究所：硕士、博士班
分子生物学研究所：硕士、博士班
基因体暨生物信息学研究所：硕士班
生物化学所：硕士、博士班
6. 兽医学院
兽医学系：大学学士、硕士、博士班
兽医病理生物学所：硕士班
微生物暨公共卫生学研究所：硕士、博士班
7. 社会科学暨管理学院院
企业管理学系：大学学士、硕士、博士班
科技管理研究所：硕士、博士班
财务金融学系：大学学士、硕士、博士班
国际政治研究所：硕士、博士班
信息管理学系：大学学士、硕士班
国家政策与公共事务研究所：硕士班
法律系：大学学士、硕士在职专班
教师专业发展所：硕士班
营销学系：大学学士、硕士班
运动与健康管理所：硕士班
会计学系：大学学士、硕士班

七、"国立"交通大学

网址：http://www.nctu.edu.tw
地址：300 新竹市大学路 1001 号
电话：03-5712121
传真：03-5721411
校长：吴妍华

学校简史：

1958 年台湾当局在新竹设立电子研究所，招收研究生，培育高级电子科学人才，1964 年设立大学本科，初设电子物理、电子工程两学系。1967 年成立工学院并陆续增设系所，1968 年电子研究所增设博士班。1979 年改制，并使用“国立”交通大学为校名。

目前，在校学生：14,959 人，专任教师：693 人。

学制与学位：

学　制	学习年限	授予学位
学士班	4 年	学士
硕士班	1-4 年	硕士
博士班	2-7 年	博士

学院与系所、学制：

1. 管理学院

财务金融所：博士、硕士班

经营管理研究所：博士、硕士班

管理科学系：学士、硕士、博士班

交通运输研究所：博士、硕士班

工业工程与管理学系：学士、硕士、博士班

信息管理研究所：博士、硕士班

信息与财金管理学系：学士班

科技管理研究所：博士、硕士班

运输科技与管理学系：学士、硕士、博士班

科技法律研究所：硕士、硕士在职专班

2. 人文社会学院

外国语文学系：外国文学与语言学硕士班

教育研究所：博士、硕士班

社会与文化所：博士、硕士班

建筑研究所：硕士班

传播研究所：硕士班

英语教学研究所：硕士班
应用艺术所：博士、硕士班
师资培育中心音乐研究所：硕士班
语言教学与研究中心

3. 理学院

电子物理学系：大学学士、博士、硕士班
统计学研究所：博士班
应用数学系：大学学士、博士、硕士班
物理研究所：博士、硕士班
应用化学系：大学学士、博士、硕士班

4. 电机学院

电子工程学系所：大学学士、硕士、博士班
电控工程研究所：博士、硕士班
电机工程学系：大学学士班
显示科技研究所：硕士班
电信工程研究所：博士班、硕士班
电机信息：大学学士班
光电工程学系：博士班、硕士班、大学学士班
电机信息国际学位学程：硕士班

5. 工学院

机械工程学系：博士班、硕士班、大学学士班
环境工程研究所：博士班、硕士班
土木工程学系：博士、硕士、大学学士班
声音与音乐创意科技学程：硕士班
材料科学与工程学系：博士、硕士、大学学士班
加速器光源科技与应用学位学程：硕士、博士班

6. 生物科技学院

生物科技学系：博士、硕士、大学学士班
分子医学与生物工程研究所：博士、硕士班
生物信息及系统生物研究所：博士、硕士班
加速器光源科技与应用硕博士学位学程：博士、硕士班

7. 客家文化学院

传播与科技学系：大学学士班

人文社会学系：硕士班、大学学士班

客家社会与文化在职专班：硕士专班

8. 信息学院

资讯工程学系：大学学士班

网络工程研究所：博士、硕士班

信息科学与工程研究所：硕士班

多媒体工程研究所：硕士班

生医影像与工程研究所：硕士班

9. 台南分部光电学院

光电系统研究所：硕士班

照明与能源光电研究所：硕士班

影像与生医光电研究所：硕士班

信息科技产业研发专班：硕士班

信息学院硕士在职专班：硕士在职专班

八、“国立”中央大学

网址：http://www.ncu.edu.tw

地址：320 桃园县中坜市五权里 2 邻中大路 300 号

电话：03-4227151

传真：03-4226062

校长：蒋伟宁

学校简史：

1962 年 8 月建立地球物理研究所，1968 年设立大学部迁到桃园县中坜市，校名定为“国立”中央大学理学院。1979 年 7 月改为“国立”中央大学。

目前，在校学生：12,403 人，专任教师：598 人。

学制与学位：

学　制	学习年限	授予学位
学士班	4 年	学士
硕士班	1-4 年	硕士
博士班	2-7 年	博士

学院与系所、学制：

1. 文学院

学习与教学研究所：硕士、博士班

法文系：大学学士、硕士班

英美语文学系：大学学士、硕士班

艺术学研究所：硕士班

历史研究所：硕士班、硕士在职专班

哲学研究所中国文学系：大学学士班、博士班

2. 工学院

国际永续发展在职专班：硕士在职专班

光电科学与工程学系：大学学士、硕士班

机械工程学系（所）：大学学士、硕士班

营建管理研究所：硕士、博士、硕士在职专班

土木工程学系：大学学士、硕士、博士班

环境工程研究所：硕士、硕士在职班、博士班

材料科学与工程研究所：硕士、博士班

生物医学工程研究所：硕士班

化学工程与材料工程学系：大学学士、硕士、博士班

3. 理学院天文所

系统生物与生物信息研究所：硕士、博士班

物理学系：大学学士、硕士班

统计研究所：硕士、博士班

数学系：大学学士、硕士、博士班

生科系：大学学士、硕士班、博士班

化学学系：大学学士、硕士、博士班

理学院学士班：大学学士班

4. 管理学院

会计研究所：硕士班

产业经济研究所：硕士、博士班

信息管理学系：大学学士、硕士、博士班

企管系：博士、硕士、大学学士班

人力资源管理研究所：硕士、博士班

工业管理研究所：硕士、博士班

管理学院经济系：硕士、博士班

高阶主管企管（EMBA）班：硕士班

5. 信息电机学院

通讯工程学系：大学学士班

网络学习科技研究所：硕士、博士班

电机工程学系：大学学士、硕士、博士班

资讯工程系（所）：大学学士、硕士、博士班

6. 地球科学学院

太空科学研究所：硕士、博士班

水文与海洋科学研究所：硕士、博士班

应用地质研究所：硕士、博士班

大气科学学系：大学学士班

地球系统科学国际研究生学位学程：博士班

大气物理研究所：硕士班、博士班

地球科学系暨地球物理研究所：大学学士、硕士、博士班

7. 客家学院

法律与政府研究所：硕士班

客家政治经济研究所：硕士班

社会科学：客家研究硕士在职专班

客家社会文化研究所：硕士班

客家语文研究所：硕士班

九、“国立”中山大学

网址：http://www.nsysu.edu.t

地址：804 高雄市鼓山区西子湾莲海路七十号

电话：07-5252000

传真：07-5252039

校长：杨弘敦

学校简史：

1970 年 7 月成立中山大学筹备处，1980 年正式设立“国立”中山大学。目前，在校学生：9,547 人，专任教师：488 人。

学制与学位：

学　制	学习年限	授予学位
学士班	4 年	学士
硕士班	1-4 年	硕士
博士班	2-7 年	博士

学院与系所、学制：

1. 文学院

中国文学系：大学学士、博士、硕士班

外国语文学系：大学学士班、博士班、硕士班

音乐学系：大学学士、硕士班

剧场艺术学系：大学学士、硕士班

哲学研究所：硕士班

2. 理学院

化学系：大学学士、博士、硕士班

物理学系：大学学士、博士、硕士班

生物科学系：大学学士、博士、硕士班

应用数学系：大学学士、博士、硕士班

生物医学研究所：博士、硕士班

3. 工学院

电机工程学系：大学学士、博士、硕士班

资讯工程学系：大学学士、博士、硕士班

机械与机电工程学系：大学学士、博士、硕士班

光电工程学系：大学学士、博士、硕士班

材料与光电科学学系：大学学士、博士、硕士班

环境工程研究所：博士、硕士班

通讯工程研究所：博士、硕士班

电机电力工程国际硕士学位学程：硕士班

4. 管理学院

企业管理学系：大学学士、博士、硕士班

信息管理学系：大学学士、博士、硕士班

财务管理学系：大学学士、博士、硕士班

公共事务管理研究所：博士、硕士班

人力资源管理研究所：博士、硕士班

传播管理研究所：硕士班

医务管理硕士学位学程：硕士班

国际经营管理硕士学程：硕士班

高阶经营硕士学程：硕士在职专班

5. 海洋科学院

海洋生物科技资源学系：大学学士、博士、硕士班

海洋生物研究所：博士、硕士班

海洋环境及工程学系：大学学士、博士、硕士班

海洋地质及化学研究所：博士、硕士班

海洋科技暨应用海洋物理研究所：硕士班

海洋事务研究所：硕士班

海洋科学学士学位学程：大学学士班

海洋生物科技博士学位学程：博士班

6. 社会科学院

政治经济学系：大学学士班

社会学系：大学学士、硕士班

中国与亚太区域研究所：博士、硕士班
政治学研究所：博士班、硕士班
经济学研究所：硕士班
教育研究所：博士、硕士班
高阶公共政策硕士学程：硕士在职专班

十、“国立”台湾海洋大学

网址：http://www.ntou.edu.tw
地址：202 基隆市北宁路二号
电话：02-24622192
传真：02-24623563
校长：李国添

学校简史：

前身1953年的为台湾省立海事专科学校，1964年改为台湾省立海洋学院，1979年改为“国立”台湾海洋学院，1989年改为“国立”台湾海洋大学。该校是一所以海洋科技与海洋事业为主，但不以海洋为限的综合大学。

目前，在校学生：8, 542人，专任教师：416人。

学制与学位：

学　制	学习年限	授予学位
学士班	4年	学士
硕士班	1-4年	硕士
博士班	2-7年	博士

学院与系所、学制：

1. 海运暨管理学院
商船学系：硕士、大学学士班
运输科学系：硕士、大学学士班
航运管理学系：博士、硕士、大学学士班
轮机工程学系：博士、硕士、大学学士班

2. 生命科学院

食品科学系：博士、硕士、大学学士班

生命科学系：大学学士班

水产养殖学系：博士、硕士、大学学士班

生物科技研究所：博士、硕士班

海洋生物研究所：博士、硕士班

3. 海洋科学与资源学院

环境生物与渔业科学学系：博士、硕士、大学学士班

海洋环境信息系：博士：硕士、大学学士班

海洋事务与资源管理研究所：硕士班

应用地球科学研究所：博士、硕士班

海洋环境化学与生态研究所：硕士班

4. 工学院

机械与机电工程学系：博士、硕士、大学学士班

河海工程学系：博士、硕士、大学学士班

系统工程暨造船学系：博士、硕士、大学学士班

材料工程研究所：博士、硕士班

5. 电机资讯学院

电机工程学系：博士、硕士、大学学士班

通讯与导航工程学系：硕士班、大学学士班

资讯工程学系：博士、硕士、大学学士班

光电科学研究所：博士、硕士班

6. 人文社会科学院

海洋法律研究所：博士班、硕士班

海洋文化研究所：硕士班

应用经济研究所：硕士班

应用英语研究所：硕士班

教育研究所：硕士班

7. 进修推广教育班

商船学系：硕士在职专班

河海工程学系：硕士在职专班

航运管理学系：进修学士班、硕士在职专班

海洋法律研究所：硕士在职专班
国际物流管理：硕士在职专班
教育研究所：硕士在职专班
信息管理学系：进修学士班
轮机工程学系：硕士在职专班
环境生物与渔业科学学系：硕士在职专班
机械与机电工程学系：硕士在职专班
海洋环境信息系：硕士在职专班
食品科学系：进修学士、硕士在职专班
海洋资源管理学系：进修学士班
电机工程学系：硕士在职专班
8. 在职进修海洋教育硕士学位班
教育研究所：硕士班

十一、“国立”中正大学

网址：http://www.ccu.edu.tw
地址：621 嘉义县民雄乡大学路 168 号
电话：05-2720411
传真：05-2720408
校长：吴志扬

学校简史：

该校于 1989 年 7 月建立。
目前，在校学生：12,154 人，专任教师：541 人。

学制与学位：

学　制	学习年限	授予学位
学士班	4 年	学士
硕士班	1-4 年	硕士
博士班	2-7 年	博士

学院与系所：

1. 文学院

中国文学系：博士、硕士、大学学士班

历史学系：博士、硕士、大学学士班

外国语文学系：博士、硕士、大学学士班

语言学研究所：博士、硕士班

哲学系：博士、硕士、大学学士班

台湾文学研究所：硕士、硕士在职专班

2. 理学院

数学系：博士、硕士、大学学士班

化学暨生物化学系：博士、硕士、大学学士班

地球与环境科学系：博士、硕士、大学学士班

生命科学系：博士、硕士、大学学士班

物理学系：博士、硕士、大学学士班

3. 社会科学院

社会福利学系：博士、硕士、大学学士班

政治学系：博士班、硕士、大学学士班

心理学系：博士、硕士、大学学士班

传播学系：硕士、大学学士班

劳工关系学系：硕士、大学学士班

战略国际事务研究所：硕士、硕士在职专班

4. 工学院

资讯工程学系：博士、硕士、大学学士班

化学工程学系：博士、硕士、大学学士班

电机工程学系：博士、硕士、大学学士班

通讯工程学系：博士、硕士、大学学士班

机械工程学系：博士、硕士、大学学士班

光机电整合工程研究所：硕士班

5. 管理学院

经济学系：博士班、硕士、大学学士班

信息管理学系：博士、硕士、大学学士班

财务金融学系：博士、硕士、大学学士班
高阶主管管理硕士在职班：硕士专班
企业管理学系：博士、硕士、大学学士班
法律学系：博士、硕士、大学学士班
会计与信息科学学系：博士、硕士、大学学士班
财经法律学系：硕士、大学学士班
6. 法学院
法律学系：博士、硕士、大学学士班
财经法律学系：博士、硕士、大学学士班
7. 教育学院
运动竞技学系：硕士班、大学学士班
犯罪防治学系：博士、硕士、大学学士班
成人及继续教育学系：博士、硕士、大学学士班
课程研究所：博士、硕士班
教育学研究所：博士班、硕士班、硕士在职专班
师资培育中心

十二、“国立”高雄师范大学

网址：http://www.nknu.edu.tw
地址：802 高雄市苓雅区和平一路 116 号
电话：07-7172930
校长：戴嘉南

学校简史：

1967 年设立省立高雄师范学院，初设语文、英语、数学等三个学系；1980 年，改为“国立”高雄师范学院，1989 年改为“国立”高雄师范大学。该校并在高雄燕巢乡开辟第二校区。

目前，在校学生：7,432 人，专任教师：308 人。

学制与学位：

学 制	学习年限	授予学位
学士班	4 年	学士
硕士班	1-4 年	硕士
博士班	2-7 年	博士

学院与系所：

1. 教育学院

教育学系：大学学士、硕士、博士班

特殊教育学系：大学学士、硕士、博士班

体育学系：大学学士、硕士班

事业经营学系：大学学士、硕士在职专班

辅导与咨商研究所：博士、硕士班

复健咨商研究所：硕士班

成人教育研究所：硕士、博士、硕士在职专班

听力学与语言治疗研究所：硕士班

性别教育研究所：硕士班

信息教育研究所：硕士、硕士在职专班

人力与知识管理研究所：硕士班、硕士在职专班

科技管理研所：硕士班

2. 文学院

国文学系：大学学士、硕士、博士班

英语学系：大学学士、硕士、博士班

地理学系：硕士、博士、硕士在职专班

台湾历史研究所：硕士班

台湾文化及语言研究所：硕士、硕士在职专班

华语文教学研究所：硕士理学院

3. 理学院

生物科技系：大学学士、硕士、硕士在职专班

数学系：大学学士、硕士、教学硕士班

化学系：大学学士、硕士、硕士在职专班

物理学系：大学学士、硕士、博士
环境教育研究所：硕士班
科教所：硕士、博士、在职专班
4. 科技学院
光电与通讯工程学系：大学学士、硕士班
工业设计学系：大学学士、硕士班
工业科技教育学系：大学学士、硕士、博士班
软件工程学系：大学学士班
电子工程学系：大学学士、硕士班
5. 艺术学院
音乐系：大学学士、硕士班
美术学系：大学学士、硕士班
客家文化研究所：硕士班
经学研究所：硕士、硕士在职专班
视觉设计学系：大学学士、硕士班
跨领域艺术研究所：硕士班

十三、“国立”彰化师范大学

网址：http://www.ncue.edu.tw
地址：500 彰化市进德路 1 号
电话：04-7232105
传真：04-7243074
校长：张惠博

学校简史：

1960 年 1 月，台湾省政府为提高中等学校师资素质，促进中等教育发展，创设台湾省中等教师研习会。1961 年 8 月，为配合九年“国民”教育的实施，培养工商职业教育人才扩建成立台湾省立教育学院。1970 年 7 月，更名为“国立”台湾教育学院，1989 年 8 月改为“国立”彰化师范大学。

目前，在校学生：8,438 人，专任教师：395 人。

学制与学位：

学　制	学习年限	授予学位
学士班	4 年	学士
硕士班	1-4 年	硕士
博士班	2-7 年	博士

学院与系所：

1. 教育学院

辅导与咨商学系：博士、硕士班、大学学士班

复健咨商研究所：硕士班

特殊教育学系：博士、硕士班、大学学士班

资赋优异研究所：硕士、硕士在职专班

教育研究所：博士、硕士班

婚姻与家族治疗研究所：硕士班

轻度障碍教育：硕士班

2. 理学院

科学教育研究所：博士、硕士班

数学系：博士、硕士、大学学士班

物理学系：博士、硕士、大学学士班

生物学系：硕士、大学学士班

化学系：硕士、大学学士班

光电科技研究所：博士、硕士班

生物技术研究所：硕士班

统计信息研究所：硕士班

3. 技术及职业教育学院

工业教育与技术学系：博士、硕士、大学学士班

商业教育学系：博士、硕士、大学学士班

人力资源管理研究所：博士、硕士班

车辆科技研究所：硕士班

数位学习研究所：硕士班

4. 文学院

国文学系：博士、硕士、大学学士班

英语学系：博士、硕士、大学学士班

地理学系：博士、硕士、大学学士班

美术学系：硕士、大学学士班

艺术教育研究所：硕士、硕士在职专班

儿童英语研究所：硕士班

翻译研究所：硕士班

历史学研究所：硕士班

台湾文学研究所：硕士、硕士在职专班

环境暨观光游憩研究所：硕士班

5. 工学院

电机工程学系：博士、硕士、大学学士班

机电工程学系：博士、硕士、大学学士班

电子工程学系：硕士、大学学士班

资讯工程学系：硕士、大学学士班

集成电路设计研究所：硕士班

电信工程学研究所：硕士班

6. 管理学院

企业管理学系：硕士、大学学士班

信息管理学系：硕士、大学学士班

会计学系：硕士、大学学士班

数位内容科技与管理研究所：硕士班

营销与流通管理研究所：硕士班

7. 社会科学暨体育学院

体育学系：大学学士班

政治学研究所：硕士班、硕士在职专班

应用运动科学研究所：硕士班

运动健康研究所：硕士班

公共事务与公民教育学系：大学学士班

十四、“国立”阳明大学

网址：http://www.ym.edu.tw

地址：112 台北市北投区立农街 2 段 155 号

电话：02-28267000

传真：02-28264051

校长：梁赓义

学校简史：

1971 年成立“国立”阳明医学院筹备委员会，1975 年正式成立阳明医学院，1994 年 7 月改名为“国立”阳明大学。该校是一所以医学为主的大学。

目前，在校学生：4,608 人，专任教师：394 人。

学制与学位：

<table>
<tr><th>学　制</th><th>学习年限</th><th>授予学位</th></tr>
<tr><td>医学系</td><td>6 年</td><td rowspan="4">学 士</td></tr>
<tr><td>牙医学系</td><td>5 年</td></tr>
<tr><td>护理学系进修</td><td>3 年</td></tr>
<tr><td>其他学士班</td><td>4 年</td></tr>
<tr><td>硕士班</td><td>1-4 年</td><td>硕 士</td></tr>
<tr><td>博士班</td><td>2-7 年</td><td>博 士</td></tr>
</table>

学院与系所：

1. 医学院

医学系：大学学士班

传统医药研究所：博士班、硕士班

临床医学研究所：博士、硕士、硕士在职专班

公共卫生研究所：博士、硕士班

医务管理研究所：硕士、硕士在职专班

卫生福利研究所：博士、硕士班

环境与职业卫生研究所：博士、硕士班

生物医学信息研究所：博士、硕士班
生理学研究所：博士、硕士班
药理学研究所：博士、硕士班
解剖学及细胞生物学研究所：硕士班
急重症医学研究所：硕士班
脑科学研究所：博士、硕士班
国际卫生硕士学位学程：硕士班

2. 护理学院

护理学系：大学学士、博士班、在职专班
临床暨小区护理研究所：硕士班

3. 生物医学暨工程学院

生医光电研究所：博士、硕士班
生物医学工程学系：大学学士班
医学工程研究所：博士、硕士班
医学生物技术暨检验学系：大学学士、博士、硕士班
生物医学影像暨放射科学系：大学学士、博士、硕士班
物理治疗暨辅助科技学系：大学学士、博士、硕士班
生医科学暨工程跨领域学位学程：大学学士班

4. 生命科学院

生命科学系暨基因体科学研究所：博士、硕士班
神经科学研究所：博士、硕士班
微生物及免疫学研究所：博士、硕士班
生化暨分子生物研究所：博士、硕士班
生物药学研究所：博士、硕士班
生物医学信息研究所：博士、硕士班
分子医学博士学位学程：博士班

5. 牙医学院牙医学系：博士、硕士班

口腔生物研究所：博士、硕士班

6. 人文与社会科学学院

科技与社会研究所：硕士班
心智哲学研究所：硕士班
人文与社会教育

十五、“国立”台北大学

网址：http://www.ntpu.edu.tw
地址：237 新北市三峡区大学路 151 号
电话：02-26748189
传真：02-86718000
校长：侯崇文

学校简史：

1949 年为协助来台的大专失学青年完成未竟学业，成立了台湾省立行政专科学校。1955 年，该校与行政专修班合并，改为台湾省立法商学院。1961 年与台湾省立农学院合并改为台湾省立中兴大学法商学院，1971 年再改为“国立”中兴大学法商学院，2000 年 2 月 1 日成立“国立”台北大学。

目前，在校学生：9,638 人，专任教师：350 人。

学制与学位：

学　制	学习年限	授予学位
学士班	4 年	学士
硕士班	1-4 年	硕士
博士班	2-7 年	博士

学院与系所：

1. 法律学院
法律学系：博士、硕士、大学学士班
比较法数据中心
2. 商学院
企业管理学系博士、硕士、大学学士班
统计学系硕士班、大学学士班
金融与合作经营学系硕士班、大学学士班
信息管理研究所：硕士班

电子商务研究中心

合作经济暨非营利事业研究中心

休闲运动管理学系：大学学士班

国际企业研究所：硕士班

国际财务金融硕士在职专班

3. 公共事务学院

公共行政暨政策学系：博士、硕士、大学学士班

财政学系：硕士、大学学士班

自然资源与环境管理研究所：博士、硕士班

都市计划研究所：博士、硕士班

民意与选举研究中心

土地与环境规划研究中心

不动产与城乡环境学系：博士、硕士、大学学士班

4. 社会科学院

经济学系：博士、硕士、大学学士班

社会学系：硕士班、大学学士班

社会工作学系：硕士、大学学士班

犯罪学研究所：硕士班、硕士在职专班

台湾发展研究中心

5. 人文学院

中国文学系：硕士班、大学学士班

应用外语学系：大学学士班

历史学系：硕士班、大学学士班

民俗艺术研究所：硕士班

古典文献学研究所：硕士班

师资培育中心

国际谈判及同步翻译中心

东西哲学与诠释学研究中心

6. 电机信息学院

资讯工程学系：硕士班、大学学士班

通讯工程研究所：硕士班

电机工程研究所：硕士班

产业研发硕士专班：硕士班

产业研发硕士外国学生专班：硕士班

十六、“国立”嘉义大学

网址：http://www.ncyu.edu.tw

地址：600 嘉义市鹿寮里学府路 300 号

电话：05-2717000

传真：05-2717095

校长：李明仁

学校简史：

2000 年 2 月由原“国立”嘉义师范学院及原“国立”嘉义技术学院两校合并而成的综合大学。

目前，在校学生：13,084 人，专任教师：515 人。

学制与学位：

学　制	学习年限	授予学位
学士班	4 年	学士
硕士班	1-4 年	硕士
博士班	2-7 年	博士

学院、系所与学制：

1. 农学院

农业科学博士学位学程班：博士班

农艺学系：硕士、大学学士班

园艺学系：硕士、大学学士班

森林暨自然资源学系：硕士、大学学士班

林产科学暨家具工程学系：硕士、大学学士班

动物科学系：硕士、大学学士班

兽医学系：硕士班、大学学士班

生物农业科技学系：硕士、大学学士班

景观学系：大学学士班

2. 理工学院

电机工程学系：大学学士班

应用数学系：大学学士、硕士班

应用化学系：大学学士、硕士、博士班

资讯工程学系：大学学士、硕士、博士班

生物机电工程学系：大学学士、硕士班

电子物理学系：大学学士、硕士班

土木与水资源工程学系：大学学士、硕士班

3. 生命科学院

食品科学系：大学学士、硕士、博士班

水生生物科学系：大学学士、硕士班

生物资源学系：大学学士、硕士班

生化科技学系：大学学士、硕士班

微生物免疫与生物药学系：大学学士、硕士班

食品科学暨生物药学硕专班：硕士在职专班

4. 师范学院

教育学系：大学学士、硕士、博士班

辅导与咨商学系：大学学士、硕士班

体育学系：大学学士、硕士班

幼儿教育学系：大学学士、硕士班

数字学习设计与管理学系：大学学士、硕士班

数理教育研究所：硕士班

教育行政与政策发展研究所：硕士班

特殊教育学系：大学学士、硕士班

5. 人文艺术学院

中国文学系：大学学士、硕士班

外国语言学系：大学学士、硕士班

史地学系：大学学士、硕士班、硕士在职专班

音乐学系：大学学士、硕士班

视觉艺术学系：大学学士、硕士班

人文艺术中心

台湾文化研究中心

6. 管理学院

企业管理学系：大学学士、硕士、博士班

应用经济学系：大学学士、硕士班

生物事业管理学系：大学学士、硕士班

信息管理学系：大学学士、硕士班

财务金融学系：大学学士班

观光休闲管理研究所：硕士、博士班营销与运筹

研究所：硕士班

管理学院学士学位学程：大学学士班

管理学院硕士在职专班：硕士在职班

7. 进修部

进修推广部：进修学士班、硕士在职专班

8. 校级附属单位暨独立所

公共政策研究所：硕士班

师资培育中心

语言中心

通识教育中心

十七、“国立”高雄大学

网址：http://www.nuk.edu.tw

地址：811 高雄市楠梓区高雄大学路 700 号

电话：07-5919000

传真：07-5919083

校长：黄英忠

学校简史：

2000 年 2 月在高雄市楠梓区设立“国立”高雄大学。该校的建立是为培养台湾地区传统产业外移所需技术与管理人才。

目前，在校学生：5,649 人，专任教师：215 人。

学制与学位：

学　制	学习年限	授予学位
学士班	4 年	学士
硕士班	1-4 年	硕士
博士班	2-7 年	博士

学院、系所与学制：

1. 人文社会科学院

西洋语文学系：大学学士班

东亚语文学系：大学学士班

运动健康与休闲学系：大学学士、硕士班

传统工艺与创意设计学系：大学学士班

2. 法学院

法律学系：大学学士班、硕士班

政治法律学系：大学学士、硕士班

财经法律学系：大学学士班

3. 管理学院

应用经济学系：大学学士班、硕士班

亚太工商管理学系：大学学士、硕士班

金融管理学系：大学学士、硕士班

信息管理学系：大学学士、硕士班

经营管理研究所：硕士班

高阶管理人才培育中心：硕士在职专班

4. 理学院

应用数学系：大学学士、硕士、博士班

应用化学系：大学学士、硕士班

生命科学学系：大学学士班

应用物理学系：大学学士、硕士班

统计学研究所：硕士、博士班

生物科技研究所：硕士班

5. 工学院

电机工程学系：大学学士、硕士

土木与环境工程学系：大学学士、硕士班

都市发展与建筑研究所：硕士班

资讯工程学系：大学学士、硕士班

化学工程及材料工程学系：大学学士、硕士班

十八、"国立"东华大学

网址：http://www.ndhu.edu.tw

地址：974 花莲县寿丰乡志学村大学路 2 段 1 号

电话：03-8635000

传真：03-8632350

校长：黄文枢

学校简史：

成立于 1994 年 7 月，为岛内东部第一所综合大学。2008 年 8 月与花莲教育大学合校。

目前，在校学生：10,506 人，专任教师：477 人。

学制与学位：

学　制	学习年限	授予学位
学士班	4 年	学士
硕士班	1-4 年	硕士
博士班	2-7 年	博士

学院、系所与学制：

1. 理工学院

应用数学系：大学学士、硕士、博士班

物理学系：大学学士、硕士、博士班

生命科学系：大学学士、硕士、博士班

化学系：大学学士班、硕士班、博士班

资讯工程学系：大学学士、硕士、博士班

材料科学与工程学系：大学学士、硕士、博士班

电机工程学系：大学学士、硕士、博士班

光电工程学系：学士、硕士班

2. 环境学院

自然资源与环境学系：大学学士、硕士、博士班

3. 管理学院

企业管理学系：大学学士、硕士、博士班

运筹管理研究所：硕士班

国际企业学系：大学学士、硕士班

会计学系：大学学士、硕士学位学程

信息管理学系：大学学士、硕士学位学程

财务金融学系：大学学士、硕士班

观光暨休闲游憩学系：大学学士班、硕士班

管理学院高阶经营管理在职班：硕士专班

4. 人文社会科学学院

华文文学系：大学学士、硕士班

中国语文学系：大学学士、硕士、博士班

英美语文学系：大学学士、硕士、博士班

台湾文化学系：大学学士、硕士班

历史学系：大学学士、硕士班

经济学系：大学学士、硕士、博士班

咨商与临床心理学系：大学学士、硕士班

社会暨公共行政学系：大学学士、硕士班

财经法律研究所：硕士班

公共行政研究所：硕士班

5.“原住民”民族学院

族群关系与文化学系：大学学士、硕士、博士班

民族语言与传播学系：大学学士班

民族发展与社会工作学系：大学学士、硕士班

6. 花师教育学院

课程设计与潜能开发学系：大学学士、硕士、博士班
教育行政与管理学系：大学学士、硕士班
特殊教育学系：大学学士、硕士班
体育与运动科学系：大学学士、硕士班
幼儿教育学系：大学学士、硕士班
7. 艺术学院
音乐系：大学学士、硕士班
艺术与设计学系：大学学士、硕士班
艺术创意产业学系：大学学士、硕士班
8. 海洋科学学院
海洋生物多样性及演化研究所：硕士班
海洋生物科技研究所：硕士班

十九、“国立”暨南国际大学

网址：http://www.ncnu.edu.tw
地址：545 南投县埔里镇大学路 1 号
电话：049-6003100
传真：049-2910413
校长：许和钧

学校简史：

暨南国际大学成立于 1995 年 7 月。该校建立的目的是为招收培养海外侨生，不过现在该校绝大多数为岛内学生。

目前，在校学生：5,819 人，专任教师：267 人。

学制与学位：

学　制	学习年限	授予学位
学士班	4 年	学士
硕士班	1-4 年	硕士
博士班	2-7 年	博士

学院、系所与学制：

1. 人文学院

中国语文学系：大学学士、硕士、博士班

外国语文学系：大学学士、硕士班

社会政策与社会工作学系：大学学士班、硕士、博士班

历史学系：大学学士、硕士、博士班

公共行政与政策学系：大学学士、硕士、博士班

东南亚研究所：硕士、博士班

人类学研究所：硕士班

华语文教学研究所：硕士班

2. 管理学院

国际企业学系：大学学士、硕士、博士班

经济学系：大学学士班、硕士班

信息管理学系：大学学士班、硕士班

财务金融学系：大学学士班、硕士班

休闲学与观光管理学系：大学学士班

经营管理硕士学位学程：硕士在职专班

餐旅管理学系：大学学士班

3. 科技学院

土木工程学系：大学学士、硕士、博士班

资讯工程学系：大学学士、硕士、博士班

电机工程学系：大学学士、硕士、博士班

应用化学系：大学学士、硕士、博士班

通讯工程研究所：硕士、博士班

应用材料及光电工程学系：大学学士班

光电科技硕士学位学程：硕士在职专班

地震与防灾工程研究所：硕士班

生物医学科技研究所：硕士班

4. 教育学院

比较教育学系：大学学士、硕士、博士班

成人与继续教育研究所：硕士班

教育政策与行政学系：大学学士、硕士、博士班

辅导与咨商研究所：硕士、博士班

终身学习与人力资源发展硕士学位学程：硕士在职专班

课程教学与科技研究所：硕士班

二十、“国立”台湾科技大学

网址：http://www.ntust.edu.tw

地址：106 台北市基隆路四段 43 号

电话：02-27333141

传真：02-27331044

校长：陈希舜

学校简史：

成立于 1974 年 8 月，原名“国立”台湾工业技术学院，1997 年 8 月改名为“国立”台湾科技大学。该校是台湾地区第一所技术职业教育高等学校，建立的目的是为了因应台湾地区经济与工业迅速发展需求，培养高级工程技术、管理及设计等方面的应用型实用人才。

目前，在校学生：10,358 人，专任教师：508 人。

学制与学位：

学　制	学习年限	授予学位
二技	2 年	学 士
四技	4 年	
硕士班	1-4 年	硕 士
博士班	2-7 年	博 士

学院、系所与学制：

1. 工程学院

自动化及控制研究所：博士班、硕士班

营建工程系（所）：博士、硕士班、四技

机械工程系（所）：博士、硕士班、四技、二技

化学工程系（所）：博士、硕士班、二技、四技

材料科学与工程学系（所）：博士、硕士班、四技

2. 电资学院

电子工程系（所）：博士、硕士班、四技、二技

光电工程研究所：硕士、博士班

资讯工程系（所）：博士、硕士班、四技、二技

电机工程系（所）：博士、硕士班、四技、二技

3. 管理学院

管理研究所：博士、硕士在职专班

工业管理系（所）：博士、硕士、四技

科技管理所：硕士班

财务金融研究所：博士、硕士班

企业管理系（所）：博士、硕士班、四技、二技

信息管理系（所）：博士、硕士、四技

管理学院 MBA：硕士班

4. 设计学院

建筑系（所）：博士、硕士、四技

工商业设计系（所）：博士、硕士、四技

5. 人文社会学院

数位学习与教育研究所：硕士班

应用外语系（所）：硕士、四技、二技

6. 精诚荣誉学院

工程技术研究所：硕士班、博士班

精诚学系（全校不分系）：四技

医学工程研究所：硕士班

专利研究所：硕士班

二十一、“国立”云林科技大学

网址：http://www.yuntech.edu.tw
地址：640 云林县斗六市大学路 3 段 123 号
电话：05-5342601
传真：05-5321719
校长：杨永斌

学校简史：

1991 年 7 月建立“国立”云林技术学院，1997 年 8 月改为“国立”云林科技大学。

目前，在校学生：9,764 人，专任教师：353 人。

学制与学位：

学　制	学习年限	授予学位
二技	2 年	学士
四技	4 年	
硕士班	1-4 年	硕士
博士班	2-7 年	博士

学院、系所与学制：

1. 工程学院
工程科技研究所：博士班
机械工程系：二技、四技、硕士班
产业精密机械研究所：博士班
电机工程系：二技、四技、硕士班
电子工程系：二技、四技、硕士、博士班
光电工程研究所：硕士班
通讯工程研究所：硕士班
资讯工程系：四技、硕士班

化学工程与材料工程系：四技、硕士、博士班
防灾与环境资源工程研究所：硕士班
环境与安全卫生工程系：四技、硕士班、博士班
营建工程系、营建与物业管理研究所：四技、硕士班
2. 管理学院
管理研究所：博士班
工业管理系：四技
工业工程与管理研究所：硕士、博士班
全球运筹管理研究所：硕士班
健康产业管理研究所：硕士在职专班
企业管理系：二技、四技、硕士、博士班
信息管理系：二技、四技、硕士、博士班
财务金融系：四技、硕士、博士班
会计系：四技、硕士班
国际项目管理学位学程：四技
商管专业学院：硕士在职专班
国际企业管理研究所：硕士班
创业管理硕士学位学程：硕士班
3. 设计学院
设计学研究所：博士班
工业设计系：四技、硕士班
视觉传达设计系：四技、硕士班
建筑与室内设计系：四技、硕士班
设计运算研究所：硕士班
数字媒体设计系：四技
创意生活设计系：四技、硕士班
国际文化设计研究所：硕士班
4. 人文学院
应用外语系：二技、四技、硕士班
文化资产维护系：四技、硕士班
汉学资料整理研究所：硕士班
科技法律研究所：硕士班

休闲运动研究所：硕士班

材料科技研究所：硕士班

技术及职业教育研究所暨师资培育中心：硕士班、博士班

二十二、“国立”屏东科技大学

网址：http://www.npust.edu.tw/

地址：912 屏东县内埔乡学府路 1 号

电话：08-7703202

传真：08-7702226

校长：古源光

学校简史：

该校创于 1924 年 4 月，初名高雄州立屏东农业补习学校，1928 年易名为高雄州立屏东农业学校，1945 年 11 月改为台湾省立屏东农业职业学校，1954 年 5 月改为台湾省立农业专科学校，1959 年 5 月改名台湾省立屏东高级农业职业学校，1964 年改为台湾省立屏东农业专科学校。1981 年改为“国立”屏东农业专科学校，1991 年 7 月改为“国立”屏东技术学院，1997 年 8 月更名为“国立”屏东科技大学。

目前，在校学生：11,183 人，专任教师：385 人。

学制与学位：

学　制	学习年限	授予学位
二技	2 年	学士
四技	4 年	
硕士班	1-4 年	硕士
博士班	2-7 年	博士

学院、系所与学制：

1. 农学院

农园生产系：四技、硕士班、博士班

森林系：四技、硕士班
生物资源研究所：博士班
水产养殖系：四技、硕士班
动物科学与畜产系：四技、硕士班
植物医学系：四技、硕士班
兽医学系：四技、硕士、博士班
动物疫苗科技研究所：硕士班
野生动物保育研究所：硕士班
生物科技研究所：硕士班
生命科学系：四技
木材科学与设计系：四技、硕士班
食品科学系：四技、硕士、博士班

2. 工学院

水土保持系：四技、硕士班
环境工程与科学系：四技、硕士、博士班
机械工程系：四技、硕士班
土木工程系：四技、硕士、博士班
车辆工程系：四技、硕士班
材料工程系：四技、硕士班
生物机电工程系：四技、硕士班

3. 管理学院

高阶经营管理硕士在职班：硕士班
农企业管理系：四技、硕士班
景观暨游憩管理研究所：硕士班
信息管理系：四技、硕士班、
工业管理系：四技、硕士班
企业管理系：四技、硕士班、
时尚设计与管理系：四技、硕士班
餐旅管理系：四技
财务金融研究所：硕士班
科技管理研究所：硕士班

4. 人文暨社会科学院

幼儿保育系：四技、硕士班
应用外语系：四技
主任社会工作系：四技、硕士班
休闲运动保健系：四技、硕士班
技术及职业教育研究所：硕士班
客家文化产业研究所：硕士班
5. 国际学院
热带农业暨国际合作系：四技、硕士、博士班

二十三、“国立”台北科技大学

网址：http://www1.ntut.edu.tw
地址：106 台北市大安区忠孝东路三段一号
电话：02-27712171
传真：02-27518845 /02- 27513892
校长：姚立德

学校简史：

前身为工业讲习所，1923 年改称为台北州立台北工业学校。1945 年抗战胜利，改为台湾省立台北工业职业学校，1948 年升格为台湾省立台北工业专科学校。1994 年改为“国立”台北技术学院，1997 年 8 月改名为“国立”台北科技大学。

目前，在校学生：11,025 人，专任教师：473 人。

学制与学位：

学　制	学习年限	授予学位
二技	2 年	学士
四技	4 年	
硕士班	1-4 年	硕士
博士班	2-7 年	博士

学院、系所与学制：

1. 机电学院

机电科技研究所：博士班

机械工程系：四技

机电整合研究所：硕士班

车辆工程系：四技、硕士班

能源与冷冻空调工程系：四技、硕士、博士班

制造科技研究所：硕士班

自动化科技研究所：硕士班

2. 工程学院

工程科技研究所：博士班

化学工程研究所：硕士、博士班

化学工程与生物科技系：四技

材料及资源工程系：四技

材料科学与工程研究所：硕士、博士班

资源工程研究所：硕士班

土木工程系：四技

土木与防灾研究所：硕士班

分子科学与工程系：四技

有机高分子研究所：硕士、博士班

环境工程与管理研究所：硕士班

生物科技研究所：硕士班

3. 管理学院

工商管理研究所：博士班

工业工程与管理系：四技、硕士班、博士班

经营管理系：四技、硕士班

信息与运筹管理研究所：硕士班

服务与科技管理研究所：硕士班

4. 设计学院

设计研究所：博士班

工业设计系：四技

创新设计研究所：硕士班
建筑系：四技
建筑与都市设计研究所：硕士班
互动媒体设计研究所：硕士班

5. 人文与社会科学学院
技术及职业教育研究所：硕士班、博士班
应用英文系：四技、硕士班
6. 电信学院
电机工程系：四技、硕士、博士班
电子工程系：四技
计算机与通讯研究所：硕士、博士班
资讯工程系：四技、硕士、博士班
光电工程系：四技、硕士、博士班

二十四、“国立”高雄第一科技大学

网址：http://www.nkfust.edu.tw
地址：811 高雄市楠梓区卓越路 2 号
电话：07-6011000
传真：07-6011011
校长：陈振远

学校简史：

1995 年建校时名为“国立”高雄技术学院，1998 年 7 月改名为“国立”高雄第一科技大学。

目前，在校学生：7,264 人，专任教师：254 人。

学制与学位：

学　制	学习年限	授予学位
二技	2 年	学士
四技	4 年	
硕士班	1-4 年	硕士
博士班	2-7 年	博士

系、所与学制：

工程科技研究所：博士班
营建工程系：四技、硕士班
环境与安全卫生工程系：四技、硕士班
机械与自动化工程系：四技、硕士班
光电所：硕士班
系统信息与控制研究所：硕士班、
计算机与通讯工程系：四技、硕士班
电子工程系：四技、硕士班
管理研究所：博士班
国际管理硕士学位学程：硕士班
企业管理研究所：硕士班
科技法律研究所：硕士班
营销与流通管理系：四技、二技、硕士班
服务科学管理研究所：硕士班
运筹系：四技、硕士班
财务金融研究所：博士班
风险管理与保险系：四技、硕士班
财务管理系：四技、硕士班
会计信息系：四技
应用英语学系：四技、二技、硕士班
口笔译研究所：硕士班
应用日语系：四技、二技、硕士班
应用德语系：四技、硕士班

信息管理系（所）暨企业电子化研究所：四技、硕士班
金融系暨金融理财研究所：四技、二技、硕士班

二十五、“国立”高雄应用科技大学

网址：http://web.kuas.edu.tw
地址：807 高雄市三民区建工路 415 号
电话：07-3814526
传真：07-3838435
校长：方俊雄

学校简史：

1963 年建立台湾省立高雄工业专科学校，1981 年改为“国立”高雄工业专科学校。1992 年改名为“国立”高雄工商专科学校，1997 年改为技术学院，更名为“国立”高雄科学技术学院，2000 年改名为“国立”高雄应用科技大学。

目前，在校学生：11,619 人，专任教师：405 人。

学制与学位：

学　制	学习年限	授予学位
二技	2 年	学士
四技	4 年	
硕士班	1-4 年	硕士
博士班	2-7 年	博士

学院、系所与学制：

1. 工学院
化学工程与材料工程系：硕士班、四技
土木工程科技研究所：博士班
土木工程与防灾科技研究所：硕士班
土木工程系：四技
模具工程系：博士、硕士班、四技、二技

应用工程科学研究所：硕士班
机械与精密工程研究所：博士、硕士班
机械工程系：四技
工业工程与管理系：硕士班、四技、二技
2. 电信学院
电机工程系：博士、硕士班、四技
电子工程系：博士、硕士班、四技
资讯工程系：硕士班、四技
光电与通讯工程研究所：硕士班
3. 管理学院
会计系：硕士班、四技
国际企业系：硕士班、四技
财政税务系：四技
财经与商务决策研究所：硕士班
金融信息研究所：硕士班
金融系：四技
企管管理系：硕士班 四技、二技进修部
高阶经营管理研究所：硕士在职专班
观光与餐旅管理研究所：硕士班
观光管理系：四技
信息管理系：硕士班、四技
4. 人文社会学院
人力资源发展系：硕士班、四技
应用外语系：四技
文化创意产业研究所：硕士班
文化事业发展系：四技
语文中心主任

二十六、“国立”台北艺术大学

网址：http://www.tnua.edu.tw
地址：112 台北市北投区学园路 1 号
电话：02-28961000
传真：02-28938835
校长：朱宗庆

学校简史：

1982 年 7 月建立“国立”艺术学院，设音乐、美术、戏剧三学系，次年增设舞蹈学系。

2001 年 8 月，更名为“国立”台北艺术大学。校园内设有音乐厅、舞蹈厅、戏剧厅、美术馆及电影院等专业展演厅馆。

目前，在校学生：2,381 人，专任教师：176 人。

学制与学位：

学　制	学习年限	授予学位
大学学士班	4 年	学士
美术、戏剧、舞蹈学系	5 年	
硕士班	2 年	硕士
博士班		博士

学院、系所与学制：

1. 音乐学院

音乐学系：大学学士、硕士、博士班
传统音乐学系：大学学士、硕士班（分组）
管弦与击乐研究所：硕士班
音乐学研究所：硕士班

2. 戏剧学院

戏剧学系：大学学士、硕士、博士班

剧场设计学系：大学学士、硕士班
剧场艺术研究所：硕士班
剧本创作研究所：硕士班

3. 美术学院

美术学系：大学学士、硕士、博士班
美术史研究所：硕士班
艺术跨域研究所：硕士班

4. 舞蹈学院

舞蹈学系：大学七年一贯制（含高中部）
舞蹈表演创作研究所：硕士班
舞蹈理论研究所：硕士班

5. 电影与新媒体学院

电影创作学系：大学学士、硕士班
新媒体艺术学系：大学学士、硕士班

6. 文化资源学院

传统艺术研究所：硕士班
艺术行政与管理研究所：硕士班
建筑与古迹保存研究所：硕士班
博物馆研究所：硕士班
艺术与人文教育研究所：硕士班

二十七、“国立”台湾艺术大学

网址：http://www.ntua.edu.tw
地址：220 新北市板桥区大观路一段五十九号
电话：02-22722181
传真：02-89659515
校长：黄光男

学校简史：

1955 年 10 月建立“国立”艺术学校，1960 年更名为“国立”台湾艺术专科学校，1994年改为“国立”台湾艺术学院，2001年8月改名为“国立”台湾艺术大学。

目前，在校学生：5,206人，专任教师：159人。

学制与学位：

学　制	学习年限	授予学位
大学学士班	4年	学士
进修学士班	5年	
硕士班	1-4年	硕士
博士班	2-7年	博士

学院、系所与学制：

1. 美术学院

美术学系：硕士、大学学士班

书画艺术学系：博士、硕士、大学学士班、

雕塑学系：硕士、大学学士班

古迹艺术修护学系：硕士、大学学士班

2. 设计学院

视觉传达设计学系：硕士、大学学士班

工艺设计学系：硕士、大学学士班

多媒体动画艺术学系：硕士、大学学士班

创意产业设计研究所：博士班

3. 传播学院

图文传播艺术学系：大学学士、硕士班

广播电视学系：硕士、大学学士班

电影学系：硕士、大学学士班

4. 表演学院

戏剧学系：硕士、大学学士班

音乐学系：硕士、大学学士班

中国音乐学系：硕士、大学学士班

舞蹈学系：硕士、大学学士班

5. 人文学院

艺术与文化政策管理研究所：硕士、博士班

艺术与人文教学研究所：硕士班

二十八、“国立”台东大学

网址：http://www.nttu.edu.tw

地址：950 台东市西康路二段 369 号

电话：089-318855

传真：089-517316

校长：蔡典谟

学校简史

1947 年 2 月月建立台湾省立台东师范学校，1967 年 5 月改为台湾省立台东师范专科学校，1987 年 7 月改为省立台东师范学院。1991 年 7 月改为“国立”台东师范学院，2003 年 8 月改名“国立”台东大学。

目前，在校学生：4,806 人，专任教师：170 人。

学制与学位：

学　制	学习年限	授予学位
学士班	4 年	学士
硕士班	1-4 年	硕士
博士班	2-7 年	博士

学院、系所与学制：

1. 师范学院

教育学系：大学学士、博士、硕士班、

语文教育研究所：硕士班

社会科教育学系：大学学士、硕士班

体育学系：大学学士、硕士班

幼儿教育学系：大学学士、硕士班

语文教育系：大学学士
特殊教育学系：大学学士、硕士班
2. 人文学院
儿童文学研究所：博士、硕士班
南岛文化研究所：硕士在职专班
区域政策与发展研究所：硕士在职专班
英美语文学系：大学学士班
华语文学系：大学学士班
音乐学系：大学学士班
美术产业学系：大学学士、硕士在职专班
3. 理工学院
生命科学系：大学学士、硕士班
信息管理学系：大学学士班、硕士班
资讯工程学系：大学学士班
数学系：大学学士班
应用科学系：大学学士班

二十九、“国立”宜兰大学

网址：http://www.niu.edu.tw
地址：260 宜兰市神农路一段一号
电话：03-9357400
传真：03-9359339
校长：赵涵捷

学校简史：

创建于 1926 年 5 月，原名为台北州立宜兰农林学校，1946 年改名为台湾省立宜兰农业职业学校，1969 年更名为台湾省立宜兰高级农工职业学校。1988 年改为“国立”宜兰农工专科学校，2003 年 8 月改名“国立”宜兰大学。

目前，在校学生：5,411 人，专任教师：237 人。

学制与学位：

学　制	学习年限	授予学位
学士班	4 年	学 士
硕士班	1-4 年	硕 士
博士班	2-7 年	博 士

学院、系所与学制：

1. 人文及管理学院

外国语文学系：学士班

应用经济与管理学系：大学学士、硕士班

经营管理研究所：硕士班

人文暨科学教育中心

2. 工学院

土木工程学系：大学学士、硕士班

环境工程学系：大学学士、硕士班

建筑与永续规划研究所：硕士班

绿色科技学程：硕士在职专班

化学工程与材料工程学系：大学学士、硕士班

机械与机电工程学系：大学学士、四技、硕士班

3. 生物资源学院

生物机电工程学系：大学学士班、硕士班

食品科学系：大学学士、硕士班

动物科技学系：大学学士、硕士班

园艺学系：大学学士、硕士班

生物技术研究所：硕士、博士班

生物资源学院在职专班：硕士班

森林暨自然资源学系：大学学士、硕士班

4. 电机信息学院

电机工程学系：大学学士、硕士班

电子工程学系：大学学士、硕士班

资讯工程研究所：硕士班

电资学院学士班：大学学士班
多媒体网络通讯数字学系在职专班：硕士班
电机信息学院在职班：硕士专班

三十、“国立”联合大学

网址：http://www.nuu.edu.tw
地址：360 苗栗县苗栗市恭敬里联大 1 号
电话：037-381000
传真：037-320610
校长：李隆盛

学校简史：

1969 年 6 月为在尚未设定大专院校的苗栗地区培养中级技术人才，由苗栗地区的大型公民营企业共同集资创校。1995 年改为“国立”学校，1999 年 7 月改为“国立”联合技术学院，2003 年 8 月改名为“国立”联合大学。

目前，在校学生：8,129 人，专任教师：292 人。

学制与学位：

学　制	学习年限	授予学位
学士班	4 年	学士
硕士班	1-4 年	硕士

学院、系所与学制：

1. 理工学院
材料与化学工程学位学程：博士班
材料科学工程学系：大学学士、硕士班
机械工程学系：大学学士、硕士
化学工程学系：大学学士、硕士班
土木与防灾工程学系：大学学士、硕士
工业设计学系：大学学士、硕士班

环境与安全卫生工程学系：大学学士、硕士班

能源与资源学系：大学学士班

建筑学系：大学学士、硕士班

2. 电机信息学院

电子工程学系：大学学士、硕士班

电机工程学系：大学学士、硕士班

光电工程学系：大学学士、硕士班

资讯工程学系：大学学士班

3. 管理学院

管理硕士学位学程：硕士班

经营管理学系：大学学士班

信息管理学系：大学学士、硕士班

财务金融学系：大学学士班

4. 人文与社会学院

台湾语文与传播学系：大学学士班

华语文学系：大学学士班

应用外语学系进修：学士班

5. 客家研究学院

客家语言与传播研究所：硕士班

经济与社会研究所：硕士班

信息与社会研究所：硕士班

三十一、“国立”虎尾科技大学

网址：http://www.nfu.edu.tw

地址：632 云林县虎尾镇文化路 64 号

电话：05-6310000（总机）

传真：05-6315999

校长：林振德

学校简史：

1970 年创设云林工业专科学校，1997 年改为“国立”虎尾技术学院，2004 年改名“国立”虎尾科技大学。

目前，在校学生：10,463 人，专任教师：350 人。

学制与学位：

学 制	学习年限	授予学位
二技	2 年	学士
四技	4 年	
硕士班	1-4 年	硕士
博士班	2-7 年	博士

院、系、所与学制：

1. 文理学院

应用外语系：四技、二技

多媒体设计系：二技、四技

生物科技系：四技、硕士班

休闲旅游系：二技、四技、硕士班

2. 工程学院

机械设计工程系：四技、二技、硕士班

动力机械工程系：四技、二技

材料科学与工程系：四技

自动化工程系：四技、硕士班

材料科学与绿色能源工程研究所：硕士班

车辆工程系：四技、硕士班

机械与机电工程研究所：硕士、博士班

航空与电子科技研究所：硕士班

机械与计算机辅助工程系：四技、二技、硕士班

飞机工程系：四技

3. 电机信息学院

电机工程系：四技、二技、硕士班

光电工程系：四技

电子工程系：四技、二技、硕士班

资讯工程系：四技、二技、硕士班

光电与材料科技研究所：硕士班、博士班

4. 管理学院

财务金融系：四技、二技

信息管理系：四技、硕士班

企业管理系：四技、二技

工业管理系：四技

工业工程与管理研究所：硕士班

经营管理研究所：硕士班

三十二、“国立”高雄海洋科技大学

网址：http://www.nkmu.edu.tw

地址：811 高雄市楠梓区海专路 142 号

电话：07-3617141

传真：07-3628844

校长：周照仁

学校简史：

1946 年建立台湾省立高雄水产职业学校，培养海事技术人才。1967 年 8 月，改为台湾省立高雄海事专科学校。1982 年 7 月成为“国立”高雄海事专科学校，1997 年 7 月改为“国立”高雄海洋技术学院，2004 年 2 月改为“国立”高雄海洋科技大学。

目前，在校学生：7,768 人，专任教师：237 人。

学制与学位：

<table>
<tr><th>学　制</th><th>学习年限</th><th>授予学位</th></tr>
<tr><td>二技</td><td>2 年</td><td rowspan="2">学士</td></tr>
<tr><td>四技</td><td>4 年</td></tr>
<tr><td>硕士班</td><td>1-4 年</td><td>硕士</td></tr>
</table>

院、系、所与学制：

1. 管理学院

航运管理系暨研究所：硕士班、四技

运筹管理系：四技

信息管理系：四技

海洋休闲管理系：四技

2. 水圈学院

渔业生产与管理系暨研究所：硕士班、四技

水产食品科学系暨研究所：硕士班、四技

水产养殖系暨研究所：硕士班、四技

海洋生物技术系暨研究所：硕士班、四技

3. 海工学院

海洋工程科技研究所：硕士班

造船工程系：硕士班、四技

电讯工程系暨研究所：硕士班、二技

海洋环境工程系暨研究所：硕士班、四技

微电子工程系暨研究所：硕士班、二技、四技

4. 海事学院

海事信息科技研究所：硕士班

航运技术系：二技、四技

轮机工程系暨研究所：硕士班

三十三、“国立”台南艺术大学

网址：http://www.tnnua.edu.tw

地址：720 台南市官田区大崎里 66 号

电话：06-6930100

传真：06-6930121

校长：李肇修

学校简史：

1996 年 7 月建立“国立”台南艺术学院，2004 年 8 月改名为“国立”台南艺术大学。

目前，在校学生：1,604 人，专任教师：94 人。

学制与学位：

学　制	学习年限	授予学位
学士班	4-6 年	学士
一贯制学系	4-9 年	
硕士班	1-4 年	硕士
博士班	2-7 年	博士

学院、系所与学制：

1. 音乐学院

音乐学系：七年一贯、硕士班

中国音乐学系：七年一贯、硕士班

民族音乐学研究所：硕士班

钢琴伴奏合作艺术研究所：硕士班

2. 视觉艺术学院

材质创作与设计系：大学学士班

造型艺术研究所：硕士班

应用艺术研究所：硕士班

建筑艺术研究所：硕士班

艺术创作理论研究所：博士班

3. 音像艺术学院

应用学系：大学学士班

音像纪录与影像维护研究所：硕士班

动画艺术与影像美学研究所：硕士班

4. 文博学院

艺术史学系：大学学士、硕士班

博物馆学与古物维护研究所：硕士班

三十四、“国立”台南大学

网址：http://www.nutn.edu.tw

地址：700 台南市中西区树林街 2 段 33 号

电话：06-2133111

传真：06-2144409

校长：黄秀霜

学校简史：

1899 年建立时校名为台南师范学校，1962 年改为台湾省立台南师范专科学校，1987 年改名为台湾省立台南师范学院。1991 年改为“国立”台南师范学院，2004 年改为“国立”台南大学。

目前，在校学生：6,451 人，专任教师：241 人。

学制与学位：

学　制	学习年限	授予学位
学士班	4 年	学士
硕士班	1-4 年	硕士
博士班	2-7 年	博士

学院、系所与学制：

1. 教育学院

教育经营与管理研究所：博士、硕士班

测验统计研究所：博士、硕士班

教育学系：博士、硕士班

教育学系科技发展与传播：硕士班

咨商与辅导学系：硕士、大学学士班

特殊教育学系：博士、硕士、大学学士班

重度障碍研究所：硕士班

辅助科技研究所：硕士班

幼儿教育学系：硕士、大学学士班

体育学系：硕士、大学学士班

2. 人文与社会学院

台湾文化研究所：硕士班

行政管理学系：硕士、大学学士班

国语文学系：硕士、大学学士班

英语学系：硕士班

文化与自然资源学系：大学学士班

3. 理工学院

机电系统工程研究所：博士、硕士

电机工程学系：硕士、大学学士班

电机工程学系：通讯工程硕士班

材料科学系：硕士、大学学士班

应用数学系：硕士、大学学士班

资讯工程学系：硕士、大学学士班

数字学习科技学系：博士、硕士、大学学士班

经营与管理学系：大学学士班

经营与管理学系：科技管理硕士、大学学士班

4. 环境与生态学院

生态科学与技术学系：大学学士班

生态科学与技术系：环境生态硕士班

生态科学与技术学系：生态旅游硕士班
生物科技学系：硕士、大学学士班
绿色能源科技学系：硕士、大学学士班
5. 艺术学院
美术学系：硕士、大学学士班
动画媒体设计研究所：硕士班
戏剧创作与应用学系：硕士、大学学士班

三十五、“国立”体育大学

网址：http://www.ntsu.edu.tw
地址：333 桃园县龟山乡文化一路 250 号
电话：03-3283201
传真：03-3284047
校长：高俊雄

学校简史：

1987 年 7 月建立体育学院，2008 年 2 月改为“国立”体育大学。
目前，在校学生：2,207 人，专任教师：98 人。

学制与学位：

学　制	学习年限	授予学位
学士班	4 年	学士
硕士班	1-4 年	硕士
博士班	2-7 年	博士

学院与系所、学制：

1. 竞技学院
运动技术研究所：硕士班
教练研究所：硕士、博士班
陆上运动技术学系：大学学士班

球类运动技术学系：大学学士班

技击运动技术学系：大学学士班

2. 体育学院

体育研究所：硕士、博士班

体育推广学系：大学学士、硕士班

3. 健康学院

运动科学研究所：硕士班

运动保健学系：大学学士、硕士班

适应体育学系：大学学士、硕士班

4. 管理学院

休闲产业经营学系：大学学士、硕士班

三十六、“国立”台湾体育学院

网址：http://www.ntcpe.edu.tw

地址：404 台中市北区双十路一段 16 号

电话：04-22213108

传真：04-22232463

校长：苏文仁

学校简史：

前身为创立于 1961 年的台湾省立体育专科学校，1996 年改为“国立”台湾体育学院。

目前，在校学生：2,207 人，专任教师：98 人。

学制与学位：

学　制	学习年限	授予学位
学士班	4 年	学士
硕士班	1-4 年	硕士
博士班	2-7 年	博士

学院与系所、学制：

（该校不设学院，均为独立系、所）
体育学系暨研究所：大学学士、硕士班
竞技运动学系：大学学士、硕士班
球类运动学系：学学士班
技击运动学系：大学学士班
体育舞蹈学系：大学学士、硕士班
运动健康科学学系：大学学士、硕士班
运动管理学系：大学学士、硕士班
运动信息与传播学系：大学学士班
休闲运动学系暨休闲运动管理研究所：大学学士、硕士班

三十七、“国立”台北护理健康大学

网址：http://www.ntunhs.edu.tw
地址：112 台北市北投区明德路 365 号
电话：02-28227101
传真：02-28205680
校长：黄秀梨

学校简史：

前身为 1954 年成立的台湾省立护理专科学校，1994 年改为“国立”台北护理学院。它是全台湾第一所独立的护理学院，护理高职、三专、五专、二专、学院均由该校开创。

目前，在校学生：3,837 人，专任教师：161 人。

学制与学位：

学　制	学习年限	授予学位
学士班	4 年	学士
硕士班	1-4 年	硕士
博士班	2-7 年	博士

学院与系所、学制：

1. 护理学院
中西医结合护理所：硕士班
医护教育所：硕士班
护理助产所：硕士班
护理系：博士、硕士班、大学学士班
2. 健康事业管理学院
旅游健康所：硕士班
长期照护所：硕士班
健康事业管理系：硕士班、硕士在职专班
信息管理系：硕士、大学学士班
3. 人类发展与健康学院
听语障碍科学所：硕士班
生死教育与辅导所：硕士班
婴幼儿保育系：硕士、大学学士班

三十八、"国立"台北教育大学

网址：http://www.ntue.edu.tw
地址：106 台北市大安区和平东路 2 段 134 号
电话：02-27321104
传真：02-27330473
校长：林新发

学校简史：

学校前身为日本侵占时期于 1895 年建立的台北师范学校。抗战胜利后，1945 年 12 月改名为台湾省立台北师范学校。1961 改为台湾省立台北师范专科学校，1987 年改为台湾省立台北师范学院。1991 年改为"国立"台北师范学院，2005 年改为"国立"台北教育大学。

目前，在校学生：5,889 人，专任教师：219 人。

学制与学位：

学　制	学习年限	授予学位
学士班	4 年	学士
硕士班	1-4 年	硕士
博士班	2-7 年	博士

学院与系所、学制：

1. 人文艺术学院

儿童英语教育学系：大学学士、硕士班

音乐学系：大学学士、硕士班

艺术与造型设计学系：大学学士、硕士班

台湾文化研究所：硕士班

语文与创作学系：大学学士、硕士班

文教法律研究所：硕士班

文化创意产业经营学系：大学学士、硕士班

2. 教育学院

教育经营与管理学系：大学学士、硕士、博士班

教育学系：大学部、硕士班

课程与教学研究所：博士、硕士班

特殊教育学系：大学部、硕士班

幼儿与家庭教育学系：大学部、硕士班

社会与区域发展学系：大学部、硕士班

心理与咨商学系：大学部、硕士班

生命教育与健康促进研究所：硕士班

3. 理学院

教育传播与科技研究所：硕士班

数学暨信息教育学系：大学学士、硕士班

自然科学教育学系：大学学士、硕士、博士班

体育学系：大学学士、硕士班

信息科学系：大学学士、硕士班

数字科技设计学系：大学学士、硕士班

三十九、“国立”新竹教育大学

网址：http://www.nhcue.edu.tw

地址：300 新竹市南大路 521 号

电话：03-5213132

传真：03-5617287

校长：林田寿

学校简史：

1940 年 4 月创校，历经师范、师专以至师院；1987 年改为省立新竹师范学院。2005 年 8 月改为“国立”新竹教育大学。

目前，在校学生：3,908 人，专任教师：183 人。

学制与学位：

学　制	学习年限	授予学位
学士班	4 年	学士
硕士班	1-4 年	硕士
博士班	2-7 年	博士

学院与系所、学制：

1. 教育学院

教育学系：大学学士、硕士、博士班

幼儿教育学系：大学学士、硕士班

特殊教育学系：大学学士、硕士班

教育心理与咨商学系：大学学士、硕士班

体育学系：大学学士、硕士班

数字学习科技研究所：硕士班

人力资源发展研究所：硕士班

2. 人文社会与艺术学院

环境与文化资源学系：大学学士、硕士班

中国语文学系：大学学士、硕士班

英语教学系：大学学士班

音乐学系：大学学士、硕士班

艺术与设计学系：大学学士、硕士班

台湾语言与语文教育研究所：博士、硕士班

3. 理学院

数理教育研究所：硕士班

应用数学系：大学学士、硕士班

应用科学系：大学学士、硕士班

信息科学研究所：大学学士、硕士班

四十、“国立”台中教育大学

网址：http://www.ntcu.edu.tw

地址：403 台中市西区民生路 140 号

电话：04-22183199

传真：04-22183130（教务处）

校长：杨思伟

学校简史：

1923 年日本侵占台湾时期建立的台中师范学校，1943 年合并新竹师范学校，改名“台湾总督府”台中师范专门学校。1945 年抗战胜利后，改为台湾省立台中师范学校，1960 年改为台湾省立台中师范专科学校，1987 年改为台湾省立台中师范学院。1991 年改为“国立”台中师范学院，2005 年改名为“国立”台中教育大学。

目前，在校学生：4,839 人，专任教师：185 人。

学制与学位：

学　制	学习年限	授予学位
学士班	4 年	学士
硕士班	1-4 年	硕士
博士班	2-7 年	博士

学院与系所、学制：

1. 教育暨管理学院

教育学系：大学学士、硕士、博士班

课程与教学研究所：硕士班

幼儿教育学系：大学学士、硕士班

特殊教育学系：大学学士、硕士班

体育学系：大学学士、硕士班

教育测验统计研究所：硕士、博士班

环境教育研究所：硕士班

早期疗育研究所：硕士班

事业经营研究所：硕士班

文化创意产业学位学程：大学学士班

永续观光暨游憩管理研究所：硕士班

国际企业学系：大学学士班

2. 人文社会暨艺术学院

语文教育学系：大学学士、硕士、博士班

区域与社会发展系：大学学士、硕士班

台湾语文学系：大学学士班

英语学系：大学学士班

美术学系：大学学士、硕士班

音乐学系：大学学士、硕士班

咨商与应用心理学系：大学学士、硕士班

3. 数理暨信息学院

数学教育学系：大学学士、硕士班

科学应用与推广学系：大学学士、硕士班

信息科学学系：大学学士、硕士班

数字内容科技学系：大学学士、硕士班

四十一、“国立”屏东教育大学

网址：http://www.npue.edu.tw

地址：屏东市民生路 4-18 号

电话：08-7226141-3

传真：08-7234406

校长：刘庆中

学校简史：

该校是 1940 年日本侵占台湾时期建立的屏东师范学校。抗战胜利后，1946 年 10 月改名为台湾省立屏东师范学校，1965 年 8 月成为专科学校，1987 年成为学院。1991 年 7 月改名为“国立”屏东师范学院，2005 年 8 月改名为“国立”屏东教育大学。

目前，在校学生：4,926 人，专任教师：198 人。

学制与学位：

学　制	学习年限	授予学位
学士班	4 年	学士
硕士班	1-4 年	硕士
博士班	2-7 年	博士

学院与系所、学制：

1. 教育学院

教育行政研究所：博士、硕士班

教育学系：大学学士、硕士班

教育心理与辅导学系：大学学士、硕士班

特殊教育学系：大学学士、硕士班

幼儿教育学系：大学学士、硕士班

2. 理学院

数理教育研究所：硕士班

应用数学系：大学学士、硕士班
应用物理系：大学学士、硕士班
化学生物系：大学学士、硕士班
信息科学系：大学学士、硕士班
体育学系：大学学士、硕士班
3. 人文社会学院
中国语文学系：大学学士、硕士班
社会发展学系：大学学士、硕士班
英语学系：大学学士、硕士班
视觉艺术学系：大学学士、硕士班
音乐学系：大学学士、硕士班
文化创意产业学系：大学学士、硕士班

四十二、“国立”屏东商业技术学院

网址：http://www.npic.edu.tw
地址：900 屏东市民生东路 51 号
电话：08-7238700
传真：08-7238720
代理校长：王隆仁

学校简史：

1991 年 7 月建立“国立”屏东商业专科学校，1998 年 7 月改为“国立”屏东商业技术学院。

目前，在校学生：3,962 人，专任教师：164 人。

学制与学位：

学　制	学习年限	授予学位
学士班	4 年	学士
硕士班	1-4 年	硕士
博士班	2-7 年	博士

系所、学制：

国际贸易系：大学学士、硕士班
企业管理系：大学学士、硕士班
财务金融系：大学学士、硕士班
会计系：大学学士班
不动产经营系：大学学士、硕士班
信息管理系：大学学士、硕士班
应用英语系：大学学士、硕士班
休闲事业经营系：大学学士、硕士班
应用日语系：大学学士班
营销与流通管理系：大学学士、硕士班
商业自动化与管理系：大学学士、硕士班
资讯工程系：大学学士、硕士班
计算机与通讯系：大学学士班

四十三、“国立”台中技术学院

网址：http://www.ntit.edu.tw
地址：404 台中市三民路 3 段 129 号
电话：04-22195678
传真：04-22195001
校长：李淙柏

学校简史：

1919 年 6 月创校，原名为台湾公立台中商业学校，后改名为台中州立台中商业学校。

1945 年抗战胜利后，更名为台湾省立台中商业职业学校。1949 年并入省立台中补习学校改为附设商业职业补习学校，1963 年改为台湾省立台中商业专科学校。1999 年 7 月改为“国立”台中技术学院。

目前，在校学生：10,818 人，专任教师：346 人。

学制与学位：

学　制	学习年限	授予学位
二技	2 年	学士
四技	4 年	
硕士班	1-4 年	硕士

学科群、系、所与学制：

1. 设计学群

多媒体设计系：四技、硕士班

室内设计系：四技、硕士班

商业设计系：二技、四技、硕士班

2. 语文学群

应用英语系：四技、二技

应用日语系：四技、二技、硕士班

应用中文系：四技

3. 管理学群

流通管理系：四技、二技、硕士班

应用统计系：四技

休闲事业经营系：四技、二技

保险金融管理系：四技、二技

企业管理系：四技、二技、硕士班

4. 商业学群

国际贸易系：四技、二技

财政税务系：四技

财务金融系：四技

会计信息系：四技、二技、硕士班

5. 信息学群

信息管理系：四技、二技、硕士班

资讯工程系：四技、硕士班

四十四、“国立”勤益科技大学

网址：http://web2.ncut.edu.tw
地址：411 台中市太平区坪林里中山路二段 57 号
电话：04-23924505
传真：04-23930062
校长：陈坤盛

学校简史：

1971 年创校，名为私立勤益工业技艺专科学校，1972 年改名为私立勤益工业专科学校，1980 年改为私立勤益工商专科学校。1992 年改名为“国立”勤益工商专科学校，1999 年改为“国立”勤益技术学院，2007 年改名为“国立”勤益科技大学。

目前，在校学生：10,407 人，专任教师：299 人。

学制与学位：

<table>
<tr><th>学　制</th><th>学习年限</th><th>授予学位</th></tr>
<tr><td>二技</td><td>2 年</td><td rowspan="2">学士</td></tr>
<tr><td>四技</td><td>4 年</td></tr>
<tr><td>硕士班</td><td>1-4 年</td><td>硕士</td></tr>
</table>

学院、系、所与学制：

1. 工程学院
机械工程系：硕士班、四技、二技
化工与材料工程系：硕士班、四技、二技
冷冻空调与能源系：硕士班、四技、二技
2. 电信学院
电子工程系：硕士班、四技、二技
电机工程系：硕士班、四技、二技

资讯工程系：硕士班、四技

3. 管理学院

工业工程与管理系：硕士班、四技、二技

企业管理系：硕士班、、四技、二技

流通管理系：硕士班、四技、二技

信息管理系：四技、二技

休闲产业管理系：四技

4. 人文创意学院

应用英语系：四技

景观系：硕士班、四技

文化创意事业系：四技

四十五、“国立”高雄餐旅大学

网址：http：//www.nkuht.edu.tw

地址：812 高雄市小港区松和路 1 号

电话：07-8060505

传真：07-8061473

校长：容继业

学校简史：

1995 年 8 月建立“国立”高雄餐旅管理专科学校，2000 学年改为“国立”高雄餐旅学院，2010 年 8 月改名为“国立”高雄餐旅大学。

目前，在校学生：4,794 人，专任教师：140 人。

学制与学位：

学　制	学习年限	授予学位
二技	2 年	学士
四技	4 年	
硕士班	1-4 年	硕士

院、系、所与学制：

1. 餐旅学院

餐旅管理研究所：硕士班

餐旅教育研究所：硕士班

旅馆管理系：四技、二技

餐饮管理系：四技、二技

2. 观光学院

餐旅营销暨会展管理系：四技、二技

应用英语系：四技

应用日语系：四技

旅游管理所：硕士班

旅运管理系：四技、二技

航空暨运输服务管理系：四技、二技

休闲暨游憩管理系：四技

国际观光学士学位学程：四技

3. 厨艺学院

台湾饮食文化产业研究所：硕士班

中餐厨艺系：四技

西餐厨艺系：四技

烘焙管理系：四技

国际厨艺学士学位学程：四技

餐饮创新研发硕士学位学程：硕士班

四十六、“国立”澎湖科技大学

网址：http://www.npu.edu.tw

地址：880 澎湖县马公市六合路 300 号

电话：06-9264115

传真：06-9264265

校长：萧泉源

学校简史：

1991 年 8 月建立高雄海专澎湖分部，1995 年 7 月正式独立成为“国立”澎湖海事管理专科学校，2000 年 8 月改为“国立”澎湖技术学院，2005 年 8 月改名为“国立”澎湖科技大学。

目前，在校学生：3,117 人，专任教师：109 人。

学制与学位：

学　制	学习年限	授予学位
四技	4 年	学士
硕士班	1-4 年	硕士

院、系、所与学制：

1. 海洋资源暨工程学院

海洋创意产业研究所：硕士班

电资研究所：硕士班

食品科学研究所：硕士班

电机工程系：四技

水产养殖系：四技

食品科学系：四技

资讯工程系：四技

电信工程系：四技

2. 人文暨管理学院

服务业经营管理研究所：硕士班

信息管理系：四技

营销与物流管理系：四技

航运管理系：四技

应用外语系：四技

3. 观光休闲学院

海洋运动与游憩系：四技

观光休闲系：四技

观光休闲事业管理研究所：硕士班

餐旅管理系：四技

四十七、“国立”台北商业技术学院

网址：http://www.ntcb.edu.tw
地址：100 台北市中正区济南路一段 321 号
电话：02-23935263
传真：02-23226009
校长：赖振昌

学校简史：

1917 年日本侵占时期设立“台湾总督府”立商业学校，并曾易名为台北市立高级商业职业学校、台北市立商业专科学校。1982 年改为“国立”台北商业专科学校，2001 年 8 月改为“国立”台北商业技术学院。

目前，在校学生：6,238 人，专任教师：193 人。

学制与学位：

<table>
<tr><th>学　制</th><th>学习年限</th><th>授予学位</th></tr>
<tr><td>二技</td><td>2 年</td><td rowspan="2">学士</td></tr>
<tr><td>四技</td><td>4 年</td></tr>
<tr><td>硕士班</td><td>1-4 年</td><td>硕士</td></tr>
</table>

独立系、所与学制：

商学研究所：硕士班
信息科技与管理研究所：硕士班
会计财税研究所：硕士班
会计信息系：四技
财政税务系：四技、二技
财务金融系：硕士班、四技、二技
国际商务系：硕士班、四技、二技

企业管理系：四技、二技

信息管理系：四技、二技

应用外语系：四技、二技

四十八、"国立"金门大学

网址：http://www.nqu.edu.tw

电话：082-373233

传真：082-371771

校长：李金振

学校简史：

前身为1997年7月"国立"高雄科学技术学院在金门设立的分部，2003年8月独立设校，名为"国立"金门技术学院，2010年8月改为"国立"金门大学。

目前，在校学生：2,902人，专任教师：91人。

学制与学位：

学　制	学习年限	授予学位
学士班	4年	学士
硕士班	1-4年	硕士
博士班	2-7年	博士

学院与系所、学制：

1. 人文社会学院

应用外语学系：大学学士班

建筑学系：大学学士班

国际事务学系：大学学士班

闽南文化研究所：硕士班

中国大陆研究所：硕士班

2. 休闲管理学院

运动与休闲学系：大学学士班
企业管理学系：大学学士班
观光管理学系：大学学士班
岛屿休闲资源发展研究所：硕士班
海洋事务研究所：硕士班
3. 理工学院
电子工程学系：大学学士班
食品科学系：大学学士班
营建工程学系：大学学士班
资讯工程学系：大学学士班
应用科技学位学程中心：大学学士班
电子与信息系：进修学士班
电资研究所：硕士班
防灾与永续研究所：硕士班

四十九、“国立”台湾戏曲学院

网址：http://www.tcpa.edu.tw
地址：114 台北市内湖区内湖路 2 段 177 号
电话：02-27962666
传真：02-27941238
代理校长：游素凰

学校简史：

2006 年 8 月由台湾戏曲专科学校改制为台湾戏曲学院。它是台湾地区第一所 12 年一贯制专门培养传统艺术人才、弘扬传统戏曲文化的学校。学校设有一座京剧文物陈列馆、三座表演剧场及二座实习剧场。

学系、修业年限及学位：

京剧学系：国小 2 年、国中 3 年、高职 3 年、学院 4 年（学士）
歌仔戏学系：国中 3 年、高职 3 年、学院 4 年（学士）

戏曲音乐学系：国中 3 年、高职 3 年、学院 4 年（学士）
民俗技艺学系：国小 2 年、国中 3 年、高职 3 年、学院 4 年（学士）
剧场艺术学系：高职 3 年、学院 4 年（学士）
客家戏学系：国中 3 年、高职 3 年、学院 4 年（学士）
京剧学系：四技
民俗技艺学系：四技
戏曲音乐学系：四技、二技
歌仔戏学系：四技、二技
剧场艺术学系：四技、二技
客家戏学系：四技
通识教育中心：四技

五十、台北市立教育大学

网址：http://www.tmue.edu.tw
地址：100 台北市中正区爱国西路一号
电话：02-23113040
传真：02-23814067
校长：林天佑

学校简史：

日本侵占台湾时期，1895 年 7 月创立芝山岩学堂；1896 年改称国语学校，1897 年 3 月改为台北师范学校，1927 年改为台北第一师范学校，1943 年与台北第二师范学校合并为台北师范学校。1945 年抗战胜利后，改为台湾省立台北女子师范学校，1964 年 8 月改为台湾省立台北女子师范专科学校。1967 年 7 月改名为台北市立女子师范专科学校，1969 年易名为台北市立师范专科学校，1987 年改为台北市立师范学院，2005 年改名为台北市立教育大学。

目前，在校学生：4,814 人，专任教师：216 人。

学制与学位：

学　制	学习年限	授予学位
学士班	4 年	学士
硕士班	1-4 年	硕士
博士班	2-7 年	博士

学院与系所、学制：

1. 教育学院

教育学系：大学学士、博士、硕士班

课程与教学研究所：硕士班

教育行政与评鉴研究所：博士、硕士班

心理与咨商学系：大学学士、硕士班

特殊教育学系：大学学士、硕士班

幼儿教育学系：大学学士、硕士班

语言治疗硕士学位学程：硕士班

儿童发展硕士学位学程：硕士班

2. 人文艺术学院

华语文教学硕士学位学程：硕士班

中国语文学系：大学学士、博士、硕士班

历史与地理学系：大学学士、硕士班

社会暨公共事务学系：大学学士、硕士班

英语教学系：大学学士、硕士班

音乐学系：大学学士、硕士班、

视觉艺术学系：大学学士、硕士班

艺术治疗硕士学位学程：硕士班

社会学习领域硕士学位学程：硕士班

3. 理学院

信息科学系：大学学士、硕士班

数位学习硕士学位学程：硕士班

自然科学系：大学学士、硕士班

数学信息教育学系：大学学士、硕士班

环境教育与资源研究所：硕士班
体育学系：大学学士、硕士班
科学教育硕士学位学程：硕士班

五十一、台北市立体育学院

网址：http:www.tpec.edu.tw
地址：111 台北市士林区忠诚路二段 101 号
电话：02-28718288
传真：02-28752726
校长：陈坤柠

学校简史：

1968 年 8 月创建，1996 年改为体育学院。
目前，在校学生：2,365 人，专任教师：119 人。

学制与学位：

学　制	学习年限	授予学位
学士班	4 年	学士
硕士班	1-4 年	硕士
博士班	2-7 年	博士

系所、学制：

球类运动学系：大学学士班
陆上运动学系：大学学士班
水上运动学系：大学学士班
技击运动学系：大学学士班
动态艺术学系：大学学士班
舞蹈系：大学学士、硕士班
休闲运动管理学系：大学学士、硕士班
体育与健康学系：大学学士、硕士班

运动科学研究所：硕士班

运动技术研究所：硕士班

运动教育研究所：硕士班

运动器材研究所：硕士班

身心障碍者转衔及休闲教育研究所：硕士班

体育研究所：博士班

五十二、“国立”空中大学

网址：http://www.nou.edu.tw

地址：247 新北市芦洲区中正路 172 号

电话：02-22829355

传真：02-82811712

校长：陈松柏

学校简史：

1986 年 8 月创建。学校以电视、广播、录像（音）带、光盘、计算机网络等传播及信息媒体，播出教学节目，并配合面授教学及课业辅导，办理成人进修及继续教育。自 1997 年起实施免试入学，凡年满二十岁高中（职）毕业或具同等学力者，均可报名成为全修生；凡年满十八岁，学历不拘，均可登记选课成为选修生。

系所、学制与学位：

人文学系：大学学士班

社会科学系：大学学士班

商学系：大学学士班

公共行政学系：大学学士班

生活科学系：大学学士班

管理与信息学系：大学学士班

53. 高雄市立空中大学

网址：http://www.ouk.edu.tw

地址：812 高雄市小港区大业北路 436 号

电话：07-8012008

传真：07-8066725

校长：吴英明

系所、学制与学位：

法政学系：大学学士班

工商管理学系：大学学士班

文化艺术系学系：大学学士班

外国语文学系：大学学士班

大众传播学系：大学学士班

科技管理学系：大学学士班

五十四、“中央”警察大学

网址：http://www.cpu.edu.tw

地址：333 桃园县龟山乡大岗村树人路 56 号

电话：03-3282321~4

传真：03-3284118

学校简史：

1954 年在台建立（前身为 1936 年设立于南京的中央警官学校），先后于 1978 和 1989 年停办，1995 年 12 月改为“中央”警官大学。

学制与学位：

学　制	学习年限	授予学位
学士班	4 年制	学 士
	2 年制	
硕士班	1-4 年	硕 士
博士班	2-7 年	博 士

系所、学制：

行政警察系：大学四年制学士、大学二年制学士、硕士、博士班
刑事警察系：大学四年制学士、大学二年制学士、硕士班
鉴识科学系：大学四年制学士、硕士、博士班
公共安全系：大学四年制学士、硕士班
犯罪防治系：大学四年制学士、硕士、博士班
消防系：大学四年制学士、大学二年制学士、硕士班
交通系：大学四年制学士、大学二年制学士、硕士班
信息管理系：大学四年制学士、硕士班
外事警察系：大学四年制学士、硕士班
国境警察系：大学四年制学士、硕士班
行政管理系：大学四年制学士、硕士班
水上警察系：大学四年制学士、大学二年制学士班、硕士班
法律学系：大学四年制学士、硕士班

五十五、空军军官学校

网址：http://www.cafa.edu.tw
地址：820 高雄市冈山镇介寿西路西首一号
电话：07-6254141~7
传真：07-6263263
校长：田在劢

学校简史：

1929 年创立于南京航空班，1932 年 9 月改为中央航空学校，1938 年定名为空军军官学校，1960 年改制为四年制大学教育。

一般教学部：大学学士班

五十六、海军军官学校

网址：http://www.cna.edu.tw

地址：813 高雄市左营区军校路 669 号

电话：07-5817366

传真：07-5882447

校长：王昭举

学校简史：

1945 年于青岛设立中央海军训练团，1946 年 6 月于上海设立海军军官学校，1949 年 9 月搬迁高雄市。

五十七、“国”防大学

网址：http://www.ndu.edu.tw

地址：334 桃园县八德市兴丰路 1000 号

电话：03-3801126

传真：03-3732032

校长：金乃杰

学校简史：

2000 年 5 月将中正理工学院、“国”防管理学院等三所军校及“国”防医学院合并，成立“国”防大学。

学院、学制：

战争学院战略研究所：硕士班
管理学院：硕士班
理工学院：博士、硕士班
政治作战学院：博士、硕士班

五十八、陆军军官学校

网址：http://www.cma.edu.tw
地址：830 高雄市凤山区维武路一号
电话：07-7433774
传真：07-7481859
校长：全子瑞

学校简史：

1924 年创建于广州黄埔，1950 年在高雄市建校。

学系、学制：

大学部：大学学士班
外文系：大学学士班
政治系：大学学士班
管科系：大学学士班
化学系：大学学士班
物理系：大学学士班
信息系：大学学士班
机械系：大学学士班
电机系：大学学士班
土木系：大学学士班
通识教育：大学学士班

五十九、“国”防医学院

网址：http://www.ndmctsgh.edu.tw
地址：114 台北市内湖区民权东路六段 161 号
电话：02-87923100
院长：张德明

学校简史：

前身为 1901 年建立的军医学校；1947 年 6 月与战时卫生人员训练所及其分校、分所等 13 个单位合并，在上海江湾组成国防医学院，1949 年迁台。

研究所所、学制：

生命科学研究所：博士班
医学科学研究所：博士班
牙医学系暨牙医科学研究所：硕士班
药学系暨药学研究所：硕士班
护理学系暨护理学研究所：硕士班
公共卫生学系暨公共卫生学研究所：硕士班
生物及解剖学研究所：硕士班
生理及生物物理学科暨研究所：硕士班
药理学科暨研究所：硕士班
生物化学科暨研究所：硕士班
微生物及免疫学科暨研究所：硕士班
航天医学研究所：硕士班
海底医学研究所：硕士班
病理及寄生虫学研究所：硕士班

六十、空军航空技术学院

网址：http://www.afats.khc.edu.tw
地址：820 高雄市冈山区介寿西路 198 号
电话：07-6256914
传真：07-6256530
校长：张延廷

学校简史：

前身为空军机械学校及空军通信电子学校，1996 年 8 月并编为空军航空技术学校；2002 年 8 月改为空军航空技术学院。

学系、学制：

飞机工程系：二技
军事气象系：二技
航空通讯电子系：二技

六十一、东海大学

网址：http://www.thu.edu.tw
地址：704 台中市中港路三段 181 号
电话：04-23590121
传真：04-23590361
校长：程海东

学校简史：

1955 年 7 月由亚洲基督教高等教育联合董事会建议建立。
目前，在校学生：17,436 人，专任教师：555 人。

学制与学位：

学　制	学习年限	授予学位
学士班	4 年	学士
硕士班	1-4 年	硕士
博士班	2-7 年	博士

学院、系所与学制：

1. 文学院

中国文学系：大学学士、硕士、博士班

外国语文学系：大学学士、硕士班

历史学系：大学学士班、硕士班

哲学系：大学学士班、硕士、博士班

日本语文学系：大学学士、硕士班

2. 理学院

物理系：大学学士、硕士、博士班

化学系：大学学士、硕士、博士班

生命科学系：大学学士、硕士、博士班

数学系：大学学士、硕士班

3. 工学院

资讯工程学系：大学学士、硕士班

电机工程学系：大学学士、硕士班

化学工程与材料工程学系：大学学士、硕士班、博士班

工业工程与经营信息学系：大学学士、硕士、博士班

环境科学与工程学系：大学学士、硕士、博士班

4. 管理学院

企业管理学系：大学学士、硕士班

国际贸易学系：大学学士、硕士班

会计学系：大学学士、硕士班

统计学系：大学学士、硕士、博士班

财务金融学系：大学学士、硕士班

信息管理学系：大学学士、硕士班

管理在职班：硕士专班

5. 社会科学学院

经济学系：大学学士、硕士班

政治学系：大学学士、硕士、博士班

社会学系：大学学士、硕士、博士班

社会工作学系：大学学士、硕士、博士班

行政管理暨政策学系：大学学士、硕士班

教育研究所：硕士班

公共事务在职班：硕士专班

6. 农学院

食品科学系：大学学士、硕士班

餐旅管理学系：大学学士、硕士班

畜产与生物科技学系：大学学士、硕士、博士班

7. 创意设计暨艺术学院

建筑系：大学学士、硕士班

音乐系：大学学士、硕士班

景观系：大学学士、硕士班

美术系：大学学士、硕士班

工设系：大学学士、硕士班

8. 法律学院

法律学系：大学学士、硕士、博士班

六十二、逢甲大学

网址：http://www.fcu.edu.tw

地址：407 台中市西屯区文华路 100 号

电话：04-24517250

传真：04-24510081

校长：张保隆

学校简史：

1961 年建立逢甲工商学院，1980 年 6 月改为逢甲大学。校名是为纪念抗日英雄邱逢甲。

目前，在校学生：20,838 人，专任教师：641 人。

学制与学位：

学　制	学习年限	授予学位
学士班	4 年	学士
建筑学	5 年	
硕士班	1-4 年	硕士
博士班	2-7 年	博 士

学院、系所与学制：

1. 工学院

航天与系统工程学系：大学学士、硕士班

材料与制造工程在职班：硕士班

化学工程学系：大学学士、硕士班、博士班

电声硕士学位学程：硕士班

纤维与复合材料学系：大学学士、硕士、博士班

机械与航空工程学位学程：博士班

机械与计算机辅助工程学系：大学学士、硕士班

绿色能源科技学位学程：硕士班

工业工程与系统管理学系：大学学士、硕士、博士班

2. 商学院

会计学系：大学学士、硕士班

国际贸易学系：大学学士、硕士班

财税学系：大学学士、硕士班

合作经济学系：大学学士、硕士班

统计学系：大学学士、硕士、博士班

经济学系：大学学士、硕士、博士班

企业管理学系：大学学士、硕士班

营销学系：大学学士班
商学进修班：学士班
财经法律研究所：硕士班
科技管理研究所：硕士班
国际经营管理学位学程：硕士班
国际企业管理学士学位学程（英语专班）：大学学士班
商学学位学程：博士班

3. 理学院

材料科学与工程学系：大学学士、硕士、博士班
应用数学系：大学学士、硕士班
环境工程与科学学系：大学学士、硕士、博士班
光电学系：大学学士、硕士班
材料与制造工程在职专班：硕士班

4. 人文社会学院

中国文学系：大学学士、硕士、博士班
外国语文学系：学学士 w
公共政策研究所：硕士班
历史与文物研究所：硕士班

5. 信息电机学院

资讯工程学系：大学学士、硕士、博士班
电机工程学系：大学学士、硕士班
电子工程学系：大学学士、硕士班
自动控制工程学系：大学学士、硕士班
通讯工程学系：大学学士、硕士班
信息电机学院不分系荣誉班：大学学士
信息电机工程在职班：硕士班
生医信息暨生医工程学位学程：硕士班
产业专班：硕士班
电机与通讯工程学位学程：博士班

5. 建设学院

水利工程与资源保育学系：大学学士、硕士班
土木工程学系：大学学士、硕士班

都市计划与空间信息学系：大学学士、硕士班
建筑学系：大学学士、硕士班
运输科技与管理学系：大学学士、硕士班
土地管理学系：大学学士、硕士班
室内与景观设计进修学士班：进修学士班
景观与游憩学位学程：硕士班
不动产经营管理学位学程：学士后第二专长学士学位
土木及水利工程学位学程：博士班
土木工程学系营建工程及不动产物业管理进修班：学士班
6. 经营管理学院
经营管理：硕士职专班
电子商务在职专班：硕士班
7. 金融学院
风险管理与保险学系：大学学士、硕士班
财务金融学系：大学学士、硕士班
金融硕士在职专班：硕士在职专班
金融博士学位学程：博士班

六十三、东吴大学

网址：http://www.scu.edu.tw
地址：111 台北市士林区临溪路 70 号
电话：02-28819471
传真：02-28829310
校长：黄镇台

学校简史：

1951 年由原祖国大陆东吴大学校友在台北设立东吴补习学校，1954 年正式建校，为台湾第一所私立大学。现有外双溪及城中两校区。法、商学院及推广部位于台北市城中区。

目前，在校学生：15,905 人，专任教师：444 人。

学制与学位：

学　制	学习年限	授予学位
学士班	4 年	学士
硕士班	1-4 年	硕士
博士班	2-7 年	博士

学院、系所与学制：

1. 人文社会学院

中国文学系：大学学士、博士、硕士班

历史学系：大学学士、硕士班

哲学系：大学学士、硕士班

政治学系：大学学士、博士、硕士班

社会学系：大学学士、硕士班

社会工作学系：大学学士、硕士班

音乐学系：大学学士、硕士班

人权硕士学位学程：硕士班

2. 外国语文学院

英文学系：大学学士班、硕士班

日本语文学系：大学学士、博士、硕士班

德国文化学系：大学学士、硕士班

3. 理学院

数学系：大学学士、硕士班

物理学系：大学学士班

化学系：大学学士班、硕士班

微生物学系：大学学士、博士、硕士班

心理学系：大学学士、硕士班

4. 法学院

法律学系大学学士、博士、硕士班

法律专业班：硕士班

5. 商学院

经济学系：大学学士、博士、硕士班

会计学系：大学学士、硕士班

企业管理学系：大学学士、硕士班

国际经营与贸易学系：大学学士、硕士班

财务工程与精算数学系：大学学士、硕士班

信息管理系：大学学士、硕士班

商学进修班：学士班

EMBA 高阶经营：硕士在职专班

六十四、世新大学

网址：http://www.shu.edu.tw

地址：116 台北市文山区木栅路一段 17 巷 1 号

电话：02-22368225

传真：02-22365133

校长：赖鼎铭

学校简史：

该校由成舍我先生于 1956 年创立，原名为世界新闻职业学校。1960 年改为世界新闻专科学校，1991 年改为世界新闻传播学院，1997 年改名为世新大学。

目前，在校学生：11,668 人，专任教师：312 人。

学制与学位：

学　制	学习年限	授予学位
学士班	4 年	学士
硕士班	1-4 年	硕士
博士班	2-7 年	博士

学院、系所与学制：

1. 新闻传播学院

传播研究所：博士班

新闻学系：大学学士、硕士班

广播电视电影学系：大学学士、硕士班
图文传播暨出版学系：大学学士、硕士班
公共关系暨广告学系：大学学士、硕士班
口语传播学系：大学学士、硕士班
信息传播学系：大学学士、硕士班
数字多媒体设计学系：大学学士、硕士班
传播管理学系：大学学士、硕士班

2. 管理学院

IMBA 学位学程：硕士在职专班
信息管理学系：大学学士、硕士班
财务金融学系：大学学士、硕士班
行政管理学系：大学学士、硕士、博士班
观光学系：大学学士、硕士班
经济学系：大学学士、硕士班
企业管理学系：大学学士、硕士班

3. 人文社会学院

社会发展研究所：硕士班
性别研究所：硕士班
社会心理学系：大学学士、硕士班
英语学系：大学学士、硕士班
国文学系：大学学士、硕士、博士班
中日本语文学系：大学学士班

4. 法律学院

智慧财产研究所：硕士班
法律学系：大学学士、硕士班

六十五、淡江大学

网址：http://www.tku.edu.tw
地址：251 新北市淡水区英专路 151 号
电话：02-26215656

传真：02-26237384

校长：张家宜

学校简史：

1950 年成立淡江英语专科学校，1958 年 6 月改为淡江文理学院，1980 年 7 月改为淡江大学。

目前，在校学生：28,786 人，专任教师：816 人。

学制与学位：

学　制	学习年限	授予学位
学士班	4 年	学士
硕士班	1-4 年	硕士
博士班	2-7 年	博士

学院、系所与学制：

1. 文学院

中国文学学系：大学学士、博士、硕士班

历史学系：大学学士、硕士班

信息与图书馆学系：大学学士、硕士班

大众传播学系：大学学士、硕士班

信息传播学系：大学学士、硕士班

2. 理学院

数学学系：大学学士、博士、硕士班

物理学系：大学学士、博士、硕士班

化学学系：大学学士、博士、硕士班

3. 工学院

建筑学系：大学学士、硕士班

土木工程学系：大学学士、博士、硕士班

机械与机电工程学系：大学学士、博士、硕士班

电机工程学系：大学学士、博士、硕士班

航空太空工程学系：大学学士、硕士班

资讯工程学系：大学学士、博士、硕士班

水资源及环境工程学系：大学学士、博士、硕士班
化学工程与材料工程学系：大学学士、博士、硕士班
4. 商学院
国际企业学系：大学学士、硕士班
财务金融学系：大学学士、博士、硕士班
保险学系：大学学士、硕士班
产业经济学系：大学学士、博士、硕士班
经济学系：大学学士、硕士班
5. 管理学院
会计学系：大学学士、硕士班
统计学系：大学学士、硕士班
企业管理学系：大学学士、硕士班
信息管理学系：大学学士、硕士班
经营决策学系：大学学士、博士、硕士班
公共行政学系：大学学士、硕士班
全球华商经营管理数位学习在职专班：硕士班
运输管理学系：大学学士、硕士班
6. 外国语文学院
英文学系：大学学士、博士、硕士班
西班牙语文学系：大学学士、硕士班
法国语文学系：大学学士、硕士班
德国语文学系：大学学士班
日本语文学系：大学学士、硕士班
俄国语文学系：大学学士班
7. 国际研究学院
欧洲研究所：博士、硕士班
美洲研究所：博士、硕士班
国际事务与战略研究所：博士、硕士班
亚洲研究所：硕士班
中国大陆研究：硕士班
8. 教育学院
教育科技系：大学学士、硕士班

教育政策与领导研究所：硕士班
教育心理与咨商研究所：硕士班
未来学研究所：硕士班
课程与教学研究所：硕士班
9. 全球创业发展学院
信息创新与科技学系：大学学士班
旅游与旅馆管理学系：大学学士班
多元文化与语言学系：大学学士班
全球化政治与经济学系：大学学士班
10. 社区发展学院
休闲产业学系：大学学士班
景观建筑与管理学系：大学学士班
服务产业经营学系：大学学士班

六十六、中国文化大学

网址：http://www.pccu.edu.tw
地址：111 台北市士林区华冈路 55 号
电话：02-28610511/28611801
传真：02-28615031
校长：吴万益

学校简史：

1962 年创立中国文化学院，1980 年改名为中国文化大学。
目前，在校学生：27,405 人，专任教师：799 人。

学制与学位：

学　制	学习年限	授予学位
学士班	4 年	学士
硕士班	1-4 年	硕士
博士班	2-7 年	博士

学院、系所与学制：

1. 文学院

哲学系：大学学士班、博士班、硕士班

中国文学系：博士班、硕士班、大学学士班

史学系：大学学士班

史学系：硕士、博士班

2. 外语学院

日本语文学系：大学学士、硕士班

韩国语文学系：大学学士、硕士班

俄国语文学系：大学学士、博士、硕士班

英国语文学系：大学学士班

英国语文学系：硕士班

法国语文学系：大学学士、硕士班

德国语文学系：大学学士、硕士班

3. 理学院

应用数学系：大学学士班

物理学系：大学学士班

化学系：大学学士、硕士班

地理学系：大学学士班

大气科学系：大学学士班

地学研究所：博士班

地学研究所地理组：硕士班

地学研究所大气科学组：硕士班

地质学系：大学学士班

生命科学系：大学学士班

4. 法学院

法律学系：硕士、大学学士班

5. 社会科学院

政治学系：大学学士、博士、硕士班

经济学系：大学学士、博士、硕士班

劳工关系学系：大学学士、硕士班

社会福利学系：大学学士班
行政管理学系：大学学士班
中山与中国大陆研究所：博士、硕士班
美国研究所：硕士班
6. 农学院
园艺暨生物技术学系：大学学士班
动物科学系：大学学士班
森林暨自然保育学系：大学学士班
土地资源学系：大学学士班
生活应用科学系：大学学士班
生活应用科学系：硕士班
食品暨保健营养学系：大学学士班
生物科技研究所：硕士班
7. 工学院
化学工程与材料工程学系：大学学士班
电机工程学系：大学学士班
化学工程与材料工程学系：奈（纳）米材料硕士班
机械工程学系：大学学士班
机械工程学系：数位机电硕士班
纺织工程学系：大学学士班
信息科学系：大学学士班
8. 商学院
国际贸易学系：大学学士、硕士班
国际企业管理学系：大学学士班
国际企业管理学系：博士、硕士班
会计学系：大学学士、硕士班
观光事业学系：大学学士、硕士班
信息管理学系：大学学士、硕士班
财务金融学系：大学学士班
9. 新传学院
新闻学系：大学学士、硕士班
广告学系：大学学士班

信息传播学系：大学学士、硕士班
大众传播学系：大学学士班
10. 艺术学院
美术学系：大学学士、硕士班
音乐学系：大学学士、硕士班
中国音乐学系：大学学士班
戏剧学系：大学学士、硕士班
中国戏剧学系：大学学士班
舞蹈学系：大学学士、硕士班
11. 环设学院
市政暨环境规划学系：大学学士、硕士班
景观学系：大学学士、硕士班
建筑及都市设计学系：大学学士、博士、硕士班
12. 教育学院
教育学系：大学学士班
体育学系：学士班
体育学系：运动教练硕博士、硕士班
国术学系：大学学士班
心理辅导学系：大学学士、硕士班

六十七、辅仁大学

网址：http://www.fju.edu.tw
地址：242 新北市新庄区中正路 510 号
电话：02-29052000
传真：02-29044938
校长：黎建球

学校简史：

1961 年建立哲学研究所，1963 年大学校区落成。该校直属罗马教廷教育部的私立综合大学。

目前，在校学生：26,899 人，专任教师：704 人。

学制与学位：

学 制	学习年限	授予学位
学士班	4-6 年	学士
医学系	7 年	
硕士班	1-4 年	硕士
博士班	2-7 年	博士

学院、系所与学制：

1. 文学院

中国文学系：大学学士、硕士、博士班

历史学系：大学学士、硕士班

哲学系：大学学士、硕士、博士班

2. 教育学院

教育领导与发展研究所：硕士班

体育学系：大学学士、硕士班

图书信息学系：大学学士、硕士班

3. 传播学院

大众传播研究所：硕士班

新闻传播学系：大学学士班

广告传播学系：大学学士班

影像传播学系：大学学士班

4. 艺术学院

音乐系：大学学士、硕士、博士班

应用美术系：大学学士、硕士班

景观设计系：大学学士、硕士班

5. 医学院

基础医学研究所：硕士班

医学系：大学学士班

护理学系：大学学士、硕士班

公共卫生学系：大学学士、硕士班
临床心理学系：大学学士、硕士班
职能治疗学系：大学学士、硕士班
呼吸治疗学系：大学学士班

6. 理工学院

应用科学与工程研究所：博士班
数学系：大学士班、硕士班
物理学系：大学学士、硕士班
化学系：大学学士、硕士、博士班
生命科学系：大学学士、硕士班
心理学系：大学学士、硕士、博士班
电机工程学系：大学学士、硕士班
资讯工程学系：大学学士、硕士班
生医暨光电跨领域

7. 外语学院

外语学院跨文化研究所：博士、硕士班
英国语文学系：大学学士、硕士班
德国语文学系：大学学士、硕士班
法国语文学系：大学学士、硕士班
西班牙语文学系：大学学士、硕士班
日本语文学系：大学学士、硕士班
意大利语文学系：大学学士班

8. 民生学院

儿童与家庭学系：大学学士、硕士班
餐旅管理学系：大学学士、硕士班
织品服装学系：大学学士、硕士班
食品科学系：大学学士、硕士、博士班
营养科学系：大学学士、硕士、博士班
博物馆学研究所：硕士班

9. 法律学院

法律学系：大学学士、硕士、博士班
财经法律学系：大学学士、硕士班

学士后法律学系：大学学士班

10. 管理学院

商学研究所：博士班

企业管理学系：大学学士、硕士班

会计学系：大学学士、硕士班

统计信息学系：大学学士、硕士班

金融与国际企业学系：大学学士、硕士班

信息管理学系：大学学士、硕士班

经营管理硕士学程：硕士班

国际创管硕士学程：硕士班

科技管理硕士学程：硕士班

11. 社会科学院

经济学系：大学学士、硕士班

社会学系：大学学士、硕士班

社会工作学系：大学学士、硕士班

宗教学系：大学学士、硕士班、博士班

六十八、静宜大学

网址：http://www.pu.edu.tw

地址：433 台中市沙鹿区中栖路 200 号

电话：04-26328001

传真：04-26311170

校长：唐传义

学校简史：

由美籍修女 Sister Marie Gratia Luking（1885~1964）创办，“静宜”二字乃取自其中文名字陆静宜。1949 年于台中市筹办天主教英语补习学校，1956 年私立静宜女子英语专科学校，1963 年改为私立静宜女子文理学院，1989 年升格为私立静宜女子大学，1993 年更名为静宜大学。

目前，在校学生：12,421 人，专任教师：384 人。

学制与学位：

学　制	学习年限	授予学位
学士班	4-6 年	学士
医学系	7 年	
硕士班	1-4 年	硕士
博士班	2-7 年	博士

学院、系所与学制：

1. 外语学院

英国语文学系：大学学士、硕士班

西班牙语文学系：大学学士、硕士班

日本语文学系：大学学士班

2. 人文暨社会科学院

中国文学系：大学学士、硕士班

台湾文学系：大学学士、硕士班

法律学系：大学学士班

生态学系：大学学士班、硕士班

大众传播学系：大学学士班

教育研究所：硕士班

社会工作与儿童少年福利学系：大学学士、硕士班

3. 理学院

财务与计算数学系：大学学士、硕士班

应用化学系：大学学士、博士、硕士班

食品营养学系：大学学士、博士、硕士班

化妆品科学系：大学学士、硕士班

统计信息学系：大学学士班

4. 管理学院

国际企业学系：大学学士、硕士班

会计学系：大学学士、硕士班

企业管理学系：大学学士、硕士班

观光事业学系：大学学士、硕士班

财务金融学系：大学学士、硕士班

管理硕士在职专班：硕士班

经营管理进修班：学士班

5. 信息学院

信息管理学系：大学学士、硕士班

资讯工程学系：大学学士、硕士班

信息传播工程学系：大学学士、硕士班

信息硕士在职专班：硕士班

六十九、长庚大学

网址：http://www.cgu.edu.tw

地址：333 桃园县龟山乡文化一路 259 号

电话：03-2118800

传真：03-2118700

校长：包家驹

学校简史：

长庚大学系于 1987 年 4 月由王永庆先生创办，原名为长庚医学院，1997 年 8 月改为长庚大学。

目前，在校学生：7,585 人，专任教师：640 人。

学制与学位：

<table>
<tr><th>学　制</th><th>学习年限</th><th>授予学位</th></tr>
<tr><td>学士班</td><td>4-6 年</td><td rowspan="2">学士</td></tr>
<tr><td>医学系</td><td>7 年</td></tr>
<tr><td>硕士班</td><td>1-4 年</td><td>硕士</td></tr>
<tr><td>博士班</td><td>2-7 年</td><td>博士</td></tr>
</table>

学院、系所与学制：

1. 医学院

医学系：大学学士班

中医学系：大学学士、硕士班

医学生物技术暨检验学系：大学学士、硕士班

护理学系：大学学士、硕士班

医学影像暨放射科学系：大学学士、硕士班

物理治疗学系：大学学士、硕士、博士班

职能治疗学系：大学学士、硕士班

呼吸照护学系：大学学士班

生物医学系：大学学士

生物医学研究所：硕士、博士班

临床医学研究所：硕士、博士班

颅颜口腔医学研究所：硕士班

早期疗育研究所：硕士班

2. 工学院

电机工程学系：大学学士、硕士、博士班

机械工程学系：大学学士、硕士、博士班

电子工程学系：大学学士、硕士、博士班

资讯工程学系：大学学士、硕士班

光电工程研究所：硕士班

医疗机电工程研究所：硕士班

化工与材料工程学系：大学学士、硕士、博士班

生化与生医工程研究所：硕士班

3. 管理学院

管理学院：硕士班

医务管理学系：大学学士、硕士班

工商管理学系：大学学士、硕士班

工业设计学系：大学学士、硕士班

信息管理学系：大学学士、硕士班

企业管理研究所：博士班

商管专业学院：硕士班

七十、元智大学

网址：http://www.yzu.edu.tw

地址：320 桃园县中坜市内坜远东路 135 号

电话：03-4638800

传真：03-4638900

校长：彭宗平

学校简史：

1989 年 4 月由远东关系企业创办人徐有庠先生推动建立元智工学院，后改为元智大学。

目前，在校学生：9,923 人，专任教师：343 人。

学制与学位：

学　制	学习年限	授予学位
学士班	4-6 年	学士
硕士班	1-4 年	硕士
博士班	2-7 年	博士

学院、系所与学制：

1. 工程学院

先进能源研究所：硕士班

机械工程学系：大学学士、硕士、博士班

生物科技与工程研究所：硕士班

资源与环境科学技术系：大学学士班

化学工程与材料科学学系：大学学士、硕士、博士班

工业工程与管理学系：大学学士、硕士、博士班

2. 电机通讯学院

制造工程与管理技术系：大学学士班

光电工程学系：大学学士、硕士、博士班
通讯工程学系：大学学士、硕士、博士班
电机工程学系：大学学士、硕士、博士班
3. 信息学院
资讯工程学系：大学学士、硕士、博士班
信息管理学系：大学学士、硕士、博士班
信息传播学系：大学学士、硕士、博士班
信息管理技术系：大学学士班
信息网络技术系：大学学士
信息社会学研究所：硕士班
生物与医学信息学位学程：硕士班
4. 管理学院
管理学院学士班：大学学士班
管理学院英语专班：大学学士班
管理学院经营管理班：硕士班
管理学院管理科学班：硕士班
管理学院经营管理在职专班：硕士班
管理学院博士班：博士班
经营管理技术系：大学学士班
5. 人文社会学院
中国语文学系：大学学士、硕士班
应用外语学系：大学学士、硕士班
幼儿保育技术系：大学学士、大学二年制班
应用外语学系：在职专班大学二年制班
应用中国语文学系：大学学士
社会暨政策科学学系：大学学士、硕士班
艺术与设计学系：大学学士、硕士班

七十一、中华大学

网址：http://www.chu.edu.tw

地址：300 新竹市东香里六邻五福路二段 707 号

电话：03-5374281

传真：03-5373771

校长：沙永杰

学校简史：

该校是由新竹地区热心教育的企业家王荣昌、莱兆章、林政则等人于 1980 年 3 月创办，原名为中华工学院，1997 年 8 月改为中华大学。

目前，在校学生：8,685 人，专任教师：298 人。

学制与学位：

学　制	学习年限	授予学位
学士班	4 年	学士
建筑学	5 年	
硕士班	1-4 年	硕士
博士班	2-7 年	博士

学院、系所与学制：

1. 工学院

光机电与材料学位学程：大学学士班

工程科学学位学程：博士班

电机工程学系：大学学士、硕士班

机械工程学系：大学学士、硕士班

通讯工程学系：大学学士班

微电子工程学系：大学学士班

2. 管理学院

科技管理学位学程：博士班

工业管理学系：大学学士、硕士班
企业管理学系：大学学士、硕士班
财务管理学系：大学学士班
运输科技与物流管理学系：大学学士、硕士班
国际企业学系：大学学士班
科技管理学系：大学学士、硕士班
国际金融管理学位学程：大学学士班
管理学院进修班：大学学士班
应用统计学系：大学学士、硕士班

3. 建筑与规划学院

创新设计与管理学位学程：大学学士班
营建管理学系：大学学士、硕士班
建筑与都市计划学系：大学学士、硕士班
景观建筑学系：大学学士、硕士班
土木工程学系：大学学士、博士、硕士班

4. 人文社会学院

外国语文学系：大学学士班
行政管理学系：大学学士、硕士班
应用日语学系：大学学士班

5. 信息学院

信息学士学位学程：大学学士班
信息管理学系：大学学士、硕士班
资讯工程学系：大学学士、硕士班
生物信息学系：大学学士、硕士班

6. 观光学院

观光与会议展览学位学程：大学学士班
餐旅管理学系：大学学士班
休闲游憩规划与管理学系：大学学士班

七十二、大叶大学

网址：http://www.dyu.edu.tw

地址：515 彰化县大村乡学府路 168 号电话：04-8511888

传真：04-8511666

校长：武东星

学校简史：

1990 年 3 月建立大叶工学院，1997 年 7 月改为大叶大学。

目前，在校学生：9,779 人，专任教师：331 人。

学制与学位：

学　制	学习年限	授予学位
学士班	4 年	学士
硕士班	1-4 年	硕士
博士班	2-7 年	博士

学院、系所与学制：

1. 工学院

机械与自动化工程学系：博士、硕士、大学学士班、四技

资讯工程学系：大学学士、硕士班

电机工程学系：大学学士、博士、硕士班

环境工程学系：大学学士班、博士班、硕士班

工业工程与科技管理学系：大学学士、硕士班

材料科学与工程学系：大学学士班

2. 设计暨艺术学院

设计暨艺术学院：硕士班

工业设计学系：大学学士班、四技

视觉传达设计学系：大学学士班

造形艺术学系：大学学士班

空间设计学系：大学学士班

3. 管理学院

管理学院：大学学士、博士班

企业管理学系：大学学士、硕士班

事业经营研究所：硕士班

教育专业发展研究所：硕士班

人力资源暨公共关系学系：大学学士、硕士班

信息管理学系：大学学士、硕士班

国际企业管理学系：大学学士、硕士班

会计信息学系：大学学士、硕士班

休闲事业管理学系：大学学士、硕士班

运动事业管理学系：大学学士、硕士班

财务金融学系：大学学士班

4. 外语学院

应用外语研究所：硕士班

英美语文学系：大学学士班

应用日语学系：大学学士班

欧洲语文学系：大学学士班

5. 生资学院

生物产业科技学系：大学学士、博士、硕士班

分子生物科技学系：大学学士、硕士班

生物资源学系：大学学士、硕士班

药用植物与保健学系：大学学士班

七十三、华梵大学

网址：http://www.dyu.edu.tw

地址：223 新北市石碇区华梵路一号

电话：02-26632102

传真：02-26631119/26633173/26633234

校长：朱建民

学校简史：

1980年由晓云法师创办，原名华梵工学院。1997年改名为华梵大学。

目前，在校学生：4,099人，专任教师：147人。

学制与学位：

学　制	学习年限	授予学位
学士班	4年	学士
硕士班	1-4年	硕士
博士班	2-7年	博士

学院、系所与学制：

1. 工程暨管理学院

工业工程与经营信息学系：硕士、大学学士班

机电工程学系：博士、硕士、大学学士班

电子工程学系：硕士、大学学士班

信息管理学系：硕士、大学学士班

2. 文学院

中国文学系：硕士、大学学士班

外国语文学系：硕士、大学学士班

哲学系：硕士、大学学士班

3. 艺术设计学院

建筑学系：硕士、大学学士班

工业设计学系：硕士、大学学士班

美术学系：硕士、大学学士班

环境与防灾设计学系：硕士、大学学士班

4. 佛学院

佛教学系：大学学士班

七十四、义守大学

网址：http://www.isu.edu.tw

地址：840 高雄市大树区三和里学城路 1 段 1 号

电话：07-6577711

传真：07-6577056

校长：傅胜利

学校简史：

义联集团董事长林义守先生于 1980 年 5 月创办高雄工学院，1997 年 8 月改名为义守大学。

目前，在校学生：15,687 人，专任教师：564 人。

学制与学位：

学　制	学习年限	授予学位
学士班	4 年	学士
	5 年	
硕士班	1-4 年	硕士
博士班	2-7 年	博士

学院、系所与学制：

1. 电机信息学院

电机工程学系：大学学士、硕士、博士班

电子工程学系：大学学士、硕士、博士班

资讯工程学系：大学学士、硕士、博士班

信息管理学系：大学学士、硕士班

通讯工程学系：大学学士班

2. 理工学院

机械与自动化工程学系：大学学士、硕士班

化学工程学系：大学学士班

土木与生态工程学系：大学学士、硕士班
应用数学学系：大学学士班
物技术与化学工程研究所：大学学士、硕士、博士班
材料科学与工程学系：大学学士、硕士、博士班

3. 管理学院

管理学院：大学学士、硕士班、博士班
企业管理学系：大学学士、硕士班
财务金融学系：大学学士、硕士班
会计学系：大学学士班
国际商务学系：大学学士班
公共政策与管理学系：大学学士、硕士班
休闲事业管理学系：大学学士班
餐旅管理学系：大学学士班
工业工程与管理学系：大学学士、硕士、博士班
观光事业学系：大学学士班

4. 语文暨传播学院

应用英语学系：大学学士、硕士班
大众传播学系：大学学士班
应用日语学系：大学学士、硕士班

5. 国际学院

国际财务金融学系：大学学士班
观光餐旅学系：大学学士班
国际财务金融学系：大学学士班

6. 医学学群（医学院）

生物医学工程学系：大学学士、硕士班
医务管理学系：大学学士、硕士班
护理学系：大学学士班
物理治疗学系：大学学士班
生物科技学系：大学学士、硕士班
医学影像暨放射科学系：大学学士班
职能治疗学系：大学学士班
健康管理学系：大学学士班

医学营养学系：大学学士班
学士后中医学系：大学学士班

七十五、中原大学

网址：http://www.cycu.edu.tw
地址：320 桃园县中坜市中北路 200 号
电话：03-2659999
传真：03-2658888
校长：程万里

学校简史：

1955 年筹办私立中原理工学院，1980 年 8 月改为私立中原大学。
目前，在校学生：16,353 人，专任教师：502 人。

学制与学位：

学　制	学习年限	授予学位
学士班	4 年	学士
硕士班	1-4 年	硕士
博士班	2-7 年	博士

学院、系所与学制：

1. 理学院
应用数学系：大学学士、博士、硕士班
物理学系：大学学士、博士、硕士班
化学系：大学学士、博士、硕士班
心理学系：大学学士、硕士班
生物科技学系：大学学士、硕士班
奈（纳）米科技学位学程：硕士班
2. 工学院
化学工程学系：大学学士、博士、硕士班

土木工程学系：大学学士、博士、硕士班
机械工程学系：大学学士、博士、硕士班
生物环境工程学系：大学学士班
生物医学工程学系：大学学士、博士、硕士班

3. 电机信息学院

电子工程学系：大学学士、博士、硕士班
通讯工程学位学程：硕士班
资讯工程学系：大学学士、硕士班
电机工程学系：大学学士、博士、硕士班
工业与系统工程学系：大学学士、博士、硕士班

4. 商学院

企业管理学系：大学学士、博士、硕士班
国际贸易学系：大学学士、硕士班
会计学系：大学学士、硕士班
信息管理学系：大学学士、硕士班
财务金融学系：大学学士班
商学学位学程：博士班

5. 法学院

财经法律学系：大学学士、硕士班

6. 设计学院

建筑学系：大学学士、硕士班
室内设计学系：大学学士、硕士班
商业设计学系：大学学士、硕士班
景观学系：大学学士班
设计学学位学程：博士班

7. 人育学院

特殊教育学系：大学学士班、硕士班
应用外国语文学系：大学学士、硕士班
应用华语文学系：大学学士班、硕士班
教育研究所：硕士班
宗教研究所：硕士班

七十六、铭传大学

网址：http://www.mcu.edu.tw

地址：111 台北市士林区中山北路五段 250 号

电话：02-28824564~9

传真：02-28810521

校长：李 铨

学校简史：

1957 年由创办人兼校长包德明博士与李应兆博士共同创办，原名为铭传女子商业专科，1980 年 7 月改为铭传管理学院，1997 年 8 月改名为铭传大学。

目前，在校学生：18,928 人，专任教师：644 人。

学制与学位：

学　制	学习年限	授予学位
学士班	4 年	学士
建筑学	5 年	
硕士班	1-4 年	硕士
博士班	2-7 年	博士

学院、系所与学制：

1. 管理学院

管理学院高阶经理学程：硕士在职专班

企业管理学系：大学学士、硕士、博士班

国际企业学系：大学学士、硕士班

会计学系：大学学士、硕士班

风险管理与保险学系：大学学士、硕士班

财务金融学系：大学学士、硕士班

应用统计信息学系：大学学士、硕士班

经济学系：大学学士、硕士班

2. 法律学院

法律学系：大学学士、硕士班

科技法律学系：大学学士班

财金法律学系：大学学士班

3. 传播学院

传播管理学系：大学学士、硕士班

新闻学系：大学学士班

广告学系：大学学士班

广播电视学系：大学学士班

4. 设计学院

商业设计学系：大学学士班、硕士班

商品设计学系：大学学士、硕士班

建筑学系：大学学士、硕士班

都市规划与防灾学系：大学学士班

数字媒体设计学系：大学学士班

5. 应用语文学院

应用英语学系：大学学士、硕士班

应用中国文学学系：大学学士、硕士班

应用日语学系：大学学士、硕士班

6. 信息学院

信息管理学系：大学学士、硕士班

信息传播工程学系：大学学士、硕士班

计算机与通讯工程学系：大学学士、硕士班

资讯工程学系：大学学士、硕士班

电子工程学系：大学学士、硕士班

7. 观光学院

观光事业学系：大学学士、硕士班

休闲游憩管理学系：大学学士班

餐旅管理学系：大学学士班

8. 社会科学院

公共事务学系：大学学士、硕士班

咨商与工商心理学系：大学学士、硕士班

教育研究所：硕士班
安全管理学系：大学学士班
社科院两岸关系与安全管理：硕士在职专班
9. 健康科技学院
生物科技学系：大学学士、硕士班
医疗信息与管理学系：大学学士班
生物医学工程学系：大学学士班

七十七、实践大学

网址：http://www.usc.edu.tw
地址：104 台北市大直街 70 号
电话：02-25381111
传真：02-25336293
校长：谢宗兴

学校简史：

1958 年 3 月谢东闵先生创立实践家政专科学校，1979 年改名实践家政经济专科学校，1991 年 8 月改为实践设计管理学院，1997 年 8 月改名为实践大学。

目前，在校学生：15,775 人，专任教师：415 人。

学制与学位：

学　制	学习年限	授予学位
学士班	4 年	学士
硕士班	1-4 年	硕士
博士班	2-7 年	博士

学院、系所与学制：

1. 民生学院
餐饮管理学系：大学学士班、学士后
餐饮业经营管理学程：大学士

家庭研究与儿童发展学系：硕士、大学学士班
生技学系：硕士、大学学士班
社会工作学系：硕士、大学学士班
音乐学系：硕士、大学学士班

2. 设计学院

服装设计学系：大学学士班
建筑设计学系：硕士、大学学士班
工业产品设计学系：硕士、大学学士班
媒体传达设计学系数字 3D 动画设计组：大学学士班
媒体传达设计学系数字游戏创意设计组：大学学士班
时尚与媒体设计研究所（时尚服装设计组）（数位媒体设计组）：硕士班

3. 管理学院

会计学系：大学学士班
国际经营与贸易学系：大学学士班
企业管理学系：硕士班、大学学士班
财务金融学系：硕士、大学学士班
风险管理与保险学系：大学学士班
信息科技与管理学系：硕士、大学学士班
应用外语学系：大学学士班

4. 文化与创意学院

休闲产业管理学系：大学学士班
服饰设计与经营学系：大学学士班、学士后
时尚设计与管理学士学位学程：大学学士班
时尚设计学系：大学学士班
应用中文学系：大学学士班
应用日文学系：大学学士班
应用英语学系：大学学士班
观光管理学系：大学学士班

5. 商学与信息学院

国际贸易学系：大学学士班
营销管理学系：大学学士班
金融管理学系：大学学士班

国际企业管理学系：大学学士班
会计信息学系：大学学士班
信息管理学系：大学学士班
信息科技与通讯学系：大学学士班
信息仿真与设计学系：大学学士班

七十八、朝阳科技大学

网址：http://www.cyut.edu.tw
地址：413 台中市雾峰区吉峰东路 168 号
电话：04-23323000
传真：04-23329898
校长：钟任琴

学校简史：

由长亿实业公司董事长杨天生独立捐资、捐地于 1994 年 4 月创办，原名为朝阳技术学院，1997 年 8 月改名为朝阳科技大学。

目前，在校学生：15,799 人，专任教师：408 人。

学制与学位：

学　制	学习年限	授予学位
四技	4 年	学士
二技	2 年	
硕士班	1-4 年	硕士
博士班	2-7 年	博士

学院、系所与学制：

1. 管理学院
台湾产业策略发展学位学程：博士班
财务金融系（所）：四技、硕士班
企业管理系（所）：四技、二技、硕士班

保险金融管理系（所）：四技、硕士班
休闲事业管理系（所）：四技、二技、硕士班
会计系（所）：四技、硕士班
营销与流通管理系：四技
老人服务事务管理系：四技

2. 理工学院

生化科技研究所：博士、硕士班
营建工程系（所）：四技、博士、硕士班
应用化学系（所）：四技、硕士班
环境工程与管理系（所）：四技、硕士班
工业工程与管理系（所）：四技、二技、硕士班

3. 设计学院

建筑及都市设计研究所：博士、硕士班
建筑系：四技
工业设计系（所）：四技、硕士班
视觉传达设计系：四技
景观及都市设计系：四技
室内设计学位学程：四技

4. 人文暨社会学院

传播艺术系：四技、四技
应用外语系（所）：四技、二技、硕士班
幼儿保育系（所）：四技、硕士班
社会工作系（所）：四技、硕士班

5. 信息学院

信息科技研究所：博士、硕士班、四技
资讯工程系（所）：四技、硕士班
信息与通讯系（所）：四技、硕士班

七十九、高雄医学大学

网址：http://www2.kmu.edu.tw

地址：807 高雄市三民区十全一路 100 号

电话：07-3121101（总机）

传真：07-3215842

校长：余幸司

学校简史：

1954 年创办医学院，1999 年改名为高雄医学大学。台湾第一所私立医学院。目前，在校学生：7,290 人，专任教师：515 人。

学制与学位：

<table>
<tr><th>学　制</th><th>学习年限</th><th>授予学位</th></tr>
<tr><td>学士班</td><td>4 年</td><td rowspan="3">学士</td></tr>
<tr><td>学士后</td><td>5 年</td></tr>
<tr><td>医学系</td><td>7 年</td></tr>
<tr><td>硕士班</td><td>1–4 年</td><td>硕士</td></tr>
<tr><td>博士班</td><td>2–7 年</td><td>博士</td></tr>
</table>

学院与系所：

1. 医学系

医学系（七年制）：大学学士班

学士后医学系：大学学士班

医学研究所：硕士、博士班

医学系生物化学科：硕士班

医学系医学遗传科：硕士班

医学系药理学科：硕士班

医学系生理学科：硕士班

运动医学系：大学学士、硕士班

医学系神经学科：硕士班

呼吸治疗学系：大学学士班

临床医学研究所：硕士、博士班

肾脏照护学系：大学二年制在职专班

转译医学学位学程：博士班

环境职业医学学位学程：博士班

2. 口腔医学院

牙医学系：大学学士、硕士、博士班

口腔卫生学系：大学学士、硕士班

3. 药学院

药学系：大学学士、硕士、博士班

天然药物研究所：硕士、博士班

香妆品学系：大学学士、硕士班

临床药学研究所：硕士班

4. 护理学院

护理学系：大学学士、硕士、博士班

性别研究所：硕士班

5. 健康科学院

公共卫生学系：大学学士、硕士班

心理学系：大学学士、硕士班

职业安全卫生研究所：硕士、博士班

物理治疗学系：大学学士班

职能治疗学系：大学学士、硕士班

医疗信息管理学系：大学学士班

医务管理学研究所：硕士班

医学影像暨放射科学系：大学学士、硕士班

医学社会学与社会工作学系：大学学士、硕士班

医学检验生物技术学系：大学学士、硕士、博士班

6. 生命科学院

医药暨应用化学系：大学学士、硕士、博士班

生物科技学系：大学学士、硕士班

生物医学暨环境生物学系：大学学士、硕士班

八十、南华大学

网址：http://www.nhu.edu.tw

地址：622 嘉义县大林镇中坑里 10 邻南华路一段 55 号

电话：05- 2721001

传真：05- 2720170

校长：陈淼胜

学校简史：

1996 年由星云大师宏愿兴学，以南华管理学院招生，1999 年 8 月改名南华大学。

目前，在校学生：5,473 人，专任教师：221 人。

学制与学位：

学　制	学习年限	授予学位
学士班	4 年	学士
硕士班	1-4 年	硕士
博士班	2-7 年	博士

学院、系所与学制：

1. 管理学院

非营利事业管理学系：大学学士、硕士班

出版与文化事业管理研究所：硕士班

企业管理系管理科学：硕士、博士、大学学士班

环境管理研究所：硕士班

财务金融学系财务管理：硕士、大学学士班

管理经济学系经济学：硕士、大学学士班

会计信息学系：大学学士班

旅游事业管理学系：大学学士、硕士班

2. 人文学院

哲学系：大学学士、硕士班

生死学系：大学学士、硕士班

文学系：大学学士、硕士班

幼儿教育学系：大学学士、硕士班

宗教学研究所：硕士班

外国语文学系：大学学士班

3. 社会科学院

教育社会学研究所：硕士班

欧洲研究所：硕士班

传播学系：大学学士班、硕士班

应用社会学系：大学学士、硕士班

国际暨大陆事务学系亚太研究所：硕士、大学学士班

公共行政与政策研究所：硕士班

4. 科技学院

信息管理学系：大学学士、硕士班

电子商务学系：大学学士班

资讯工程学系：大学学士班

自然医学研究所：硕士班

自然生物科技学系：大学学士班

5. 艺术学院

视觉与媒体艺术学系：大学学士、硕士班

应用艺术与设计学系：大学学士、硕士班

建筑与景观学系环境艺术：大学学士、硕士班

民族音乐学系：大学学士、硕士班

八十一、真理大学

网址：http://www.au.edu.tw

地址：251 新北市淡水区真理街 32 号

电话：02-26212121-5

传真：02-26205236

校长：吴铭达

学校简史：

1965年8月创办私立淡水工商管理专科学校，1994年8月改为私立淡水工商管理学院，1999年8月改名为真理大学。

目前，在校学生：9,656人，专任教师：375人。

学制与学位：

学　制	学习年限	授予学位
学士班	4年	学士
硕士班	2年	硕士

学院、系所与学制：

1. 人文学院

宗教文化与组织管理学系：大学学士、硕士班

英美语文学系：大学学士班

应用日语学系：大学学士班

音乐应用学系：大学学士班

人文与信息学系：大学学士班

台湾文学系：大学学士班

应用英语学系：大学学士班

日本语文学系：大学学士班

2. 财经学院

经济学系：大学学士、硕士班

国际贸易学系：大学学士班

财政税务学系：大学学士班

财务金融学系：大学学士

会计信息学系：大学学士班

财经法律学系：大学学士班

3. 管理学院

工业管理与经营信息学系：大学学士班

企业管理学系：大学学士班、硕士班
信息管理学系：大学学士班
知识管理学系：大学学士班
信息应用学系：大学学士、硕士班
工商管理学系：大学学士班
4. 数理信息学院
资讯工程学系：大学学士、硕士班
应用数学系：大学学士班
统计与精算学系：大学学士、硕士班
5. 观光休闲事业学院
观光事业学系：大学学士班
观光数字知识学系：大学学士班
休闲游憩事业学系：大学学士、硕士班
餐旅管理学系：大学学士班
航空运输管理学系：大学学士班
自然资源应用学系：大学学士班
6. 运动知识学院
运动管理学系：大学学士班
运动信息传播学系：大学学士班
运动健康与休闲学系：大学学士班
水域运动休闲学系：大学学士班

八十二、大同大学

网址：http://www.ttu.edu.tw
地址：104 台北市中山区中山北路三段四十号
电话：02-25925252
校长：朱文成

学校简史：

1942 年大同公司创办人林尚志先生捐献其财产开办大同工业职业学校，

1956 年成立大同工业专科学校，1963 年改为大同工学院，1999 年改名为大同大学。

目前，在校学生：5,189 人，专任教师：206 人。

学制与学位：

学　制	学习年限	授予学位
学士班	4 年	学士
硕士班	1-4 年	硕士
博士班	2-7 年	博士

独立系所与学制：

机械工程学系：大学学士、硕士、博士班
材料工程学系：大学学士、硕士、博士班
化学工程学系：大学学士、硕士、博士班
生物工程学系：大学学士、硕士、博士班
工程管理在职专班：硕士班
电机工程学系：大学学士、硕士班
资讯工程学系：大学学士、硕士、博士班
应用数学系：大学学士、硕士班
光电工程研究所：硕士、博士班
通讯工程研究所：硕士、博士班
事业经营学系：大学学士、硕士班
信息经营学系：大学学士、硕士班
应用外语学系：大学学士班
工业设计学系：大学学士、硕士班
媒体设计学系：大学学士班
设计科学研究所：博士班

八十三、南台科技

大学网址：http://www.stut.edu.tw
地址：710 台南市永康区尚顶里南台街一号
电话：06-2533131
传真：06-2543031
校长：戴 谦

学校简史：

1969 年创立二年制工专，1972 年为五年制工专，1990 年改名为南台工商专校，1996 年改为南台技术学院，1999 年改名为南台科技大学。

目前，在校学生：19,708 人，专任教师：601 人。

学制与学位：

学　制	学习年限	授予学位
四技	4 年	学士
二技	2 年	
硕士班	1-4 年	硕士
博士班	2-7 年	博士

学院、系所与学制：

1. 工学院

机电科技研究所：博士班
资讯工程系（所）：硕士、四技
生物科技系（所）：硕士班、四技
电子工程系（所）：博士、硕士班、四技
电机工程系（所）：博士、硕士班、四技
机械工程系（所）：硕士班、四技
化学工程与材料工程系（所）：硕士班、四技
光电工程系（所）：硕士班、四技

奈米科技研究所：硕士班
通讯工程研究所：硕士班
生物医学工程研究所：硕士班
能源工程研究所：硕士班

2. 商管学院
商管专业学院：硕士班
高阶主管企管：硕士班
信息管理系（所）：硕士班、四技、硕士在职专班
企业管理系（所）：硕士班、四技、硕士班
人力资源管理研究所：硕士班
管理与信息系：四技
工业管理研究所：硕士班
科技管理研究所：硕士班
营销与流通管理系（所）：硕士班
休闲事业管理系（所）：硕士班、四技
餐旅管理系：四技、二技
国际企业系（所）：硕士班、四技
会计信息系（所）：硕士班、四技
财务金融系（所）：硕士班、四技、二技
财经法律研究所：硕士班
企业电子化学位学程：四技
3. 人文社会学院
应用英语系（所）：硕士班、四技
应用日语系（所）：硕士班、四技
幼儿保育系：四技
教育领导与评鉴研究所：硕士班
4. 数字设计学院
信息传播系（所）：硕士班、四技
多媒体传达设计：四技
创新产品设计系：四技
数位内容与动画设计研究所：硕士班

八十四、崑山科技大学

网址：http://www.ksu.edu.tw

地址：710 台南市永康区大湾路 949 号

电话：06-2727175

传真：06-2728944

校长：苏炎坤

学校简史：

1964 年 10 月由李正合先生及其夫人闵蓉蓉女士筹、创办崑山工业专科学校，1996 年 8 月改为技术学院，2000 年 8 月改名为崑山科技大学。

目前，在校学生：13,150 人，专任教师：445 人。

学制与学位：

学　制	学习年限	授予学位
四技	4 年	学士
二技	2 年	
硕士班	1-4 年	硕士
博士班	2-7 年	博士

学院、系所与学制：

1. 工程学院

机械与能源工程研究所：博士班

机械工程系（所）：四技、硕士班

电子工程系（所）：四技、硕士班

电机工程系（所）：四技、二技、硕士班

高分子材料系暨绿色材料研究所：四技、硕士班

环境工程系：大学、二技、硕士班

光电工程系（所）：四技、硕士班

2. 商业管理学院

企业管理系（所）：四技、二技、硕士班
国际贸易系：四技
会计信息系：四技
财务金融系：四技
不动产经营系暨房地产开发与管理研究所：四技、学士后第二专长学士班
3. 创意媒体学院
视觉传达设计系（所）：四技、二技、硕士班
空间设计系：四技
视讯传播设计系暨媒体艺术研究所：四技硕士班
4. 人文学院
幼儿保育系：四技
应用英语系：四技
5. 信息科技学院
信息管理系（所）：四技、硕士班
计算机与通讯系（所）：四技、硕士班
资讯工程系暨数位生活科技研究所：四技、硕士班
信息传播系：四技

八十五、嘉南药理科技大学

网址：http://www.chna.edu.tw
地址：717 台南市仁德区二仁路一段 60 号
电话：06-2664911
传真：06-2666411
校长：许立人

学校简史：

1964 年由王趁先生等医教界人士筹创私立嘉南药学专科学校，1996 年 7 月改为嘉南药理学院，2000 年 8 月改名为嘉南药理科技大学。

目前，在校学生：16,746 人，专任教师：520 人。

学制与学位：

学　制	学习年限	授予学位
四技	4年	学士
二技	2年	
硕士班	1-4年	硕士

学院、系所与学制：

1. 药理学院

药物科技研究所：硕士班

化妆品科技研究所：硕士班

药学系：四技

医药化学系：四技

生物科技系：四技、硕士班

化妆品应用与管理系：四技、二技

2. 民生学院

保健营养系：四技、二技、硕士班

食品科技系：四技

婴幼儿保育系：四技、二技

生活应用与保健系：四技

3. 环境永续学院

温泉产业研究所：硕士班

产业安全卫生与防灾研究所：硕士班

职业安全卫生系：四技

环境工程与科学系：四技、硕士班

环境资源管理系：四技

4. 健康暨信息学院

医务管理系：二技、硕士班

信息管理系：四技

应用空间信息系：四技

信息科技系：四技

5. 人文社会学院

社会工作系：四技
应用外语系：四技
文化事业发展系：四技
老人服务事业管理系：四技
6. 休闲学院
休闲保健管理系：四技
休闲事业管理研究所：硕士班
观光事业管理系：四技
餐旅管理系：四技
运动管理系：四技

八十六、树德科技大学

网址：http://www.stu.edu.tw
地址：824 高雄市燕巢区横山路 59 号
电话：07-6158000
传真：07-6158999
校长：朱元祥

学校简史：

1986 年筹办私立树德技术学院，1997 年成立招生；2000 年改名为科技大学之学校。

目前，在校学生：11,802 人，专任教师：288 人。

学制与学位：

学　制	学习年限	授予学位
四技	4 年	学士
硕士班	1-4 年	硕士
博士班	2-7 年	博士

学院、系所与学制：

1. 管理学院

经营管理研究所：硕士

企业管理系：四技

金融与风险管理系：四技、硕士班

国际企业与贸易系：四技

休闲事业管理系：四技

运筹管理系：四技

休闲游憩与运动管理系：四技

营销管理系：四技

2. 信息学院

信息管理管系：四技、硕士班

资讯工程系：四技、硕士班

电脑与通讯系：四技、硕士班

3. 设计学院

应用设计研究所：硕士班

建筑与室内设计研究所：硕士班

建筑与环境设计系：四技

室内设计系：四技

视觉传达设计系：四技

流行设计系：四技

生活产品设计系：四技

数字科技与游戏设计系：四技

表演艺术系：四技

4. 应用社会学院

人类性学研究所：硕士、博士班

儿童与家庭服务系：硕士班、四技

应用外语系：四技

八十七、慈济大学

网址：http://www.tcu.edu.tw

地址：970 花莲市中央路三段 701 号

电话：03-8565301

校长：王本荣

学校简史：

1990 年 7 月按照证严法师兴办医学教育的理念筹设慈济医学院，1994 年 10 月设立医学系，1998 年 8 月改名为慈济医学暨人文社会学院，2000 年 8 月改名为慈济大学。

目前，在校学生：3,332 人，专任教师：363 人。

学制与学位：

学　制	学习年限	授予学位
学士班	4 年	学士
医学系	7 年	
硕士班	1–4 年	硕士
博士班	2–7 年	博士

学院与系所：

1. 医学院

微生物学免疫学暨生物化学研究所：硕士班

生理暨解剖医学研究所：硕士班

药理暨毒理学研究所：博士、硕士班

医学科学研究所：博士班

医学检验生物技术学系：硕士、大学学士班

公共卫生学系：硕士、大学学士班

护理学系：硕士、大学学士班

医学信息学系：硕士、大学学士班

物理治疗学系：大学学士班

2. 人文社会学院

英美语文学系：大学学士班

宗教与文化研究所：硕士班

社会工作学系：硕士、大学学士班

人类发展学系：硕士、大学学士班

东方语文学系：大学学士班

3. 生命科学院

生命科学系：硕士、大学学士班

分子生物暨人类遗传学系：硕士、大学学士班

4. 教育传播学院

传播学系：硕士、大学学士班

教育研究所：硕士班

儿童发展与家庭教育学系：大学学士班

八十八、台北医学大学

网址：http://www.tmu.edu.tw

地址：110 台北市信义区吴兴街 250 号

电话：02-27361661（代表号）

传真：02-23787795

校长：邱文达

学校简史：

1960 年 6 月 1 日创立台北医学院，2000 年改名台北医学大学。

目前，在校学生：6,001 人，专任教师：432 人。

学制与学位：

学　制	学习年限	授予学位
学士班	4 年	学士
医学系	7 年	
硕士班	1–4 年	硕士
博士班	2–7 年	博士

学院与系所：

1. 医学院

医学系：大学学士班

呼吸治疗学系：大学学士班

医学科学研究所：硕士、博士班

临床医学研究所：硕士、博士班

2. 口腔医学院

牙医学系：大学学士、硕士、博士班

口腔卫生学系：大学学士班

牙体技术学系：大学学士班

生医材料暨工程研究所：硕士班

3. 药学院

药学系：大学学士、硕士、博士班

生药学研究所：硕士班

4. 护理学院

护理学系：大学学士

老人护理暨管理学系：大学学士班

护理学研究所：硕士、博士班

5. 公共卫生暨营养学院

保健营养学系：大学学士、硕士、博士班

保健营养技术学系：大学学士班

公共卫生学系：大学学士、硕士、博士班

伤害防治学研究所：硕士班

医务管理学系：大学学士、硕士班

6. 医学科技学院

医学检验暨生物技术学系：大学学士、硕士班

医学信息研究所：硕士、博士班

7. 人文暨社会科学院

医学人文研究所：硕士班

八十九、中山医学大学

网址：http://www.csmu.edu.tw

地址：402 台中市南区建国北路一段 110 号

电话：04-24730022

传真：04-24759950

代理校长：王进昆

学校简史：

1960 年创设中山牙科专科学校，1962 年为中山医学专科学校，2001 年 8 月改名为中山医学大学。

目前，在校学生：7,874 人，专任教师：478 人。

学制与学位：

<table>
<tr><th>学　制</th><th>学习年限</th><th>授予学位</th></tr>
<tr><td>学士班</td><td>4 年</td><td rowspan="3">学士</td></tr>
<tr><td>牙医系</td><td>6 年</td></tr>
<tr><td>医学系</td><td>7 年</td></tr>
<tr><td>硕士班</td><td>2–4 年</td><td>硕士</td></tr>
<tr><td>博士班</td><td>2–7 年</td><td>博士</td></tr>
</table>

学院与系所：

1. 医学院

医学系：大学学士班

医学科学研究所：硕士、博士班
生化暨生物科技研究所：硕士、博士班
微生物免疫研究所：硕士、博士班

2. 口腔医学院

牙医学系：大学学士、硕士、博士班
口腔生物暨材料科学研究所：硕士、博士班

3. 医学科技学院

医学检验暨生物技术学系：大学学士、硕士班
生物医学科学学系：大学学士、硕士班
物理治疗学系：大学学士班
职能治疗学系：大学学士班
语言治疗与听力学系：大学学士班
医学影像暨放射科学学系：大学学士班
视光学系：大学学士班
心理学系：大学学士、硕士班

4. 健康管理学院

营养学系：大学学士、硕士、博士班
公共卫生学系：大学学士、硕士班
职业安全卫生学系：大学学士、硕士班
应用信息科学学系：大学学士、硕士班
应用化学系：大学学士、硕士班
健康餐饮暨产业管理学系：大学学士班
医疗产业科技管理学系：大学学士、硕士班

5. 护理学院

护理学系：大学学士、硕士班

6. 医学人文暨社会学院

医学社会暨社会工作学系：大学学士、硕士班
台湾语文学系：大学学士班
应用外国语言学系：大学学士班

九十、龙华科技大学

网址：http://www.lhu.edu.tw

地址：333 桃园县龟山乡万寿路一段 300 号

电话：02-8209-3211

传真：02-8209-4650

校长：葛自祥

学校简史：

1969 年 11 月由孙法民先生及陈淑娟女士创立龙华工业技艺专科学校，1973 年改为龙华工业专科学校，2001 年 8 月改为龙华科技大学。

目前，在校学生：10,263 人，专任教师：264 人。

学制与学位：

学　制	学习年限	授予学位
四技	4 年	学士
硕士班	1-4 年	硕士

学院、系所与学制：

1. 工程学院

工程技术研究所：硕士班

机械工程系：四技

化工与材料工程系：四技

2. 管理学院

商学与管理研究所：硕士班

国际企业系：四技

财务金融系：四技

企业管理系：四技、硕士班

信息管理系：硕士班、四技

工业管理系：四技

3. 电资学院

电机工程系：硕士班、四技

电子工程系：硕士班、四技

信息网络工程系：四技

4. 人文暨科学学院

应用外语系：四技

多媒体与游戏发展科学系：四技

九十一、辅英科技大学

网址：http://www.fy.edu.tw

地址：831 高雄市大寮区永芳里进学路 151 号

电话：07-7811151

传真：07-7836473

代理校长：许淑莲

学校简史：

1958 年由张鹏图医师创办三年制妇婴高级助产职业学校，1962 年改为四年制高级护理助产职业学校，1968 年升格为五年制护理助产专科学校，1988 年更名为辅英医事护理专科学校，1997 年 7 月改为辅英技术学院并附设专科部，2002 年 8 月改名辅英科技大学。

目前，在校学生：10,685 人，专任教师：421 人。

学制与学位：

学　制	学习年限	授予学位
二技	2 年	学士
四技	4 年	
硕士班	1-4 年	硕士

学院、系所与学制：

1. 医学与健康学院

医学检验生物技术系：硕士班、二技

物理治疗系：四技、二技

保健营养系：硕士班、四技、二技

健康美容学位学程：四技

2. 环境与生命学院

环境工程与科学系：硕士班、四技

应用化学及材料科学系：四技

职业安全卫生系：四技、二技

生物科技系：硕士班、四技

3. 护理学院

护理系：士班、四技、二技

助产系：二技

健康事业管理学位学程：二技

老人长期照顾学位学程：二技

4. 人文与管理学院

幼儿保育系：四技

应用外语系：四技、二技

信息管理系：四技

休闲与游憩事业管理系：四技、二技

信息科技学位学程：四技

文教事业管理学位学程：四技

九十二、明新科技大学

网址：http://www.must.edu.tw

地址：304 新竹县新丰乡新兴路一号

电话：03-5593142

传真：03-5595142

校长：冯丹白

学校简史：

1966年3月创立私立明新工业专科学校，1993年8月改名为私立明新工商专科学校，1997年7月改为私立明新技术2002年8月改名为明新科技大学。

目前，在校学生：14,069人，专任教师：436人。

学制与学位：

学　制	学习年限	授予学位
二技	2年	学士
四技	4年	
硕士班	1-4年	硕士

学院、系所与学制：

1. 工学院

精密机电工程研究所：硕士、四技班

机械工程系：四技

电机工程系（所）：四技、硕士班

电子工程系（所）：四技、硕士班

土木工程与环境资源管理系（所）：四技、硕士班

光电系统工程系：四技

化学工程与材料科技系（所）：四技、硕士班

信息工程系：四技

2. 管理学院

工业工程与管理系（所）：四技、硕士班

国际企业系：四技

企业管理系（所）：四技、硕士班

信息管理系（所）：四技、硕士班

财务金融系：四技

3. 服务社会学院

服务事业管理研究所：硕士班

旅馆事业管理系：四技

幼儿保育系：四技
休闲事业管理系：四技
老人服务事业管理系：四技
4. 人文社会与科学学院
应用外语系：四技
运动管理系：四技

九十三、长荣大学

网址：http://www.cjcu.edu.tw
地址：711 台南市归仁区大潭里长荣路一段 396 号
电话：06-2785123
传真：06-2785111
校长：陈锦生

学校简史：

1993 年由长荣高级中学延伸创设长荣管理学院，2002 年 8 月改为长荣大学。目前，在校学生：9,937 人，专任教师：368 人。

学制与学位：

学　制	学习年限	授予学位
大学学士班	4 年	学士
四技		
二专	2 年	
硕士班	1-4 年	硕士

学院、系所与学制：

1. 人文社会学院
台湾研究所：硕士班
翻译学系：二专、硕士班
大众传播学系：大学学士班

社会工作学系：硕士、大学学士班
媒体设计科技学系：大学学士班
应用日语学系：硕士、大学学士班
美术学系：硕士、大学学士班
哲学与宗教学系：大学学士班
书画艺术学位学程：大学学士班

2. 健康科学学院

医学研究所：硕士班
医务管理学系：硕士班、大学学士班
职业安全与卫生学系：硕士、二专、大学学士班
护理学系：硕士、大学学士班、二专
生物科技学系：硕士、大学学士班
健康心理学系：大学学士班
保健营养学系：大学学士班
呼吸照护技术学系：大学二专

3. 管理学院

高阶管理：硕士班
经营管理研究所：博士、硕士班
企业管理学系：硕士、大学学士班
国际企业学系：硕士、大学学士班
会计信息学系：大学学士班
航运管理学系：硕士班、大学学士班
土地管理与开发学系：硕士、大学学士班、二专
财务金融学系：大学学士班
运动休闲管理学系：硕士、大学学士班
科技管理学位学程：大学学士班
学士后高阶不动产项目管理学位学程：大学学士班

4. 信息暨工程学院

信息管理学系：硕士、大学学士班
科技工程管理学系：大学学士班
资讯工程学系：大学学士班

5. 神学院

神学系：大学学士班

九十四、弘光科技大学

网址：http://www.hk.edu.tw

地址：433 台中市沙鹿区中栖路 34 号

电话：04-26318652

传真：04-26310744

校长：方国权

学校简史：

1967 年 7 月由医学博士王毓麟先生创办弘光护理专科学校，1991 年更名为弘光医事护理专科学校，1997 年 7 月改为弘光技术学院，2003 年 2 月改为弘光科技大学。

目前，在校学生：12,730 人，专任教师：419 人。

学制与学位：

学　制	学习年限	授予学位
二技	2 年	学士
四技	4 年	
硕士班	1-4 年	硕士

学院、系所与学制：

1. 医护学院

护理系（所：）四技、二技、硕士班

生物科技系（所）：四技、硕士班

物理治疗系：四技

营养医学研究所：硕士班

营养系：四技

2. 人文社会学院

应用英语系：四技
文化事业发展系：四技
老人福利与事业系：四技
运动休闲系兼体育教学研究中心：四技
3. 民生学院
食品科技系（所）：四技、硕士班
幼儿保育系兼师资培育中心：四技
化妆品应用系暨化妆品科技研究所：四技、硕士班
美发造型设计系：四技
4. 管理学院
健康事业管理系：四技
信息管理系：四技
餐旅管理系：四技
5. 工学院
环境与安全卫生工程系、环境工程所及职业安全与防灾研究所：四技、硕士班
资讯工程系：四技
生物医学工程系：四技

九十五、中国医药大学

网址：http://www.cmu.edu.tw
地址：404 台中市学士路 91 号
电话：04-22053366
传真：04-22051276
校长：黄荣村

学校简史：

1958 年 6 月成立中国医药学院，2003 年 8 月改名为中国医药大学。

目前，在校学生：7,734 人，专任教师：531 人。

学制与学位：

<table>
<tr><th>学　制</th><th>学习年限</th><th>授予学位</th></tr>
<tr><td>学士班</td><td>4 年</td><td rowspan="5">学士</td></tr>
<tr><td>学士后中医系</td><td rowspan="2">5 年</td></tr>
<tr><td>中医系双主修</td></tr>
<tr><td>牙医学系</td><td>6 年</td></tr>
<tr><td>医学系</td><td>7 年</td></tr>
<tr><td>硕士班</td><td>2-4 年</td><td>硕士</td></tr>
<tr><td>博士班</td><td>2-7 年</td><td>博士</td></tr>
</table>

学院与系所：

1. 医学院

医学系：大学学士班

基础医学研究所：博士、硕士班

临床医学研究所：博士、硕士班

牙医学系：大学学士、硕士班

癌症生物学研究所：硕士班

分子系统生物医学研究所：硕士班

免疫学研究所：硕士班

老化医学学位学程：博士班

2. 中医学院

中医学系：大学学士、博士、硕士班

学士后中医学系：大学学士班

中西医结合研究所：硕士班

针灸研究所：硕士班

国际针灸学位学程：硕士班

3. 药学院

药学系：大学学士、博士、硕士班

药用化妆品学系：大学学士、硕士班

药物化学研究所：博士、硕士班

癌症生物与药物研发学位学程：博士班

中国药学暨中药资源学系：大学学士、博士、硕士班

4. 公共卫生学院

公共卫生学系：大学学士、博士、硕士班

职业安全与卫生学系：大学学士、硕士班

医务管理学系：大学学士、硕士班

健康风险管理学系：大学学士班

生物统计研究所：硕士班

5. 健康照护学院

护理学系：大学学士、硕士班

医学检验生物技术学系：大学学士班

硕士班物理治疗学系：大学学士班

复健科学：硕士班

营养学系：大学学士、博士、硕士班

运动医学系：大学学士班

生物医学影像暨放射科学学系：大学学士班

口腔卫生学系：大学学士班

6. 生命科学院

生物科技学系：大学学士、硕士班

生态暨演化生物学研究所：硕士班

神经科学与认知科学研究所：硕士班

九十六、清云科技大学

网址：http://www.cyu.edu.tw

地址：桃园县中坜市健行路 229 号

电话：03-4581196~9

传真：03-4572400

校长：李大伟

学校简史：

1966 年 3 月成立健行工业专科学校，2000 年 1 月更名为清云技术学院，2003 年 8 月清云科技大学。

目前，在校学生：12,871 人，专任教师：371 人

学制与学位：

学　制	学习年限	授予学位
二技	2 年	学士
四技	4 年	
硕士班	1-4 年	硕士

学院、系所与学制：

1. 电资学院

电子工程系：四技、二技、硕士班

电机工程系：四技、二技、硕士班

资讯工程系：四技、硕士班

计算机通讯与系统工程研究所：硕士班

2. 工学院

空间信息与防灾科技研究所：硕士班

机械工程系所：硕士班、二技、四技

土木工程系：四技

应用空间信息系：四技

物业管理学位学程：四技

材料制造科技学位学程：四技

3. 管理学院

工业工程管理系：四技

信息管理系：二技、四技、硕士班

企业管理系暨经营管理研究所：二技、四技、硕士班

营销与流通管理学系：四技、二技

4. 商学院

国际企业经营学系暨国际企业管理研究所：四技、二技、硕士班

财务金融学系：四技、二技、硕士班
应用外语学系：四技
中亚研究所：硕士班

九十七、正修科技大学

网址：http://www.csu.edu.tw
地址：833 高雄市鸟松区澄清路 840 号
电话：07-7358800
传真：07-7315367
校长：龚瑞璋

学校简史：

1965 年创立私立正修工业专科，1990 年改为私立正修工商专科学校，1999 年改为正修技术学院，2003 年改名为正修科技大学。

目前，在校学生：14,666 人，专任教师：451 人。

学制与学位：

<table>
<tr><th>学　制</th><th>学习年限</th><th>授予学位</th></tr>
<tr><td>二技</td><td>2 年</td><td rowspan="2">学士</td></tr>
<tr><td>四技</td><td>4 年</td></tr>
<tr><td>硕士班</td><td>1-4 年</td><td>硕士</td></tr>
</table>

学院、系所与学制：

1. 工学院

土木与工程资讯系暨营建工程研究所：四技、硕士班
化工与材料工程系（所）：四技、硕士班
机械工程系暨机电工程研究所：四技、硕士、博士班
电子工程系（所）：四技、二技、硕士班
工业工程与管理系所：四技、二技、硕士班
电机工程系（所）：四技、硕士班

建筑与室内设计系：四技
资讯工程系：四技
影像显示科技学位学程：四技
生技彩妆学位学程：四技
2. 管理学院
企业管理系暨经营管理研究所：四技、二技、硕士班
国际企业系：四技、二技
信息管理系（所）：四技、硕士班
财务金融系（所）：四技、硕士班
数位内容科技管理学位学程：四技
3. 人文社会学院
幼儿保育系：四技、二技
应用外语系：四技、二技
运动健康与休闲系（所）：四技、硕士班
观光游憩学位学程：四技
时尚生活创意设计学位学程：四技

九十八、万能科技大学

网址：http://www.vnu.edu.tw
地址：320 桃园县中坜市万能路 1 号
电话：03-4515811 总机
传真：03-4513786. 03-4531300
校长：庄　畅

学校简史：

1972 年 3 月由庄心在教授创办私立万能工业技艺专科学校，1980 年更名为私立万能工商专科学校，1999 年改为万能技术学院，2004 年 2 月改为万能科技大学。

目前，在校学生：10,733 人，专任教师：305 人。

学制与学位：

学　制	学习年限	授予学位
四技	4 年	
硕士班	1-4 年	硕士

学院、系所与学制：

1. 管理学院

经营管理研究所：硕士班

信息管理系暨研究所：硕士班、四技

管理与信息系：四技

国际企业系：四技

财务金融系：四技

企业管理系：四技

2. 工程学院

工程科技研究所：硕士班

材料科学与工程系暨研究所：硕士班、四技

营建科技系：四技

环境工程系：四技

生物技术系：四技

3. 学院信息

影像显示技术研究所：士班

电子工程系：四技

资讯工程系：四技

光电工程系：四技

4. 与设计学院

观光与休闲事业管理系：四技

餐饮管理系：四技

商业设计系：四技

化妆品应用与管理系：四技

九十九、玄奘大学

网址：http://www.hcu.edu.tw
地址：300 新竹市香山区东香里玄奘路 48 号
电话：03-5302255
传真：03-5397401
校长：王鼎铭

学校简史：

1997 年 8 月成立玄奘人文社会学院，2004 年 8 月改为玄奘大学。

目前，在校学生：6,318 人，专任教师：163 人。

学制与学位：

学　制	学习年限	授予学位
学士班	4 年	学 士
硕士班	2-4 年	硕 士

学院与系所：

1. 文理学院
中国语文学系：博士班、硕士、大学学士班
宗教学系：硕士、大学学士班
应用外语学系：硕士、大学学士班
应用数学系：大学学士班
历史学系：大学学士班
生命礼仪学位学程：学士班
2. 社会科学学院
法律学系：硕士、大学学士班
社会福利学系：硕士、大学学士班
应用心理学系：硕士、大学学士班
成人教育与人力发展学系：硕士、大学学士班

3. 管理学院

国际企业学系：硕士、大学学士班

财务金融学系：硕士、大学学士班

公共事务管理学系：硕士班

信息管理学系：硕士、大学学士班、

4. 资讯传播学院

信息传播研究所：硕士班

大众传播学系：大学学士班

新闻学系：大学学士班

视觉传达设计学系：大学学士班

数字媒体设计学系：大学学士班

艺术与创意设计学系：大学学士班

一百、建国科技大学

网址：http://www.ctu.edu.tw

地址：500 彰化市介寿北路 1 号

电话：04-7111111

传真：04-7111170

校长：黄燕飞

学校简史：

1965 年创立建国商专，1974 年改为建国工专，1992 年增设商科再改为建国工商专校，1999 年改为建国技术学院，2004 年 4 月改名为建国科技大学。

目前，在校学生：8,461 人，专任教师：310 人。

学制与学位：

学　制	学习年限	授予学位
二技	2 年	学士
四技	4 年	
硕士班	1-4 年	硕士

学院、系所与学制：

1. 工程学院
机械工程系：四技、二技
电机工程系：四技、二技
电子工程系：四技、二技
自动化工程系：四技
计算机与通讯工程系：四技
机电光系统研究所：硕士班
电机工程研究所：硕士班
制造科技研究所：硕士班
电子工程研究所：硕士班
土木工程系：四技
土木与防灾研究所：硕士班
2. 管理学院
工业工程与管理系：四技
信息管理系：四技
国际企业管理系：四技、二技
3. 设计学院
商业设计系：四技
空间设计系：四技
数位媒体设计系：四技
4. 生活科技学院
应用外语系：四技
运动健康与休闲系：四技、二技
美容系：四技、
数字媒体设计系：四技

一百零一、明志科技大学

网址：http://www.mcut.edu.tw
地址：243 新北市泰山区工专路 84 号
电话：02-29089899
传真：02-29041914
校长：刘祖华

学校简史：

1963 年 7 月由台塑关系企业董事长王永庆先生创办明志工业专科学校，1998 年改为明志技术学院，2004 年 8 月改名为明志科技大学。

目前，在校学生：3,884 人，专任教师：183 人。

学制与学位：

学　制	学习年限	授予学位
四技	4 年	
硕士班	1-4 年	硕士

学院、系所与学制：

1. 工程学院
机械工程系暨机电工程研究所：硕士班、四技
电机工程系暨电机工程研究所：硕士班、四技
电子工程系暨电子工程研究所：硕士班、四技
2. 环境资源学院
生化工程研究所：硕士班
化学工程系暨化学工程研究所：四技、硕士班
环境与安全卫生工程系暨环境与资源工程研究所：四技、硕士班
材料工程系暨材料工程研究所：四技、硕士班
3. 管理暨设计学院
工业工程与管理系暨工业工程与管理研究所：硕士班、四技

经营管理系暨服务与创新管理研究所：硕士班、四技

工业设计系暨工业设计研究所：硕士班、四技（

视觉传达设计系暨视觉传达设计研究所：硕士班、四技

一百零二、开南大学

网址：http://www.knu.edu.tw

地址：338 桃园县芦竹乡开南路一号

电话：03-3412500

传真：03-3413253

校长：高安邦

学校简史：

2000 年 8 月建立开南管理学院，2006 年改名为开南大学。

目前，在校学生：9,441 人，专任教师：274 人。

学制与学位：

学　制	学习年限	授予学位
学士班	4 年	学士
硕士班	2-4 年	硕士

学院与系所：

1. 商学院

企业与创业管理学系：大学学士、硕士班

财务金融学系：大学学士、硕士班

国际企业学系：大学学士、硕士班

会计学系：大学学士、硕士班

营销学系：大学学士班

项目管理研究所：硕士班

商学院在职专班：硕士班

2. 运输观光学院

物流与航运管理学系：大学学士、硕士班
观光与餐饮旅馆学系：大学学士、硕士班
空运管理学系：大学学士、硕士班
休闲事业管理学系：大学学士班
运输科技与管理学系：大学学士班
3. 信息学院
信息管理学系：大学学士、硕士班
信息及电子商务学系：大学学士、硕士班
信息传播学系：大学学士班
创意产业与数位整合学程：大学学士班
4. 人文社会学院
公共事务管理学系：大学学士、硕士班
法律学系：大学学士、硕士班
应用日语学系：大学学士、硕士班
应用英语学系：大学学士、硕士班
数字应用华语文学系：大学学士班
华语文教学研究所：硕士班
人文社会学院公共管理：硕士在职专班
5. 健康照护管理学院
保健营养学系：大学学士班
养生与健康行销学系：大学学士班
健康产业管理学系：大学学士班

一百零三、台湾首府大学

网址：http://www.tsu.edu.tw
地址：721 台南市麻豆区南势里 168 号
电话：06-5718888
传真：06-5722858
校长：杨顺聪

学校简史：

20003 年 3 月建校，名为致远管理学院，2010 年 8 月更名为台湾首府大学。目前，在校学生：5,110 人，专任教师：162 人。

学制与学位：

学　制	学习年限	授予学位
学士班	4 年	学士
硕士班	2-4 年	硕士

学院与系所：

1. 人文教育学院

幼儿教育学系：大学学士、硕士班

应用外语学系：大学学士班

文化创意产业学位学程：大学学士班

2. 休闲产业学院

休闲事业管理学系：大学学士班

休闲设施规划与管理学系：大学学士、硕士班

休闲信息管理学系：大学学士班

企业管理学系：大学学士班

旅馆管理学位学程：大学学士班

餐旅管理学系：大学学士班

观光事业管理学系：大学学士班

健康与美容事业管理学系：大学学士班

财务金融学系：大学学士班

3. 设计学院

工业管理学研究所：硕士班

商品开发与设计学系：大学学士班

信息与多媒体设计学系：大学学士班

数字娱乐与游戏设计学系：大学学士班

工业管理学系：大学学士班

一百零四、立德大学

网址：http://www.leader.edu.tw

地址：709 台南市安南区安中路五段 188 号

电话：06-2552500

传真：06-2551656

校长：欧石镜

学校简史：

2000 年 8 月建立德管理院，2008 年 8 月改为立德大学。

目前，在校学生：2, 883 人，专任教师：137 人。

学制与学位：

<table>
<tr><th>学　制</th><th>学习年限</th><th>授予学位</th></tr>
<tr><td>学士班</td><td rowspan="2">4 年</td><td rowspan="2">学士</td></tr>
<tr><td>四技</td></tr>
<tr><td>硕士班</td><td>2-4 年</td><td>硕士</td></tr>
</table>

学院与系所：

1. 管理学院

化妆品应用与管理学系：大学学士班

时尚造型设计学系：大学学士班

国际企业管理学系：大学学士、硕士班

生产事业管理学系：大学学士班

硕士班财务金融学系：大学学士班

运筹与科技管理学系：大学学士、硕士班

2. 人文信息学院

应用英语学系：大学学士、硕士班

应用日语学系：大学学士班

文化创意学系：大学学士班

数字应用学系：大学学士、硕士班
信息传播学系：大学学士、硕士班
3. 健康休闲学院
休闲管理学系：大学学士、四技、硕士班
健康产业管理学系：大学学士班
餐饮管理学系：大学学士、四技、硕士班
观光与旅馆学系：大学学士班
休闲资源暨绿色产业学系：大学学士、硕士班
营建与物业学系：大学学士班
资产管理与城市规划学系：大学学士、硕士班

一百零五、兴国管理学院

网址：http://www.hku.edu.tw
地址：709 台南市安南区台江大道 3 段 600 号
电话：06-2873335
校长：林财源

学校简史：

2000 年建校。
目前，在校学生：889 人，专任教师：71 人。

学制与学位：

学　制	学习年限	授予学位
学士班	4 年	学士
四 技		

学科群与系所：

1. 数字信息学群
信息管理学系：大学学士班
信息科学系：大学学士班

电子商务学系：大学学士班
信息应用学系：大学学士班
会计信息学系：大学学士班
2. 管理学群
企业管理学系：大学学士班
科技管理学系：大学学士班
国际企业学系：大学学士班
房地产经营学系：大学学士班、
财税法律学系：大学学士班
财务金融学系：大学学士班
财经法律学系：大学学士班
营销与物流管理学系：大学学士班、四技
3. 时尚创意学群
文化创意与观光学系：大学学士班
文教事业管理学系：大学学士班
应用英语学系：大学学士班
应用日语学系：大学学士班
网络多媒体设计学系：大学学士班、四技
珠宝设计与管理学系：大学学士班

一百零六、大华技术学院

网址：http://www.thit.edu.tw
地址：307 新竹县芎林乡大华路 1 号
电话：03-5927700
传真：03-5927871
校长：石庆得

学校简史：

1967 年 6 月建立私立大华农业专科学校，1991 年改名为大华工商专科学校，1997 年改为大华技术学院。

目前，在校学生：5,161 人，专任教师：214 人。

学制与学位：

学　制	学习年限	授予学位
四技	4 年	学士

学科群与系所：

1. 工程学群

机电工程系：硕士班、四技

化工与材料工程系：四技

工业工程管理系：四技

2. 电资学群

电子工程系：四技

资讯工程系：四技

计算机与通讯工程系：四技

电机工程系：四技

3. 商管学群

观光管理系：四技

营销与流通管理系：四技

财务金融系：四技

信息管理系：二技

国际贸易系：二技

应用外语系：四技

一百零七、台南应用科技大学

网址：http://www.tut.edu.tw

地址：710 台南市永康区中正路 529 号

电话：06-2532106

传真：06-2540702

校长：陈鸿助

学校简史：

1965 年 1 月创建私立台南家政专科学校，1997 年 6 月改为私立台南女子技术学院，1998 年 3 月改为台南女子技术学院，2006 年 6 月改为台南科技大学，2010 年 9 月更名为台南应用科技大学。

目前，在校学生：13,134 人，专任教师：333 人。

学制与学位：

<table>
<tr><th>学 制</th><th>学习年限</th><th>授予学位</th></tr>
<tr><td>四技</td><td>4 年</td><td rowspan="2">学士</td></tr>
<tr><td>二技</td><td>2 年</td></tr>
<tr><td>硕士班</td><td>2-4 年</td><td>硕士</td></tr>
</table>

学院与系所：

1. 生活科技学院

生活应用科学研究所：硕士班

生活科学系：四技

服饰设计管理系：四技、二技

美容造型设计系：四技、二技

幼儿保育系：四技、二技

餐饮系：四技、二技

时尚设计系：四技

生活服务产业系：四技

运动休闲与健康管理学位学程：四技

2. 管理学院

商学与管理研究所：硕士班

会计信息系：四技

国际企业经营系：四技

财务金融系：四技、二技

应用外语系：四技、二技

信息管理系：四技

企业管理系：四技

旅馆管理学位学程：四技、二技

3. 设计学院

应用设计研究所：硕士班

室内设计系：四技、二技

视觉传达设计系：四技、二技

商品设计系：四技、二技

多媒体动画系：四技

4. 艺术学院

音乐系：二技、七年一贯制、硕士班

舞蹈系：四技、二技、七年一贯制

美术系：硕士班、四技、二技、七年一贯制

一百零八、中台科技大学

网址：http://www.ctust.edu.tw

地址：406 台中市北屯区廍子路 666 号

电话：04-22391647

传真：04-22393305

校长：李宏谟

学校简史：

1966 年由陈天机博士创立中台医事技术专科学校，1998 年 7 月改为医护技术学院，2005 年 8 月改名为中台科技大学。

目前，在校学生：10,407 人，专任教师：337 人。

学制与学位：

学　制	学习年限	授予学位
四技	4 年	学士
二技	2 年	
硕士班	1-4 年	硕士
博士班	2-7 年	博士

学院、系所与学制：

1. 健康科学院
医学检验生物技术系：二技、四技、硕士班
牙体技术暨材料系：二技、四技、硕士班
视光系：四技
医学工程暨材料研究所：硕士班
食品科技系、食品科技研究所：四技、硕士班
医学生物科技研究所：硕士班
生命科学研究所：硕士班
药物科技研究所：硕士班
环境与安全卫生工程系、安全防灾与科技研究所：四技、硕士班
医学影像暨放射技术系、放射科学研究所：二技、四技、硕士、博士班
2. 护理学院
护理系、护理研究所：二技、硕士班
幼儿保育系：四技
老人照顾系：四技
文教事业经营研究所：硕士班
3. 管理学院
信息管理系：四技
营销管理系：四技
应用外语系：四技
国际企业系：四技
医务管理系、健康产业管理研究所：四技、硕士班

一百零九、高苑科技大学

网址：http://www.kyu.edu.tw
地址：821 高雄市路竹区中山路 1821 号
电话：07-6077777
传真：07-6077788

校长：曾灿灯

学校简史：

1986年筹设私立高苑工业专科学校，1991年更名为私立高苑工商专科学校，1998年8月改为高苑技术学院，2005年8月更名为高苑科技大学。

目前，在校学生：7,757人，专任教师：313人。

学制与学位：

学　制	学习年限	授予学位
四技	4年	学士
二技	2年	
硕士班	1-4年	硕士

学院、系所与学制：

1. 机电学院

机械与自动化工程系、所：四技、二技、硕士班

电子工程系、所：四技、二技、硕士班、

电机工程系、所：四技、硕士班

光电科学与工程系：四技

2. 工程学院

土木工程系：四技、硕士班

化工与生化工程系：四技、硕士班

建筑系：四技、硕士班

绿色能源科技系：四技

3. 商业暨管理学院

经营管理研究所：硕士班

企业管理系：四技

国际商务系：四技

应用外语系：二技

营销与流通管理系：四技

休闲与运动管理系：四技

4. 信息学院

信息科技应用研究所：硕士班
信息管理系：四技、二技
信息传播系：四技、二技
信息科技系：四技

一百一十、景文科技大学

网址：http://www.just.edu.tw
地址：231 新北市新店区安忠路 99 号
电话：02-82122000
传真：02-82122878
校长：郑永福

学校简史：

1990 年建校，1998 年改为景文技术学院，2007 年 2 月改名为景文科技大学。目前，在校学生：8,109 人，专任教师：285 人。

学制与学位：

学　制	学习年限	授予学位
四技	4 年	学士
硕士班	1-4 年	硕士

学院、系所与学制：

1. 观光餐旅学院
观光与餐旅管理研究所：硕士班
休闲事业管理系：四技
旅运管理系：四技
餐饮管理系：四技
旅馆管理系：四技
2. 商管学院
信息管理系：二技、四技

财务金融系：四技
国际贸易系：四技
会计系：四技
理财与税务规划系：四技
环境与物业管理系：四技
企业管理系：四技
3. 人文艺术学院
视觉传达设计系：四技
应用英语系：四技
应用日语系：四技
4. 电资学院
计算机与通讯研究所：硕士班
电子工程系：四技
资讯工程系：四技

一百一十一、中华科技大学

网址：http://www.cust.edu.tw
地址：115 台北市南港区研究院路 3 段 245 号
电话：02-27821862
传真：02-27889145
校长：田振荣

学校简史：

1968 年 6 月建立私立中华工业专科学校，1994 年改名为中华工商专科学校，1998 年改为中华技术学院，后改为中华科技大学。

目前，在校学生：7,730 人，专任教师：303 人。

学制与学位：

学　制	学习年限	授予学位
四技	4 年	学士
硕士班	1-4 年	硕士

学院、系所与学制：

1. 工程学院

机电光工程研究所：硕士班

机械工程系：四技

电子工程系：硕士班、四技

电机工程系：四技

土木工程系：硕士班

建筑工程系：硕士班

资讯工程系：四技

2. 商管学院

经营管理研究所：硕士班

工业工程与管理系：四技

企业管理系：四技

国际企业系：四技

财务金融系：四技

信息管理系：四技

3. 健康科技学院

健康科技研究所：硕士班

生物科技系：四技

食品科学系：四技

餐饮管理系：四技

4. 航空学院

飞机系统工程研究所：硕士班

航空机械系：四技

航空电子系：四技

航空服务管理系：硕士班、四技

观光餐旅系：四技

一百一十二、岭东科技大学

网址：http://www.ltu.edu.tw
地址：408 台中市南屯区岭东路 1 号
电话：04-23892088（总机）
传真：04-23895293
校长：陈振贵

学校简史：

1964 年创办岭东会计专科学校，1967 年更名为岭东商业专科学校，1999 年改为技术学院，2005 改名岭东科技大学。

目前，在校学生：9,411 人，专任教师：269 人。

学制与学位：

<table>
<tr><th>学　制</th><th>学习年限</th><th>授予学位</th></tr>
<tr><td>四技</td><td>4 年</td><td rowspan="2">学士</td></tr>
<tr><td>二技</td><td>2 年</td></tr>
<tr><td>硕士班</td><td>1-4 年</td><td>硕士</td></tr>
</table>

学院、系所与学制：

1. 管理学院
企业管理系：硕士班、二技、四技
营销与流通管理系：硕士班、四技
观光与休闲管理系：硕士班、四技
国际企业系：硕士班、四技
应用外语系：四技
2. 财经学院
财务金融系：硕士班、四技
财经法律所：硕士班

财政系：硕士班、四技
金融与风险管理系：四技
会计信息系：四技
3. 设计学院
视觉传达设计系：硕士班、二技、四技
数字媒体设计系：硕士班、四技
流行设计系：硕士班、四技
科技商品设计系：硕士班、四技
4. 信息学院
信息科技系：硕士班、四技
信息管理系：硕士班、二技、四技
信息网络系：四技

一百一十三、文藻外语学院

网址：http://www.wtuc.edu.tw
地址：807 高雄市三民区民族一路 900 号
电话：07-3426031
传真：07-3427942
校长：苏其康

学校简史：

1966 年由天主教圣吴苏乐会创办私立文藻女子外国语文专科学校，1980 年更名为文藻外国语文专科学校，1999 念 8 月改为文藻外语学院。

目前，在校学生：9,216 人，专任教师：283 人。

学制与学位：

学　制	学习年限	授予学位
四技	4 年	学士
二技	2 年	
硕士班	1-4 年	硕士

系所与学制：

英国语文系：四技、二技
法国语文系：四技
德国语文系：四技、二技
西班牙语文系：四技、二技
日本语文系：四技、二技
应用华语文系：四技
外语教学系：四技
翻译系：四技
国际事务系：四技
信息管理与传播系：四技
传播艺术系：四技
国际企业管理系：四技
国际事业暨文化交流研究所：硕士班
外语文教事业发展研究所：硕士班
创意艺术产业研究所：硕士班
华语文教学研究所：硕士班
多国语复译研究所：硕士班

一百一十四、大汉技术学院

网址：http://www.dahan.edu.tw
地址：971 花莲县新城乡大汉村树人街 1 号
电话：03-8210888
传真：03-8262916
校长：宋佩瑄

学校简史：

1977 年建立大汉工商专科学校，1999 年 8 月改为大汉技术学院。
目前，在校学生：2,953 人，专任教师：99 人。

学制与学位：

学　制	学习年限	授予学位
四技	4 年	学士
二技	2 年	

学院、系所与学制：

1. 工学院

机械工程系：二技、四技

土木工程与环境资源管理系：四技、二技

珠宝技术系：四技、二技

环境资源管理系：四技

资讯工程系：四技

计算机与通讯工程系：四技

2. 商学院

国际企业系：四技

财政税务系：四技

财务金融系：四技

企业管理系：四技、二技

物流管理系：四技

3. 管理学院

信息管理系：四技

观光事业管理系：二技、四技

休闲运动管理系：四技

休闲事业经营系：二技、四技

一百一十五、慈济技术学院

网址：http://www.tccn.edu.tw

地址：970 花莲市建国路 2 段 880 号

电话：03-8572158

传真：03-8577261
校长：洪当明

学校简史：

1989 年由财团法人佛教慈济慈善事业基金会创办慈济护专，1999 年改为慈济技术学院。

目前，在校学生：2,435 人，专任教师：144 人。

学制与学位：

学　制	学习年限	授予学位
四技	4 年	学士
硕士班	1-4 年	硕士

系所与学制：

护理系：二技
物理治疗系：四技
医务管理系：四技
会计信息系：四技
资讯工程系：四技
放射技术系、放射医学科学研究所：四技、硕士班

一百一十六、圣约翰科技大学

网址：http://www.sju.edu.tw
地址：251 新北市淡水区淡金路四段 499 号
电话：02-28013131
传真：02-28013143
校长：陈金莲

学校简史：

1967 年为新埔工业专科学校，2003 年更名为圣约翰技术学院，2005 年改名

为圣约翰科技大学。

目前，在校学生：7,580 人，专任教师：250 人。

学制与学位：

学　制	学习年限	授予学位
四技	4 年	学士
硕士班	1-4 年	硕士

学院、系所与学制：

1. 工学院

自动化及机电整合研究所：硕士班

机械与计算机辅助工程系：四技

工业工程与管理系：四技、硕士班

2. 电资学院

电子工程系：四技、硕士班

电机工程系：四技、硕士班

资讯工程系：四技、硕士班

计算机与通讯工程系：四技、硕士班

3. 商管学院

信息管理系：四技

国际商务系：四技

企业管理系：四技、硕士班

财务金融系：四技

行销与流通管理系：四技

4. 人文与科学学院

应用英语系：四技

数位文艺系：四技

休闲运动与健康管理系：四技

一百一十七、远东科技大学

网址：http://www.feu.edu.tw
地址：744 台南市新市区中华路 49 号
电话：06-5979566
传真：06-5977010
校长：王元仁

学校简史：

1969 年 7 月创建远东工业专科学校，1999 年 8 月改为远东技术学院，2006 年 8 月改名为科技大学。

目前，在校学生：7,959 人，专任教师：275 人。

学制与学位：

学　制	学习年限	授予学位
四技	4 年	学士
硕士班	1-4 年	硕士

学院、系所与学制：

1. 工程学院
机械工程系：四技（日）、硕士班
计算机应用工程系：四技、硕士班
自动化控制系：四技
材料科学与工程系：四技、硕士班
能源应用工程系：四技
2. 电资学院
电子工程系：四技
电机工程系：四技、硕士班
资讯工程系：四技
光电工程系：四技

3. 商管学院

企业管理系：四技

信息管理系：四技

营销与流通管理系：四技

数字媒体设计与管理系：四技

创新与创业管理系：四技、硕士班

创意商品设计与管理系：四技

4. 餐旅休闲学院

餐饮管理系：四技

休闲运动管理系：四技

化妆品应用与管理系：四技

旅游事业管理系：四技

观光英语系：四技

一百一十八、永达技术学院

网址：http://www.ytit.edu.tw

地址：909 屏东县麟洛乡中山路 316 号

电话：08-7233733

传真：08-7227024

校长：高文秀

学校简史：

1967 年 6 月设立工业专科学校，1988 年更名为永达工商专科学校，1999 年改为永达技术学院。

目前，在校学生：2,460 人，专任教师：153 人。

学制与学位：

学　制	学习年限	授予学位
四技	4 年	学士
硕士班	1-4 年	硕士

系所与学制：

机电科技研究所：硕士班

机械工程系（设计制造组、航空组）：四技

车辆工程系：四技

电子工程系：二技（日）、四技

电机工程系：二技（日）、四技

建筑工程系：四技

企业管理系：四技

信息管理系：四技

营销管理系：四技

财务金融系：二技

经营管理系：四技

生物科技系：四技

运动健康与休闲系：二技、四技

化妆品应用与管理系：四技

应用外语系：四技

一百一十九、大仁科技大学

网址：http://www.tajen.edu.tw

地址：907 屏东县盐埔乡新二村维新路 20 号电话：08-7624002

传真：08-7623924

校长：欧善惠

学校简史：

1966 年 3 月创立大仁药学专科学校，1999 年 8 月改为大仁技术学院，2005 年 8 月改名大仁科技大学。

目前，在校学生：9,319 人，专任教师：342 人。

学制与学位：

学　制	学习年限	授予学位
四技	4 年	学士
二技	2 年	
硕士班	1-4 年	硕士

学院、系所与学制：

1. 药学暨健康学院

制药科技研究所：硕士班

环境管理研究所：硕士班

食品科技研究所：硕士班

生物科技研究所：硕士班

药学系：四技

环境资源管理系：四技

食品科技系：四技

生物科技系：四技

职业安全卫生系：四技

餐旅管理系：四技、二技

护理系：四技、二技

2. 信息暨管理学院

信息工程系：四技

信息管理系：四技、二技

健康事业管理系：四技

营销与流通管理系：四技

数字多媒体设计系：四技

3. 休闲学院

休闲运动管理系：四技

休闲事业管理研究所：硕士班

观光事业系：四技

餐旅管理系：四技、二技

时尚美容应用系：四技

4. 人文暨社会学院

应用外语系：四技、二技

幼儿保育系：四技、二技

社会工作系：四技

一百二十、元培科技大学

网址：http://www.ypu.edu.tw

地址：300 新竹市香山元培街 306 号

电话：03-5381183

传真：03-5385353

校长：王铭富

学校简史：

1964 年 11 月由放射技术专家蔡炳坤先生创办医事专科学校，1999 年 8 月改为元培技术学院，2006 年 8 月改名为元培科技大学。

目前，在校学生：8,015 人，专任教师：261 人。

学制与学位：

学　制	学习年限	授予学位
四技	4 年	学士
二技	2 年	
硕士班	1-4 年	硕士

学院、系所与学制：

1. 医事科技学院

放射技术系（所）：硕士班、四技、二技

医学检验生物技术系（所）：硕士班、四技

资讯工程系；四技

视光系：四技

2. 健康学院

食品科学系（所）：硕士班、四技
环境工程卫生系（所）：硕士班、四技
生物技术研究系（所）：硕士班、四技
餐饮管理系：四技
3. 管理暨与文学院
信息管理系：四技
企业管理系（所）：四技、硕士班
财务金融系：四技
应用英语系：四技
4. 福祉科技学院
医务管理系、健康产业管理研究所：硕士班、四技
护理系：四技（日）、二技
生物医学工程系：四技
健康休闲管理系：四技

一百二十一、中华医事科技大学

网址：http://www.hwai.edu.tw
地址：717 台南市仁德区文华一街 89 号
电话：06-2674567
传真：06-2902464
校长：林金鹏

学校简史：

1968 年创立中华医事技术专科学校，1999 年 8 月改为中华医事学院，2007 年 2 月改名为中华医事科技大学。

目前，在校学生：9,966 人，专任教师：342 人。

学制与学位：

<table>
<tr><th>学　制</th><th>学习年限</th><th>授予学位</th></tr>
<tr><td>二专</td><td>2 年</td><td>无</td></tr>
<tr><td>二技</td><td>2 年</td><td rowspan="2">学士</td></tr>
<tr><td>四技</td><td>4 年</td></tr>
<tr><td>硕士班</td><td>1-4 年</td><td>硕士</td></tr>
</table>

学院、系所与学制：

1. 医学与生命学院

生物医学研究所：硕士班

医学检验生物技术系：硕士班、二技、四技

护理系：二技、四技

生物科技系：二技、四技

视光系：四技

长期照顾学位学程：二技

2. 民生与科技学院

生物安全卫生研究所：硕士班

职业安全卫生系：二技、四技

食品营养系：二技、二专、五专、四技

幼儿保育系：二技、二专、四技

食品科技系：二技、四技

环境与安全卫生工程系：四技

餐旅管理系：四技

3. 健康与管理学院

医务管理系：四技

化妆品应用与管理系：二技、四技

信息管理系：四技

运动健康与休闲系：四技

一百二十二、和春技术学院

网址：http://www.fotech.edu.tw

地址：831 高雄市大寮区琉球里农场路 1 之 10 号

电话：07-7889888

传真：07-7889777

校长：陈文俊

学校简史：

1989 年 7 月设立私立和春工业专科学校，1999 年 8 月改为和春技术学院。

目前，在校学生：3,946 人，专任教师：181 人。

学制与学位：

<table>
<tr><th>学　制</th><th>学习年限</th><th>授予学位</th></tr>
<tr><td>二技</td><td>2 年</td><td rowspan="2">学士</td></tr>
<tr><td>四技</td><td>4 年</td></tr>
<tr><td>硕士班</td><td>1-4 年</td><td>硕士</td></tr>
</table>

学群、系所与学制：

1. 工学群

电子工程系：四技

电机工程系：四技、硕士班

资讯工程系：四技

材料科学与工程系：四技

2. 商管学群

应用外语系：二技、四技

企业管理系：二技、四技

财务金融系：二技、四技

观光与休闲事业管理系：二技、四技

工业工程与管理系：二技、四技

营销与流通管理系：二技、四技

安全科技管理系：四技

物业管理系：四技

3. 文创与设计学群

传播艺术系：四技

商品设计系：四技

多媒体设计系：二技、四技

一百二十三、育达商业科技大学

网址：http://www.ydu.edu.tw

地址：361 苗栗县造桥乡谈文村学府路 168 号

电话：037-651188

传真：037-651201

校长：唐彦博

学校简史：

1949 年由王博士广亚先生及夫人王蔡秀鸾女士独立捐资、捐地创办私立育达职校，1997 年改为育达商业技术学院，2009 年 8 月改名为育达商业科技大学。

目前，在校学生：7,989 人，专任教师：234 人。

学制与学位：

学　制	学习年限	授予学位
四技	4 年	学士
硕士班	1-4 年	硕士

学院、系所与学制：

1. 经营管理学院

企业管理系：硕士班、四技

信息管理系：硕士班、四技

营销与流通管理系：硕士班、四技

休闲事业管理系：硕士班、四技
休闲运动管理系：四技
多媒体与游戏发展科学系：四技
2. 财经学院
财务金融系：四技
会计与信息科技系：四技
经营决策系：四技
国际企业管理与大陆经贸系：四技
财经法律系：四技
3. 人文社会学院
应用英语系：四技
应用日语系：四技
应用中文系：四技
幼儿保育系：四技

一百二十四、德明财经科技大学

网址：http://www.takming.edu.tw
地址：114 台北市内湖区环山路 1 段 56 号
电话：02-26585801
传真：02-27991368
校长：郭宪章

学校简史：

1965 年 10 月创立私立德明行政管理专科学校，1974 年改名为私立德明商业专科学校，2000 年改为德明技术学院，2007 年 8 月改名为德明财经科技大学。

目前，在校学生：8,258 人，专任教师：251 人。

学制与学位：

学　制	学习年限	授予学位
四技	4 年	学士
硕士班	1-4 年	硕士

学院、系所与学制：

1. 财金学院

理财与税务管理研究所：硕士班

会计信息系：四技

财政税务系：四技

财务金融系：四技

保险金融管理系：四技

2. 管理学院

服务业经营管理研究所：硕士班

经贸运筹管理研究所：硕士班

企业管理系：四技

国际贸易系：四技

物流管理系：四技

连锁加盟经营管理学位学程：四技

营销管理系；四技

营销管理系国际会展与观光休闲组：四技

应用外语系：四技

3. 信息学院

信息科技与管理研究所：硕士班

信息管理系：四技

信息科技系：四技

多媒体设计系：四技

一百二十五、“中国科技大学”

网址：http://www.cute.edu.tw
地址：116 台北市文山区兴隆路三段 56 号
电话：02-29313416
传真：02-29312485
校长：谷家恒

学校简史：

1965 年创立中国市政专科学校，1983 年改名为私立中国工商专科学校，2000 年改为中国技术学院，2005 年，改名“中国科技大学”。

该校为双校区：台北文山校区、新竹湖口分部。学校现有 4 个学院，3 个研究所、16 个系。

目前，在校学生：10,407 人，专任教师：337 人。

学制与学位：

学　制	学习年限	授予学位
四技	4 年	学士
硕士班	1-4 年	硕士

学院、系所与学制：

1. 规划与设计学院

建筑研究所：硕士班

土木与防灾设计研究所：硕士班

建筑系：四技

土木与防灾设计系：四技

室内设计系：四技

视觉传达设计系：四技

数字多媒体设计系：四技

2. 商学院

国际商务系：四技、二技
财政税务系：四技
财务金融系：四技
会计系：四技
3. 管理学院
企业管理研究所：硕士班
企业管理系：四技
营销与流通管理系：四技
休闲事业管理系：四技
应用英语系：四技
4. 信息学院
信息管理系：四技、二技
资讯工程系：四技
计算机与通讯系：四技

一百二十六、北台湾科学技术学院

网址：http://www.tsint.edu.tw
地址：112 台北市北投区学园路 2 号
电话：02-28927154
传真：02-28965951
校长：连信仲

学校简史：

1971 年创立光武工业专科学校，1994 学年更名为光武工商专科学校，2000 年改为光武技术学院，2004 年改为北台科学技术学院，2006 年改名为北台湾科学技术学院。

目前，在校学生：8,830 人，专任教师：302 人。

学制与学位：

学　制	学习年限	授予学位
四技	4 年	学士
硕士班	1-4 年	硕士

学院、系所与学制：

1. 工程学院
机电整合研究所：硕士班
机械系：四技
电机系：四技
电子系：四技
电通系：四技
2. 商管学院
电子商务研究所：硕士班
信息管理系：四技
企业管理系：四技
国际贸易系：四技
应用外语系：四技
数字多媒体设计系：四技
3. 民生学院
观光事业系：四技
化妆品应用与管理系：四技
餐饮管理系：四技
运动休闲与管理系：四技
会展学位学程：四技

一百二十七、致理技术学院

网址：http://www.chihlee.edu.tw

地址：220 新北市板桥区文化路 1 段 313 号

电话：02-22576167

传真：02-22583710

校长：尚世昌

学校简史：

创立于 1965 年 7 月，原名私立致理商业专科学校，2000 年年 8 月改为致理技术学院。

目前，在校学生：9,862 人，专任教师：260 人。

学制与学位：

学　制	学习年限	授予学位
四技	4 年	学士
硕士班	1-4 年	硕士

系所与学制：

服务业经营管理研究所：硕士班

国际贸易系：四技

企业管理系：四技

财务金融系：四技

会计信息系：四技

应用英语系：四技

信息管理系：四技

保险金融管理系：四技

应用日语系：四技

多媒体设计系：四技

商务科技管理系：四技

营销与流通管理系：四技
运动健康与休闲系：四技

一百二十八、醒吾技术学院

网址：http://www.hwc.edu.tw
地址：244 新北市林口区粉寮路一段 101 号
电话：02-26015310
传真：02-26011532
校长：周添城

学校简史：

1965 年由顾怀祖先生创立醒吾商业专科学校，2000 年 8 月改为醒吾技术学院。

目前，在校学生：7,553 人，专任教师：257 人。

学制与学位：

学　制	学习年限	授予学位
四技	4 年	学士
硕士班	1-4 年	硕士

学群、系所与学制：

1. 商管学群
全球运筹管理研究所：硕士班
会计信息系：四技
企业管理系：四技
国际贸易暨商务系：四技
财务金融系：四技
营销与流通管理系：四技
2. 信息学群
信息科技应用研究所：硕士班

信息传播系：四技
信息科技系：四技
信息管理系：四技
3. 观光餐旅学群
休闲与游憩管理研究所：硕士班
餐旅管理系：四技
观光事业管理系：四技
旅运管理系：四技
应用英语系：四技

一百二十九、亚东技术学院

网址：http://www.oit.edu.tw
地址：220 新北市板桥区四川路二段 58 号
电话：02-77380145
传真：02-77388141
校长：徐泽志

学校简史：

1968 年 10 月创立私立亚东工业技艺专科学校，1973 年 6 月更名为私立亚东工业专科学校，2000 年改为亚东技术学院。

目前，在校学生：5,635 人，专任教师：168 人。

学制与学位：

学　制	学习年限	授予学位
四技	4 年	学士
二技	2 年	
硕士班	1-4 年	硕士

学群、系所与学制：

1. 电通学群

信息与通讯工程研究所：硕士班

电机工程系：四技

电子工程系：四技、二技

通讯工程系：四技

2. 工程学群

应用科技研究所：硕士班

纤维与材料应用产业研发：硕士专班

机械工程系：四技

工商业设计系：四技

材料与纤维系：四技

3. 管理学群

工业管理系：四技、二技

信息管理系：四技

营销与流通管理系：四技（四）

4. 医护学群

医务管理系：四技

护理系：二技

老人照顾系：二技

一百三十、东南科技大学

网址：http://www.tnu.edu.tw

地址：222 新北市深坑区北深路三段 152 号

电话：02-86625900

传真：02-26643648

校长：周文贤

学校简史：

1970 年 8 月创办东南工业专科学校，2000 年改为东南技术学院，2007 年改名东南科技大学。

目前，在校学生：7,082 人，专任教师：285 人。

学制与学位：

学　制	学习年限	授予学位
四技	4 年	学士
硕士班	1-4 年	硕士

学院、系所与学制：

1. 工程学院

机械工程研究所：硕士班

营建科技与防灾研究所：硕士班

机械工程系：四技

营建科技系：四技

环境与安全卫生工程系：四技

机电科技学系：四技

2. 电资学院

电机工程研究所：硕士班

电机工程系：四技

电子工程系：四技

信息科技与通讯学系：四技

3. 管理学院

工业管理研究所：硕士班

工业工程与管理系：四技

企业管理系：四技

休闲事业管理系：四技

环境管理系：四技

信息管理系：四技

应用英语系：四技

餐旅管理系：四技

一百三十一、南亚技术学院

网址：http://www.nanya.edu.tw
地址：320 中坜市中山东路三段 414 号
电话：03-4361070
传真：03-4666902
校长：王春源

学校简史：

1969 年建校，创校时定名为私立南亚工业技艺专科学校，1973 年 6 月更名为私立南亚工业专科学校，1994 年改为私立南亚工商专科学校，2000 年 7 月改为南亚技术学院。

目前，在校学生：6,896 人，专任教师：245 人。

学制与学位：

学　制	学习年限	授予学位
四技	4 年	学士
硕士班	1-4 年	硕士

系所与学制：

材料应用科技研究所：硕士班
材料与纤维系：四技
机械工程系：四技
化学工程与材料工程系：四技
土木与环境工程系：四技
建筑系：四技
信息管理系：四技
应用外语系：四技
企业管理系：四技

财务金融系：四技
幼儿保育系：四技
资讯工程系：四技
观光与休闲事业管理系：四技
视觉传达设计系：四技
营销与流通管理系：四技

一百三十二、侨光科技大学

网址：http://www.ocu.edu.tw
地址：40721 台中市西屯区侨光路 100 号
电话：04-27016855
传真：04-27075420
校长：吴德和

学校简史：

1964 年初由陈积中先生邀约泰国盘谷银行总裁陈弼臣先生、新加坡侨领黄雁阁先生、旅美学人陈兴材博士一起创立侨光商业专科学校，1990 年改为侨光技术学院，2009 年改名为侨光科技大学。

目前，在校学生：9,807 人，专任教师：254 人。

学制与学位：

学　制	学习年限	授予学位
四技	4 年	学士
二技	2 年	
硕士班	1-4 年	硕士

系所与学制：

1. 管理学院
信息管理系：四技、二技
观光与休闲事业管理系：四技

工业工程与管理系：四技
企业管理系：四技、硕士班
营销流通管理系：四技
2. 商学院
会计信息系：四技
财务金融系：四技
金融与风险管理系：四技
国际贸易运筹系：四技
3. 人文与科技学院
应用英语系：四技、二技
应用华语文系：四技
财经法律系：四技
信息科技系：四技、硕士班、二技

一百三十三、中州技术学院

网址：http://www.ccut.edu.tw
地址：510 彰化县员林镇山脚路 3 段 2 巷 6 号
电话：04-8311498
传真：04-8314515
校长：黄政杰

学校简史：

1965 年由可景俊先生筹备建校，1970 年由牛践初先生接办中州工艺专科学校。1991 年改名为中州工商专校，2000 年 9 月中州技术学院。

目前，在校学生：5,487 人，专任教师：189 人。

学制与学位：

学　制	学习年限	授予学位
四技	4 年	学士
硕士班	1-4 年	硕士

学群、系所与学制：

1. 工学群

工程技术研究所：硕士班

电机工程系：四技

电子工程系：四技

机械与计算机辅助工程系：四技

资讯工程系：四技

自动化控制工程系：四技

2. 商管学群

信息管理系：四技

企业管理系：四技

营销与流通管理系：四技

幼儿保育系：四技

3. 健康与照顾学群

保健与生物技术研究所：硕士班

视讯传播系：四技

生物技术系：四技

景观系：四技

保健营养系：四技

4. 数位内容学群

时尚创新设计与管理系：四技

运动健康促进系：四技

餐饮厨艺系：四技

一百三十四、环球科技大学

网址：http://www.twu.edu.tw

地址：640 云林县斗六市镇南路 1221 号

电话：05-5370988

传真：05-5370989

校长：许舒翔

学校简史：

1989 年由郭荣赵博士筹备建校，2000 年 8 月改为环球技术学院，2010 年 8 月改名环球科技大学。

目前，在校学生：6,253 人，专任教师：211 人。

学制与学位：

学　制	学习年限	授予学位
四技	4 年	学士
二技	2 年	
硕士班	1-4 年	硕士

学院、系所与学制：

1. 管理学院

中小企业经营策略管理所：硕士班

企管系：四技、二技

资管系：四技、二技

营销系：四技

金融系：四技

应用外语系：四技

电子商务系：四技

2. 设计学院

视觉传达设计系：四技

公关事务设计系：四技

商品设计系：四技

美容造型设计系：四技、二技

3. 健康休闲学院

环境资源管理所：硕士班

环境资源管理系：四技

生物技术系：四技

观光与餐饮旅馆系：四技、二技

幼儿保育系：四技、二技

一百三十五、吴凤科技大学

网址：http://www.wfu.edu.tw
地址：621 嘉义县民雄乡建国路二段 117 号
电话：05-2267125（总机）
传真：05-2063455
校长：苏铭宏

学校简史：

1963 年由创办人彭文鸿女士创立，原名为吴凤商业专科学校；1969 年改为吴凤工业专科学校，1992 年更名为吴凤工商专科学校，2000 年改为吴凤技术学院，2010 年改名为吴凤科技大学。

目前，在校学生：5,484 人，专任教师：234 人。

学制与学位：

学　制	学习年限	授予学位
四技	4 年	学士
二技	2 年	
硕士班	1-4 年	硕士

学院、系所与学制：

1. 安全工程学院
机械工程系：四技、二技
电机工程系：四技、二技
电子工程系：四技
化学工程系：四技
资讯工程系：四技
安全科技与管理系：四技、二技
消防学系：四技、二技

光机电暨材料研究所：硕士班

2. 商管学院

信息管理系：四技

国际企业管理系：四技、二技

财务金融系：四技

电子商务系：四技

餐旅管理系：四技、二技

应用数字媒体系：四技、硕士

观光休闲管理系：四技

3. 人文社会学院

应用英语系：四技、二技

幼儿保育系：四技

运动健康与休闲系：四技

应用日语系：四技

一百三十六、美和科技大学

网址：http://www.meiho.edu.tw

地址：912 屏东县内埔乡美和村屏光路 23 号

电话：08-7799821

传真：08-7789837

校长：刘显达

学校简史：

前身为 1966 年设立的美和护理专科学校，1990 改为美和技术学院，2010 年改名为美和科技大学。

目前，在校学生：8,190 人，专任教师：290 人。

学制与学位：

学　制	学习年限	授予学位
四技	4 年	学士
二技	2 年	
硕士班	1-4 年	硕士

学院、系所与学制：

1. 健康暨护理学院
健康照护研究所：硕士班
健康与生技产业研究所：硕士班
护理系：二技、四技
健康事业管理系：四技、二技
美容系：四技、二技
生物科技系：四技
长期照护学位学程：二技
食品营养系：四技
健康产业信息科技系：四技
2. 经营管理学院
经营管理研究所：硕士班
财政税务系：四技
企业管理系：四技
信息管理系：四技
3. 民生学院
幼儿保育系：二技、四技
应用外语系：四技
休闲运动保健系：四技
社会工作系：四技
老人服务事业管理系：四技
文化事业发展系：四技
珠宝技术系：四技、二技
餐旅管理系：四技

一百三十七、修平技术学院

网址：http://www.hit.edu.tw
地址：412 台中市大里区工业路 11 号
电话：04-24961100
传真：04-24961187
校长：钟瑞国

学校简史：

1965 年由林汤盘（修平）先生创办树德家政专科学校，1970 年改为树德工业专科学校，1994 年更名为树德工商专科学校，2000 年改为修平技术学院。

目前，在校学生：6,167 人，专任教师：269 人。

学制与学位：

<table>
<tr><th>学　制</th><th>学习年限</th><th>授予学位</th></tr>
<tr><td>四技</td><td>4 年</td><td rowspan="2">学士</td></tr>
<tr><td>二技</td><td>2 年</td></tr>
<tr><td>硕士班</td><td>1-4 年</td><td>硕士</td></tr>
</table>

学群、系所与学制：

1. 工程学群
机械工程系、精密机械与制造科技研究所：硕士班、四技、二技
工业工程与管理系、精实生产管理研究所：硕士班、四技
化学工程系：四技
电机工程系：硕士班、四技、二技
电子工程系：四技
2. 管理学群
国际企业经营系：四技
财务金融系：四技
人力资源发展系：四技

营销与流通管理系：四技

3. 语文学群

应用英语系：四技

应用中文系：四技

应用日语系：四技

4. 信息学群

信息管理系：四技

信息网络技术系：四技

数字媒体设计系：四技

一百三十八、佛光大学

网址：http://www.fgu.edu.tw

地址：262 宜兰县礁溪乡林美村林尾路 160 号

电话：03-9871000

传真：03-9874806

校长：杨朝祥

学校简史：

2008 年建校，原名佛光人文社会学院，2006 年 8 月改名为佛光大学。目前，在校学生：2,904 人，专任教师：149 人。

学制与学位：

学　制	学习年限	授予学位
学士班	4 年	学士
硕士班	1-4 年	硕士
博士班	2-7 年	博士

学院、系所与学制：

1. 人文学院

文学系：博士、硕士、大学学士班

艺术学研究所：硕士班
外国语文学系：硕士、大学学士班
生命与宗教学系：硕士、大学学士班
哲学研究所：硕士、大学学士班
历史学系：硕士、大学学士班
文化资产与创意学系：硕士、大学学士班
人类学系：大学学士班

2. 理工学院

信息应用学系：硕士、大学学士班
心理学系：硕士、大学学士班
学习与数位科技学系：硕士、大学学士班
产品与媒体设计学系：大学学士班

3. 社会科学暨管理学院

未来学系：硕士、大学学士班
政治学系：硕士、大学学士班
经济学系：硕士、大学学士班
社会学系：硕士、大学学士班
公共事务学系：硕士班、大学学士班
传播学系：硕士、大学学士班
管理学系：硕士、大学学士班
社会教育学研究所：硕士班

4. 佛教学院

佛教学系：硕士、大学学士班

一百三十九、稻江科技暨管理学院

网址：http://www.toko.edu.tw
地址：613 嘉义县朴子市学府路二段 51 号
电话：05-3622889
传真：05-3622899
校长：杨正宏

学校简史：

2001 年 8 月由人陈玺安先生、陈阿财先生等人创办。

目前，在校学生：2,228 人，专任教师：93 人。

学制与学位：

学　制	学习年限	授予学位
四技	4 年	学士
二技	2 年	
硕士班	1-4 年	硕士

学群、系所与学制：

1. 民生学群

应用语文学系：大学学士班

文学创作与传播学系：大学学士班

幼儿教育学系：大学学士班

老人福祉学系：大学学士班、

咨商心理学系：大学学士班、四技

营养保健科学学系：大学学士班

环境与职业卫生学系：大学学士班

2. 科技暨管理学群

动画软件设计学系：大学学士、四技、硕士班

网络系统学系：大学学士班、硕士班

信息管理学系：大学学士班

3. 财经暨管理学群

休闲游憩与旅运管理学系：大学学士、硕士班

公共事务管理学系：大学学士班

财经法律学系：大学学士班

运输物流与行销管理学系：大学学士班

环境与职业卫生学系：大学学士班

一百四十、明道大学

网址：http://www.mdu.edu.tw

地址：523 彰化县埤头乡文化路 369 号

电话：04-8876660

传真：04-8876659

校长：陈世雄

学校简史：

由汪广平先生于 2001 年创办明道管理学院，2007 年改名为明道大学。

目前，在校学生：6,312 人，专任教师：199 人。

学制与学位：

学　制	学习年限	授予学位
学士班	4 年	学士
硕士班	1-4 年	硕士

学院、系所与学制：

1. 人文学院

国学研究所：硕士班

课程与教学研究所：硕士班

应用英语学系：大学学士班

应用日语学系：硕士、大学学士班

中国文学学系：硕士、大学学士班

2. 管理学院

管理学院企业高阶管理：硕士班

产业创新与经营学系：硕士、大学学士班

餐旅管理学系：大学学士班

休闲保健学系：大学学士班

国际营销与运筹学系：大学学士班

财务金融学系：大学学士班
管理学士学位学程：进修学士班
3. 应用科学院
光学设计与度量产业研发：硕士专班
薄膜太阳电池产业研发：硕士专班
信息传播学系：大学学士班
精致农业学系：大学学士班
材料科学与工程学系：硕士、大学学士班
生物科技学系：大学学士班
光电暨能源工程学系：硕士、大学学士班
4. 设计学院
设计学院：硕士班
景观设计学系：大学学士班
数字设计学系：大学学士班
时尚造形学系：大学学士班
绿环境设计学系：大学学士班

一百四十一、亚洲大学

网址：http://www.asia.edu.tw
地址：413 台中市雾峰区柳丰路 500 号
电话：04-23323456
传真：04-23316699
校长：蔡进发

学校简史：

由蔡长海教授创校，1999 年 10 月成立设校筹备处，2001 年 3 月创设台中健康暨管理学院，2005 年 8 月改名为亚洲大学。

目前，在校学生：12,196 人，专任教师：339 人。

学制与学位：

学　制	学习年限	授予学位
学士班	4 年	学士
硕士班	1-4 年	硕士
博士班	2-7 年	博士

学院、系所与学制：

1. 健康学院
健康产业管理学系：大学学士、硕士班
保健营养生技学系：大学学士、硕士班
生物科技学系：大学学士、硕士班
2. 信息学院
生物与医学资讯学系：大学学士、硕士、博士班
信息多媒体应用学系：大学学士、硕士班
光电与通讯学系：大学学士、硕士班
信息传播学系：大学学士、硕士班
资讯工程学系：大学学士、硕士班、博士班
3. 管理学院
经营管理学系：博士、硕士、大学学士班
国际企业学系：硕士、大学学士班
休闲与游憩管理学系：硕士班、大学学士班
会计与信息学系：硕士、大学学士班
财务金融学系：硕士、大学学士班
财经法律学系：大学学士班
4. 人文社会学院
社工系：硕士、大学学士班
心理系：硕士、大学学士班
幼教系：大学学士班
外文系：硕士、大学学士班（五）
创意设计学院数字媒体设计研究所：博士班
数字媒体设计学系：硕士、大学学士班

视觉传达设计学系：大学学士班

创意商品设计学系：大学学士班

时尚设计学系：大学学士班

一百四十二、德霖技术学院

网址：http://w3.dlit.edu.tw

地址：236 新北市土城区青云路 380 巷 1 号

电话：02-22733567

传真：02-22733995

校长：洪久贤

学校简史：

1972 年创办四海工业专科学校，1991 年改名为四海工商专科学校，2001 年改为德霖技术学院。

目前，在校学生：8,238 人，专任教师：244 人。

学制与学位：

学　制	学习年限	授予学位
四技	4 年	学士
二技	2 年	

学群、系所与学制：

1. 工程学群

机械工程系：四技

电子工程系：四技

资讯工程系：四技

计算机与通讯工程系：四技

光电工程系：四技

2. 不动产学群

营建科技系：四技

不动产经营系：四技

3. 商管学群

企业管理系：四技

国际企业系：四技

财务金融系：四技

应用英语系：四技、二技

4. 休闲餐旅学群

餐旅管理系：四技

休闲事业管理系：四技

餐饮厨艺系：四技

一百四十三、南开科技大学

网址：http://www.nkut.edu.tw

地址：542 南投县草屯镇中正路 568 号

电话：049-2563489

传真：049-2563788

校长：陈猷龙

学校简史：

1971 年创立原名南开工业专科学校，1993 年更名为南开工商专科学校，2001 年改为南开技术学院，2008 年 8 月改名为南开科技大学。

目前，在校学生：6,541 人，专任教师：228 人。

学制与学位：

学　制	学习年限	授予学位
学士班	4 年	学士
硕士班	1-4 年	硕士
博士班	2-7 年	博士

学院、系所与学制：

1. 工程学院

车辆与机电产业研究所：硕士班

机械工程系：四技、二技

自动化工程系：四技、二技

工业工程与管理系：四技

2. 电资学院

电机与信息工程研究所：研究所

电子工程系：四技、二技

资讯工程系：四技

电机工程系：四技、二技

计算机与通讯工程系：四技

3. 商管学院

信息管理系：四技

企业管理系：四技

财务金融系：四技

休闲事业管理系：四技

文化创意与设计系：四技

应用外语系：四技、二技

4. 独立所

福祉科技与服务管理系：四技、硕士班

一百四十四、南荣技术学院

网址：http://www.njtc.edu.tw

地址：737 台南市盐水区朝琴路 178 号

电话：06-6523111

传真：06-6527729

校长：林义宗

学校简史：

1967 年由沈荣先生、沈乃霖先生、沈水德先生、李炳南先生、陈行昌先生等人共同筹设，定校名为南荣工业专科学校，2001 年改名为南荣技术学院。

目前，在校学生：3,709 人，专任教师：166 人。

学制与学位：

学　制	学习年限	授予学位
四技	4 年	学士
二技	2 年	

学群、系所与学制：

1. 工程学群

工程科技研究所

电子工程系：二技、四技

电机工程系：二技、四技

机械工程系：四技

营建工程系：四技

资讯工程系：四技

2. 商管学群

信息管理系：二技、四技

企业管理系：四技

管理与信息系：四技

财务金融系：四技

3. 人文学群

室内设计系：四技

餐旅管理系：四技

应用日语系：四技

观光系：四技

一百四十五、兰阳技术学院

网址：http://www.fit.edu.tw

地址：261 宜兰县头城镇复兴路 79 号

电话：03-9771997

传真：03-9777027

校长：陈秀樱

学校简史：

1966 年 3 月创立，校名为私立复兴工业专科学校，1983 年更名为私立复兴工商专科学校，2001 年 8 月改为兰阳技术学院。

目前，在校学生：4,799 人，专任教师：214 人。

学制与学位：

学　制	学习年限	授予学位
四技	4 年	学士
二技	2 年	
五专	5 年	无

学群、系所与学制：

1. 休闲科技学群

化妆品应用系：四技、二技

数位生活创意系：四技、二技

应用外语科：四技、二技

健康休闲管理系：四技、二技

电子与光电应用系：四技、二技

2. 商业管理学群

营销与流通管理系：四技、二技

信息管理系：四技、二技、五专

财务金融系：四技、二技

理财与保险管理系：四技、二技
国际企业经营系：四技、二技
3. 创意设计学群
自动化工程系：四技、二技
创意产品科技应用系：四技、二技
计算机应用工程系：四技、二技
建筑系：四技、二技
通识教育中心：四技、二技

一百四十六、黎明技术学院

网址：http://www.lit.edu.tw
地址：243 新北市泰山区黎专路
电话：02-29097811
传真：02-22964276
校长：林俊彦

学校简史：

1965 年 9 月由许添地、李炳建、黄在格等三人创办，校名为私立黎明工业专科学校，2002 年改为黎明技术学院。

目前，在校学生：5,154 人，专任教师：196 人。

学制与学位：

学　制	学习年限	授予学位
四技	4 年	学士

系所与学制：

数字多媒体系：四技
电机工程系：四技
机械工程系：四技

企业管理系：四技
信息科技系：四技
信息管理系：四技
化妆品应用系：四技
创意产品设计系：四技
观光与餐旅管理系：四技

一百四十七、东方设计学院

网址：http://www.tf.edu.tw
地址：829 高雄市湖内区东方路 110 号
电话：07-6932011
传真：07-6931611
校长：邱明源

学校简史：

1966 年 3 月成立，定名为东方工艺专科学校。1969 年更名为东方工业专科学校，1990 年改名为东方工商专科学校，2000 年改为东方技术学院。

目前，在校学生：3,930 人，专任教师：202 人。

学制与学位：

学　制	学习年限	授予学位
四技	4 年	学士
二技	2 年	
硕士班	1-4 年	硕士

系所与学制：

文化创意设计研究所：硕士班
美术工艺系：四技、二技
传播艺术系：四技
流行商品设计系：四技

室内设计系：四技
化工与材料工程系：四技
电子与信息系：四技
电机工程系：四技
食品科技系：四技
观光与休闲事业管理系：四技、二技
应用外语系：四技
化妆品应用与管理系：四技
营销与流通管系：四技
餐饮管理学位学程：四技
美容与生活应用学位学程：四技

一百四十八、经国管理暨健康学院

网址：http://www.cku.edu.tw
地址：203 基隆市中山区复兴路 336 号
电话：02-24372093
传真：02-24376209
校长：黄桂兰

学校简史：

1967 年创立，原名为德育护理专科学校，1996 年改为德育医护管理专科学校，2001 年 8 月改为德育技术学院，同年 11 月改名为经国管理暨健康学院。

目前，在校学生：4,422 人，专任教师：139 人。

学制与学位：

<table>
<tr><th>学　制</th><th>学习年限</th><th>授予学位</th></tr>
<tr><td>四技</td><td>4 年</td><td rowspan="2">学士</td></tr>
<tr><td>二技</td><td>2 年</td></tr>
<tr><td>硕士班</td><td>1-4 年</td><td>硕士</td></tr>
</table>

系所与学制：

健康产业管理研究所：硕士班
护理系：二技
食品保健系：四技
幼儿保育系：四技
化妆品应用系：二技、四技
餐旅管理系：四技
信息科技系：四技
人力资源开发系：四技
运动健康与休闲系：四技
老人服务事业管理系：四技
时尚造型表演系：二技

一百四十九、长庚技术学院

网址：http://new.cgit.edu.tw
地址：333 桃园县龟山乡文化一路 261 号
电话：03-2118999
传真：03-2118305
校长：楼迎统

学校简史：

1988 年设立私立长庚护理专科学校，2002 年改为技术学院。

目前，在校学生：8,168 人，专任教师：387 人。

学制与学位：

学　制	学习年限	授予学位
四技	4 年	学士
二技	2 年	
硕士班	1-4 年	硕士

系所与学制：

护理系：二技、四技
幼儿保育系：二技、四技
信息管理系：二技
化妆品应用系：二技
老人照顾管理系：二技
营养保健系：二技
呼吸照护系：二技
护理研究所：硕士在职专班

一百五十、崇右技术学院

网址：http://www.cit.edu.tw
地址：201 基隆市信义区义七路 40 号
电话：02-24237785
传真：02-24293639
校长：梁荣辉

学校简史：

1967 年创校，名为崇右企业管理专科学校，2003 年 8 月改为崇右技术学院。目前，在校学生：3,455 人，专任教师：130 人。

学制与学位：

学　制	学习年限	授予学位
四技	4 年	学士
二技	2 年	

系所与学制：

企业管理系：四技、二技

会计信息系：四技
财务金融系：四技
国际企业系：四技
国际贸易系：四技
应用外语系：四技
信息管理系：四技
财经法律系：四技
休闲事业经营系：四技
信息法律系：四技
视觉传达设计系：四技
多媒体与游戏设计系：四技
多媒体与游戏发展科学系：四技
数字媒体设计系：四技
时尚造型系：四技
时尚造型设计系：四技
创新创业设计系：四技
商品设计系：四技

一百五十一、大同技术学院

网址：http://www.ttc.edu.tw
地址：600 嘉义市弥陀路 253 号
电话：05-2223124
传真：05-2252393
校长：简宣博

学校简史：

创立于 1963 年，原名大同商业专科学校，2003 年改为大同技术学院。目前，在校学生：3,576 人，专任教师：112 人。

学制与学位：

学　制	学习年限	授予学位
四技	4 年	学士
二技	2 年	

系所与学制：

数字内容设计系：四技、二技
多媒体设计系：四技
餐饮管理系：四技、二技
幼儿保育系：四技、二技
财务金融系：四技
视觉传达设计系：四技
美容造型设计系：四技
社会福祉与服务管理系：四技、二技
观光与休闲事业管理系：四技
国际营销系：四技、二技
运动健康与休闲系：四技
企业管理系：四技、二技
财政税务系：四技
旅馆管理学位学程：四技
婚礼与会展企划学位学程：四技
流行创意商品设计学位：四技

一百五十二、高凤数位内容学院

网址：http://www.kfcdc.edu.tw
地址：908 屏东县长治乡复兴村新兴路 38 号
电话：08-7626365
传真：08-7627882
校长：严国庆

学校简史：

洪水法先生于2000年筹办，2003年5月正式成立，2009年8月更名为高凤数位内容学院。

目前，在校学生：1,300人，专任教师：54人。

学制与学位：

学　制	学习年限	授予学位
四技	4年	学士
二技	2年	

系所与学制：

流通管理系：二技、四技
数位商务系：四技、二技
休闲事业管理系：四技
休闲英语系：四技、二技
流行工艺设计系：四技
数字媒体设计系：四技、二技
数字动画设计系：四技、二技
游戏艺术与设计系：四技、二技
数字影音设计系：四技、二技

一百五十三、华夏技术学院

网址：http://www.hwh.edu.tw
地址：235新北市中和区工专路111号
电话：02-89415100
传真：02-29415730
校长：严文方

学校简史：

创办于 1966 年，2004 年 8 月改为华夏技术学院。

目前，在校学生：5,851 人，专任教师：201 人。

学制与学位：

<table>
<tr><th>学　制</th><th>学习年限</th><th>授予学位</th></tr>
<tr><td>四技</td><td>4 年</td><td rowspan="2">学士</td></tr>
<tr><td>二技</td><td>2 年</td></tr>
<tr><td>硕士班</td><td>1-4 年</td><td>硕士</td></tr>
</table>

系所与学制：

资产与物业管理研究所：硕士在职专班

电子工程系：四技、二技

机械工程系：四技、二技

电机工程系：四技、二技

生化工程系：四技

化学工程系：四技

资讯工程系：四技

信息管理系：四技、二技

资产与物业管理系：四技

企业管理系：四技

建筑系：四技

数字媒体设计系：四技

室内设计系：四技

化妆品应用系：四技

一百五十四、台湾观光学院

网址：http://www.tht.edu.tw

地址：974 花莲县寿丰乡丰山村中兴路 268 号

电话：03-8653906

传真：03-8653910

校长：李铭辉

学校简史：

成立于1978年6月15日，2002年10月更名为台湾观光经营管理专科学校，2006年8月改为台湾观光学院。

目前，在校学生：2,657人，专任教师：81人。

学制与学位：

学　制	学习年限	授予学位
四技	4年	学士
二技	2年	

系所与学制：

餐饮管理系（科）：四技

餐旅管理系：四技

旅游管理系：二技、四技

度假休闲管理系：四技

休闲事业系：四技

厨艺管理系：四技

观光餐旅系：二技、四技

一百五十五、法鼓佛教学院

网址：http://www.ddbc.edu.tw

地址：208新北市金山区西势湖2-6号

电话：02-24980707

传真：02-24082492

校长：郭敏芳

学校简史：

2007 年 4 月成立，为台湾地区独立的单一宗教研修学院，2008 年 8 月更名为法鼓佛教学院。

学制与学位：

学　制	学习年限	授予学位
大学学士班	4 年	学士
硕士班	1-4 年	硕士

系所与学制：

佛教学系：硕士班

佛教学系：大学学士班

一百五十六、台北海洋技术学院

网址：http://www.tcmt.edu.tw

地址：111 台北市延平北路九段 212 号

电话：02-28102292

传真：02-28106688

校长：刘廷扬

学校简史：

1966 年 1 月创设中国海事专科学校，2007 年 8 月定名为台北海洋技术大学。

目前，在校学生：4,905 人，专任教师：141 人。

学制与学位：

学　制	学习年限	授予学位
四技	4 年	学士
二技	2 年	

系所与学制：

旅运经营管理系：四技
多媒体与游戏发展科学系：四技、二技
轮机工程系：四技、二技
海洋休闲观光系：四技、二技
航运企业管理系：四技
食品科技与营销系：四技
计算机与通讯工程系：四技
经营管理系：四技
餐饮管理系：四技、二技
海洋运动休闲系：四技
航海科：二技

一百五十七、马偕医学院

网址：http://www.mmc.edu.tw
地址：252 新北市三芝区中正路三段 46 号
电话：02-26360303
传真：02-26361272
校长：魏耀挥

学校简史：

于 2009 年 3 月建校。
目前，在校学生：148 人，专任教师：21 人。

学制与学位：

学　制	学习年限	授予学位
大学学士班	4 年	学士

系所与学制：

医学系：大学学士班

护理学系：大学学士班

一百五十八、基督教台湾浸会神学院

网址：http://www.tbts.edu.tw

地址：110 台北市信义区吴兴街 394 巷 1 号

电话：02-27203140

传真：02-27224646

校长：徐德修

学校简史：

2010 年建校。

学制与学位：

学　制	学习年限	授予学位
硕士班	1-4 年	硕士

系所与学制：

基督教神学研究所：硕士班

一百五十九、亚太创意技术学院

网址：http://www.apic.edu.tw

地址：351 苗栗县头份镇学府路 110 号

电话：037-605500

传真：037-605653

校长：刘绍文

学校简史：

1988 年成立亲民工专，2004 年 2 月改为亲民技术学院，2010 年 8 月更名为亚太创意技术学院。

目前，在校学生：3,094 人，专任教师：165 人。

学制与学位：

学　制	学习年限	授予学位
四技	4 年	学士
二技	2 年	

系所与学制：

电机工程系：四技
电子工程系：二技、四技
多媒体与游戏发展科学系：四技
机电科技学系：四技
生活服务产业系：四技
保健营养生技学系：四技
儿童与家庭服务系：四技
数字媒体设计系：四技
工业工程与管理系：四技
创新与创业管理系：四技
餐旅营销管理系：四技
多媒体与计算机娱乐科学系：二技
视觉传达设计系：二技、四技
观光与休闲事业管理系：四技
休闲运动保健系：二技
创意生活设计系：四技
数字科技设计学系：四技

附录一

台湾地区大学、独立学院系所名称（专业、学科门类）

系所名称	系所名称	系所名称
教育学门	社会（科）教育学系	学前教育学类
综合教育学类	人类发展与家庭学系	幼儿教育学系
教育学系	国小科学教育研究所	儿童发展与家庭教育学系
比较教育学系	公民训育学系	幼稚园教师教学硕士班
国民教育学系	国文教学硕士	幼儿与家庭教育学系
多元文化教育学系	数学教学硕士	成人教育学类
课程（与教学）研究所	台湾华语教学研究所	成人（及继续）教育学系
教育专业发展研究所	公共事务与公民教育学系	高龄者教育研究所
（教育心理与）辅导学系	专业科目教育学类	职业继续教育研究所
教育心理与咨询学系	工业教育（与技术）学系	教育人力资源与发展学系
高等教育研究所	（工业）科技教育学系	成人及社区教育学系
教学艺术研究所	商业教育学系	终身学系与人力资源发展硕士学位学程
学习与教学研究所	卫生教育学系	成人教育与人力发展学系
技职教育与人力资源发展研究所	（生态与）环境教育学系	特殊教育学类
技术及职业教育研究所	环境教育与资源研究所	特殊教育学系
初等教育学系	咨讯教育学系	身心障碍者转衔及休闲教育研究所
教育心理学系	音乐（艺术）教育学系	身心障碍教育研究所
教室专业发展研究所	传统音乐教育研究所	重度障碍研究所
家庭教育与咨商研究所	美劳教育学系	（特殊教育与）辅助科技研究所
课程设计与潜能开发学系	（艺术与）艺术教育学系	创造思考暨资赋优异教育研究所
普通科目教育学类	艺术与人文教育研究所	资赋优异教育研究所
公民教育与活动领导学系	视觉艺术教育学系	沟通障碍教育研究所
语文教育学系	医护教育研究所	轻度障碍教育研究所
华语文教学学系	体育学系	教育行政学类
国文教育研究所	运动（与休闲）教育研究所	教育行政与政策学类

中国语文教育学系	家政教育学系	教育行政（与政策发展）研究所
（自然）科学教育学系	农业教育学系	教育行政与评鉴研究所
自然科学系	工艺教育学系	教育行政与行政学系
科学应用与推广学系	艺术与人文教学研究所	教育政策与管理研究所
数理教育研究所	健康促进与卫生教育学系	教育政策与领导研究所
数学（暨）资讯教育学系	生态休闲教育学位学程	教育经营与管理学系
数学教育学系	餐旅教育研究所	教育领导与发展研究所
（儿童）英语教（育）学系	环境教育及管理研究所	学校行政硕士
外语教学系	体育与运动科学系	教育行政与管理学系
教育领导与与评鉴研究所	美学与视觉艺术学系	舞蹈表演研究所
教育科技学类	雕塑艺术学类	舞蹈创作研究所
教育科技学系	雕塑学系	舞蹈理论研究所
教育传播与科技研究所	美术工艺学类	儿童戏剧研究所
教学科技研究所	美术工艺系	戏曲研究所
（数位）学系科技学系	工艺设计学系	舞蹈表演创作研究所
网路学习科技研究所	传统工艺学系	视觉艺术学类
数位学习（设计与管理）学系	工艺学系	电影学系
教育资讯学系	音乐学类	电影创作学系
教育资料科学学系	音乐学系	音像纪录（与影像维护）研究所
课程教学与科技研究所	中国音乐学系	视觉艺术学系
学习与数位科技学系	西洋音乐学系	音像动画研究所
教学专业发展硕士	音乐应用学系	造型艺术学系
数位学习与教育研究所	应用音乐学系	影剧学系
教育测验评量学类	民族音乐学系	视觉艺术应用系
（教育）测验统计研究所	戏曲音乐学系	创意艺术产业研究所
其他教育学类	传统音乐学系	动画艺术与影像美学研究所
生死教育与辅导研究所	管弦与击乐研究所	视觉与媒体艺术学系
家庭教育研究所	音乐艺术研究所	综合艺术学类
性别教育研究所	音乐表演与创作研究所	艺术学系
生命教育与健康促进研究所	钢琴伴奏合作艺术研究所	文化艺术学系
休闲教育研究所	戏剧舞蹈学类	艺术史学系
国际人力教育与发展研究所	戏剧学系	艺术史与艺术评论研究所
教育学院	中国戏剧学系	环境与艺术研究所

教学视导学位学程	歌仔戏学系	古迹艺术修护学系
科技应用于人力资源发展学系	京剧学系	（音乐与）表演艺术系
	客家戏学系	跨领域艺术研究所
艺术学门	剧场艺术学系	艺术与（创意）设计学系
美术学类	剧场设计学系	艺术创意与发展学系
（应用）美术学系	戏剧与剧场应用学系	艺术创作理论研究所
美术史研究所	剧本创作研究所	音乐舞蹈学系
版画艺术研究所	戏剧创作与应用学系	书法艺术研究所
书画艺术学系	舞蹈学系	动态艺术学系
美术产业（发展）学系	休闲舞蹈系	艺术跨域研究所
艺术创意产业学系	应用中（国）文学系	俄国语文学系
民俗艺术学类	应用中国语文学系	韩国语文学系
民俗艺术研究所	（应用）华语（文）学系	意大利语文学系
民俗技艺学系	文学系	土耳其语文学系
传统艺术研究所	国际华语与文化学系	欧洲语文学系
民族艺术学系	国学研究所	儿童英语学系
应用艺术学类	经学研究所	应用语文学系
应用艺术（与设计）学系	国际汉学研究所	西洋文学学系
多媒体动画艺术学系	专业中文学位学程	创作与英国文学研究所
（新）（应用）媒体艺术学系	华文文学系	斯拉夫语文学系
艺术治疗研究所	数位应用华语文学系	休闲英语系
科技艺术研究所	外国语文学类	东亚语文学系
艺术与造型设计学系	外国语文学系	应用外文学系
艺术与文化创意学位学程	外国文学与语言学研究所	专业英文学位学程
文化创意产业经营学系	应用外语系	应用日文学系
艺术类第二专长学位学程	应用外国语文学系	观光英语系
艺术行政学类	外语文教事业发展研究所	其他语文学类
艺术行政与管理研究所	西洋语文学系	语文（与创作）学系
（美学与）艺术管理研究所	英国语文学习	民间文学研究所
艺术与文化政策管理研究所	英语学系	儿童文学研究所
文化产业学系	英文学系	文学与创作学系
文化资产（维护）学系	英美（语）文学系	语文应用研究所
台湾文化产业经营学系	应用英文学系	现代文学研究所
古物维护研究所	应用英语学系	翻译学类
音像艺术管理研究所	创作与英语文学研究所	翻译学系

	法国语文学系	口笔译研究所
人文学门	德国语文学系	多国语复译研究所
台湾语文学类	德语语文学系	比较文学学类
台湾文学系	应用德语系	比较文学研究所
台湾语文（与传播）学系	西班牙语文学系	语言学类
客家语文研究所	东方语文学系	语言学研究所
台湾文学与跨国文化研究所	日本语文学系	台湾语言与语文教育研究所
中国语文学类	应用日语学系	台湾语言及教学研究所
（中）国（语）文学系	阿拉伯语文学系	台湾语言学系
应用语言学系	其他人文学类	时尚造型设计系
（应用）外国语言学系	人文（社会）学系	数位媒体设计与管理系
客家语言与传播研究所	生死学系	数位文艺系
民族语言与传播学系	医学人文研究所	珠宝技术系
应用语言文学研究所	生死管理学系	国际文化设计研究所
（外国）语言与文化学系	海洋文化研究所	互动媒体设计研究所
宗教学类	人文与资讯学系	创意产业与数位整合学位学程
宗教学系	文化创意学系	动画游戏设计学系
宗教与文化研究所	文化资产与创意学系	时尚生活创意设计学位学程
哲学与宗教学系	生命与宗教学系	创新设计与管理学位学程
佛教学系	文化创意产业（发展）学系	游戏艺术与设计系
基督教（神）学系	跨文化研究所	视觉传达设计学类
宗教文化与组织管理学系	人文类第二专长学位学程	视觉（传达）设计学系
神学系	文化（与）创意学院（不分系）	（应用）数位媒体学系
历史学类	人文（与）社会学院（不分系）	（数位）（多）媒体（创意）设计学系
（历）史学系		媒体设计科技学系
史地学系	设计学门	媒体传达设计学系
台湾（历）史研究所	综合设计学类	数位（内容）（与）（动画）科技设计学系
历史与文物（管理）研究所	材质创作与设计系	动画媒体设计研究所
台湾历史与文化学位学程	流行工艺设计系	多媒体动画系
历史与地理学系	流行设计（经营）系	数位影音设计系
人类学类	时尚（创意）设计（与管理）学系	产品设计学类

人类学系	时尚与媒体设计研究所	工商业设计（技术）系
人类发展学系	设计（科学）（创作）（运算）研究所	商业设计学系
考古学系	设计管理学系	工业（产品）设计学系
台湾人类学研究所	创意生活设计系	生活产品设计系
哲学学类	创意产业设计研究所	玩具与游戏设计研究所
哲学系	艺文产业设计与经营研究所	科技商品设计系
生命学研究所	创意设计系	商品设计学系
心智哲学研究所	创新设计研究所	产品与建筑设计研究所
文献学学类	应用设计学系	创意商品设计学系
汉语文化暨文献资源研究所	（时尚）造形学系	应用纤维造形系
汉学资料整理研究所	造形（or 型）设计学系	流行商品设计系
古典文献学研究所	传统工艺与创意设计学系	产品与媒体设计学系
创新产品设计系	国际政治研究所	心理与咨商学系
创意商品设计与管理系	中山人文社会科学研究所	认知（与神经）科学研究所
流行创意商品设计学位学程	中山学术研究所	行为医学研究所
商品开发与设计学系	三民主义研究所	心理复健学系
空间设计学类	国家安全与大陆研究硕士	谘商与教育心理研究所
室内设计学系	中山与中国大陆研究所	婚姻与家族治疗研究所
空间设计学系	社会学类	神经科学与认知科学研究所
室内与景观设计学系	社会学系	心理及社会工作学系
建筑与室内设计系	应用社会学系	谘商与工商心理学系
媒体空间设计研究所	社会发展学系	谘商与临床心理学系
室内空间设计学系	资讯社会学研究所	健康心理学系
其他设计学类	社会科学系	地理学类
文化创意（与）设计系	社会暨政策科学学系	地理学系
珠宝设计与管理学系	社会与文化研究所	地理环境资源学系
设计类产学专班	性别研究所	地学研究所
艺术设计类产业研发专班	社会人类学研究所	区域研究学类
设计类第二专长学位学程	社会暨公共行政学系	美国研究所
设计（暨艺术）学院不分系	民族学类	东亚研究所
	民族（文化）学系	东亚文化暨发展学系
社会及行为科学学门	民族（事务与）发展学系	东南亚研究所
经济学类	客家（政治经济）（与政策）研究所	日本研究所

经济学系	族群（关系）与文化学系	欧洲研究所
应用经济系	民族与华侨研究所	（中国）大陆研究所
合作经济学系	民族社会学系	拉丁美洲研究所
产业经济学系	“原住民”民族学院不分系	俄罗斯研究所
国际经济研究所	心理学类	德国文化学系
管理经济学系	（应用）心理学系	亚太研究所
知识经济学系	（临床）行为科学研究所	中亚研究所
经济与社会研究所	社会心理学系	文化与自然资源学系
政治经济学系	心理辅导学系	区域人文社会学系
大陆经济硕士学位学程	临床（与咨商）心理学系	多元文化与语言学系
政治学类	辅导与谘商学系	东方人文思想研究所
政治学系	谘商与辅导学系	乡土文化学系
全球化政治与经济学系	谘商（与）（应用）心理学系	闽南文化研究所
台湾研究所	国际事务与（全球）战略研究所	传播与科技学系
台湾文化（及语言）（文学）学系	战略暨国际事务研究所	传播艺术系
南岛文化研究所	国际事业暨文化交流研究所	资讯传播（工程）（设计）学系
客家文化（产业）研究所	外交学系	电讯传播研究所
客家社会（与）文化研究所	国际关系学系	视讯传播（设计）系
日本文化研究所	国际事务与策略研究所	口语传播学系
印度文化研究所	综合社会及行为科学学类	资讯传播科技学系
台湾研究（英语）学位学程	区域政策与发展研究所	数位资讯传播学系
欧洲文化与观光研究所	国家发展（与两岸关系）研究所	试听资讯设计学系
亚太研究英语学位学程	劳工（关系）学系	传播科技研究所
中国与亚太区域研究所	劳动学研究所	试听传播系
美洲研究所	劳动暨人力资源学系	公共传播系
亚洲研究所	教育社会学研究所	国际传播（学位）学程
社会与区域发展学系	犯罪（防治）学系	传播学位学程
日本市场暨商务策略研究所	未来学系	新闻学类
公共行政学类	文化社会政策研究所	新闻学系
公共行政学系	中美关系研究所	新闻传播学系
公共行政与政策学系	医学社会学系	新闻与大众传播学位学程
行政学系	社会医学系	广播电视学类
行政管理（暨政策）学系	工业关系学系	广播电视（电影）学系

行政与领导研究所	国防与国家安全研究所	影像传播学系
公共政策研究所	资讯与社会研究所	公共关系学类
公共政策与管理学系	战略暨国家安全硕士	公共关系暨广告学系
公共事务（管理）学系	人权学位学程	公关事务设计系
社会暨公共事务学系	科技与社会研究所	博物馆学类
国家政策与公共事务研究所	学习科学研究所	博物馆学研究所
地政学系	民族发展与社会工作学系	博物馆学与古物维护研究所
社会行政学系	区域与社会发展学系	图书资讯档案学类
边政学系	两岸关系与安全管理研究所	(资讯与）图书馆学系
市政学系		(数位）图书资讯学系
公共管理与社区发展研究所	传播学门	图书资讯与档案学研究所
高阶公共政策硕士	一般大众传播学类	图文传播学类
国际事务学类	大众传播学系	文学与平面传播学系
国际（暨大陆）事务系	传播学系	图文传播（艺术）学系
图文传播暨数位出版学系	企业管理学系	国际行销与运筹学系
平面传播科技学系	工商管理学系	国际经营与贸易学系
文学创作与传播学系	经营（与）管理（技术）学系	两岸经营学位学程
广告学类	经营决策学系	国际贸易与管理学位学程
广告传播学系	事业经营学系	国际贸易运筹系
广告学系	管理（科学）学系	财务金融学类
其他传播及资讯学类	国际企业（与）（管理）学系	(计量）财务金融学系
科技发展与传播研究所	国际企业与贸易系	财务系
传播类第二专长学位学程	国际企业经营系	财务金融与保险研究所
传播学院（不分系）	国际（经营）（事业）管理硕士（含 IMBA）	财务（金融）与保险研究所
	商业自动化与管理系	金融学系
商业及管理学门	产业经营管理系	金融营运学系
一般商业学类	亚太工商管理学系	金融资讯研究所
商学系	中小企业经营策略管理研究所	金融管理学系
商学与管理研究所	企业创新发展研究所	金融理财研究所
商务经营研究所	企业创新与创业管理研究所	银行保险系
商业经营学系	领导研究所	资讯与财金管理学系
智慧财产研究所	管理硕士学程	银行财务学系
(资讯与）电子商务学系	国际高阶经营硕士	财务金融营运系
电子商务管理学系	国际创业与经营管理学程	银行学系
资讯商务学系	企业与创业管理学系	银行管理学系

资讯经营学系	全球华商经营管理硕士	国际财务金融学系
财经研究所	企业电子化学系	公司理财硕士学位学程
应用商学系	创新与创业管理学系	金融与合作经营学系
数位商务系	产业创新与经营学系	国际金融管理学位学程
会计与财务金融学位学程	创业管理学位学程	理财与税务管理研究所
商业管理学位学程	财经与商务决策研究所	理财与税务规划系
会计学类	国际企业管理与大陆经贸系	金融与国际企业学系
会计（与）（资讯）（科技）（系统）学系	贸易学类	风险管理学类
会计（与）财税研究所	国际贸易（暨商务）（营运）学系	风险管理（与保险）学系
银行会计学系	国际贸易与金融学系	风险管理与统计资讯研究所
会计统计学系	国际商务学系	金融与风险管理系
会计与财务学位学程	贸易经营研究所	保险学系
企业管理学类	国际商学研究所	保险金融（管理）系
金融保险系	其他商业及管理学类	数位知识管理硕士学位学程
保险营运系	（商务）科技管理系	营建与物业（管理）系
保险经营（与金融经济）研究所	资讯管理与传播系	安全管理学系
健康风险管理学系	出版事业管理研究所	出版与文化事业管理研究所
理财与保险管理系	创新管理学系	知识管理学系
财政学类	工业管理（与经营资讯）学系	物业管理学系
财政学系	工业管理科学（及技术）系	专案管理研究所
财政税务（管理）学系	工业与资讯管理学系	资讯管理与数位商业研究所
财税学系	管理与资讯学系	研发与科技管理研究所
财税与会计资讯研究所	经济管理研究所	国际高阶经营管理硕士（IEMBA）
行销与流通学类	资产与物业管理系	服务科学（管理）研究所
行销（管理）学系	资产（管理）科学学系	高阶法律暨管理
行销（与）流通管理系	海洋事务研究所	安全（暨）科技（与）管理学系
流通（科技）管理系	海洋创意产业研究所	服务与科技管理研究所

（行销与）物流管理学系	海洋资源管理学系	休闲娱乐设计学位学程（商管）
运筹（与行销）管理系	不动产经营学系	消费与时尚艺术设计学位学程（商管）
全球运筹管理研究所	不动产与城乡环境学系	媒体与数位设计学位学程（商管）
国际行销学系	（人力与）知识管理系	数位创意行销学位学程
国际物流与行销系	人力资源管理学系	国际专案管理学位学程
经贸运筹管理研究所	（国际）人力资源发展学系	生产事业管理学系
资讯与运筹管理研究所	人力资源暨公共关系学系	房地产经营学系
运输物流与行销管理学系	保全管理学系	台湾产业策略发展学位学程
运销与科技管理学系	生物事业管理学系	服务（科学与）创新管理学系
运筹与科技管理学系	非营利事业管理学系	资源管理及决策研究所
行销与供应链管理研究所	传播管理学系	时尚与创意产业品牌建构及经营管理学位学程
行销与运筹研究所	电信管理研究所	应用经济与管理学系
医管学类	营建管理学系	房地产开发与管理研究所
医务管理学系	文教事业管理学系	健康与美容事业管理学系
医疗资讯（与）管理学系	文教事业经营研究所	创新创业经营系
医疗机构管理研究所	文化（创意）事业（发展）系	研发科技与资讯管理研究所
健康事业管理系	商业文书系	休闲资讯管理学系
健康产业管理学系	海洋事务与资源管理研究所	商业及管理类产学专班
健康暨医务管理学系	营建规划学系	商管类产业研发专班
医疗产业科技管理学系	高阶（主管）（经营）（企业）管理硕士（EMBA）	商业及管理类第二专长学位学程
科技管理学院（不分系）	生命科学系	生物医药科学研究所
商管（专业）学院	生物多样性研究所	生化与程序工程研究所
商学院（不分系）	动物学研究所	生医科学暨工程跨领域学位学程
管理学院（不分系）	植物科学研究所	分子生物暨工程跨领域学位学程
法律学门	昆虫学系	分子生物暨人类遗传学系
一般法律学类	应用动物系	分子医学与生物工程研究所
法律学系	植物学系	健康科技研究所

法学系	辐射生物研究所	基因体与系统生物学学位学程
法律与政府研究所	博物学系	生化科技类产学专班
司法学系	水产生物（技术）学系	生物科技类产业研究专班
学士后法律学系	癌症生物学研究所	微生物学类
专业法律学类	热带植物科学研究所	微生物学系
财经法律学系	生态学类	微生物（与）免疫学系
海洋法律研究所	生态学系	微生物与生化学研究所
科技法律学系	生态学与演化生物学研究所	应用微生物学系
法律科技整合研究所	野生动物保育研究所	医学应用微生物研究所
科技整合法律学研究所	生物型态学研究所	微生物学免疫学暨生物化学研究所
法律专业研究所	生态暨演化生物学研究所	生物化学学类
文教法律研究所	生态科学与技术学系	生物化学（暨分子生物）研究所
财政法学系	生物科技学类	生化暨分子生物研究所
财金法律系	生物技术系	生物医学（学科）学系
智慧财产权研究所	（自然）生物科技学系	生物医学暨环境生物学系
资讯法律系	生物科技与生物资讯学系	分子与生物化学系
财税法律学系	生物科技与工程研究所	生物医学暨生物学系
专利研究所	生物技术与化学工程研究所	生物讯息学类
其他法律学类	生物产业科技学系	生物（咨询与）讯息传递研究所
政治法律学系	生物资源（与科技）（技术）学系	人类遗传学研究所
法律政治学系	健康与生技产业研究所	基因体科学研究所
法律学院	生化科学研究所	系统生物与生物咨询研究所
	生化科技学系	生物资讯与结构生物研究所
生命科学学门	生化暨生物科技研究所	生物（与）医学资讯学系
生物学类	细胞及分子生物研究所	遗传学研究所
生物（科）学系	分子（生物）及细胞生物研究所	生物及解剖学研究所
水生生物科学系	分子生物（科技）学系	分子系统生物医学研究所
生物资讯学系	应用物理学系	理学院不分系
生物资讯与系统生物研究所	电子物理学系	
基因体暨生物资讯学研究所	生物物理（学）研究所	数学及统计学门

微生物基因体学学位学程	高分子物理研究所	数学学类
其他生命科学类	太空天文与电浆科学研究所	数学系
应用化学暨生命科学系	物理类产业研发专班	应用数学系
应用化学暨生物科学系	大气科学学系	商用数学系
生命科学院（不分系）	大气科学系	数理系
系统神经科学研究所	大气物理学系	数学建模与科学计算研究所
微生物免疫与生物药学系	气象学系	统计学类
自然科学学门	海洋科学学类	统计（科学）（资讯）学系
化学学类	海洋生物（科技）（暨资源）（技术）系	统计与精算学系
化学系	海洋生物多样性及演化研究所	应用统计（资讯）学系
应用化学系	海洋物理研究所	数理统计学系
化学暨生物化学系	海洋环境资讯系	数理统计与精算学系
工业化学系	海洋环境化学与生态研究所	其他数学及统计学类
应用化学及材料科学学系	海下技术研究所	数理科学研究所
化学生物系	海洋地质及化学研究所	财务工程与精算数学系
地球科学学类	海洋（科学）学系	财务与计算数学系
地球科学系	海洋科技与事务研究所	
应用地球科学研究所	海洋地质研究所	电算机学门
地质（科）学系	海洋环境学系	电算机一般学类
应用地质研究所	海洋资源学系	资讯科技学系
地震研究所	天文及太空科学学类	资讯科技与管理系
应用地球物理研究所	天文（物理）研究所	资讯工程管理系
水文（与海洋）科学研究所	物理与天文学研究所	资讯与电能科技研究所
地球与环境科学学系	太空科学研究所	电子计算机科学学系
地球物理学系	其他自然科学学类	计算机工程学系
物理暨地球科学学系	应用科技系	资讯管理（技术）学系
卫星资讯暨地球环境研究所	应用科技研究所	网路学类
应用地球物理与环境科学研究所	理化学系	资讯网路（技术）系
地球系统科学研究所	遥测科技学位学程	资讯网路与多媒体研究所
物理学类	先进光源科技学位学程	网路应用科学学系
物理学系	加速器光源科技与应用学位学程	网路与多媒体科技研究所
网路系统学系	资讯与多媒体设计学系	电讯工程学系

软体发展学类	网路多媒体设计学系	通讯与导航工程学系
多媒体（与）游戏发展科学系	数位生活创意系	（光电与）通讯（工程）学系
多媒体与电脑娱乐科学系	其他电算绩学类	资讯与通讯工程研究所
多媒体工程研究所	电脑与智慧型机器人学位学程	资讯科技与通讯学系
资讯软体学系	健康产业资讯科技系	资讯通讯科技管理学系
数位（科技与）游戏（软体）设计系	资讯类产学专班	电脑（与）通讯（工程）学系
软体工程学系	电算机类第二专长学位学程	电脑通讯与系统工程研究所
动画与游戏软体设计学系		网路（与）通讯学系
多媒体与电脑游戏发展科学系	工程学门	电机动力工程学系
多媒体（与）游戏设计系	电子工程学类	电化工程学系
资讯创新与科技学系	电机（与控制）工程学系	电机电力（工程）学系
数位娱乐与游戏设计学系	电机与通讯工程研究所	电机与资讯工程研究所
系统设计学类	（微）电子（工程）学系	电脑通讯与控制研究所
资讯系统与应用研究所	电子与资讯（工程）系	电力与能源研究所
电算机应用学类	光电（技术）学系	半导体科技研究所
电脑应用工程系	光电（科学与）工程学系	电机与能源研究所
应用咨询（科学）学系	光电暨固态电子研究所	电能与控制工程研究所
资讯（科技）（与）应用学系	光电科技（学）研究所	应用电子科技系
资讯与设计学系	光电与材料科技研究所	光电物理研究所
数位内容（科技）（与）（管理）学系	显示科技研究所	电子通讯学系
数位生活科技研究所	显示技术研究所	电信研究所
资讯模拟与设计学系	航空电子系	导航与通讯系
智慧计算与应用研究所	积体电路设计研究所	网路与电讯工程学系
电子计算机应用学系	资讯工程学系	通讯与计算机工程系
计算机管理决策研究所	资讯工程与科学系	光电系统工程系
应用空间资讯系	资讯科学学系	自动控制工程学系
数位科技学系	（资讯）网路工程系	平面显示技术硕士
数位生活应用学位学程	资讯科学与应用学系	电机电力工程（国际）硕士
多媒体与动画设计学系	资讯科学与工程学系	航空与电子科技研究所
数位应用学系	资讯学系	数位机电科技研究所
资讯管理与应用研究所	自动化（控制）工程系	通讯资讯硕士
资讯多媒体应用学系	电资研究所	电机电子工程学系

数位资讯学系	电信工程学系	影像显示（科技）（技术）学系
电子与光电应用系	机械与电脑（辅助）工程学系	车辆与机电（产业）系
资讯与通讯系	机电科技学系	动力及系统工程学系
照明与显示科技研究所	自动化（及）控制系	机电能源及航太工程学系
半导体工程研究所	自动化及机电整合研究所	创思设计机器人学位学程
资讯电机工程研究所	机电自动化研究所	创意产品科技应用系
电脑与通信（工程）研究所	自动化科技研究所	机械类产业研发专班
制造资讯与系统研究所	（机械与）机电工程学系	土木工程学类
电控工程研究所	医疗机电工程研究所	土木工程学系
光电系统研究所	系统及船舶机电工程学系	土木与工程资讯学系
电资类产业研发专班	光机电工程研究所	土木与水资源工程学系
电机（资讯）学院	（光）机电整合（工程）研究所	土木及水利工程研究所
机电学士班	光机电暨材料学系	土木与生态工程学系
电资学士班	机电光（系统）（工程）研究所	土木与环境工程学系
资讯（电机）学院（不分系）	微机电系统与工程研究所	土木与防灾（技术）研究所
机械工程学类	应用力学研究所	土木与防灾应用科技研究所
（动力）机械工程学系	精密机械与制造科技系	土木工程与防灾科技研究所
车辆工程系	机械与精密工程研究所	土木（与）防灾工程学系
车辆科技研究所	精密（机电）工程研究所	营建工程学系
航空工程学系	机电系统工程研究所	营建科技学系
航空太空工程学系	生物（产业）机电工程学系	营建工程与（不动产物业）管理学系
飞机（系统）工程学系	微生物机电工程研究所	路工技术研究所
航太与系统工程学系	机械（与）材料工程系	生物环境（系统）工程学系
航空机械系	机械与轮机工程学系	农业土木工程学系
机械与航太工程研究所	机械与生产（技术）系	营建科技与空间资讯学系
机械与航空工程研究所	机械与生产工程系	环境资讯及工程学系
造船工程系	机械制造工程系	土木工程科技研究所
系统工程暨造船学系	机电光整合工程研究所	土木工程与环境资源管理系
船舶机械系	车辆与轨道技术研究所	土木与防灾设计系

轮机工程学系	农业机械工程学系	营建科技与防灾研究所
机械设计工程学系	产业精密机械研究所	化学工程学类
模具工程系	精密机械与制造技术研究所	化学工程学系
制造科技研究所	创意工程与精密科技研究所	化学工程与生物科技学系
制造工程（与管理技术）学系	机械与能源工程研究所	化（学）工（程）与材料工程学系
机械与自动化工程学系	车辆产业技术与管理学程	化学工程与材料科（技）学系
高分子（材料）（工程）学系	工业工程学类	海洋环境（及）工程学系
高分子环保材料研究所	工业工程（与）（科技）（系统）（工程）（管理）学系	环境科学系
高分子科学与工程学研究所		国际永续发展硕士在职专班
分子科学（与工程）学系	工业工程与经营资讯学系	环境与资源工程研究所
有机高分子研究所	系统工程学系	河海工程学类
生化工程系	系统资讯与控制研究所	河海工程学系
生化与生医工程研究所	生产工程学系	水利（及海洋）工程学系
工业化学与灾害防治研究所	工业研究所	海洋工程科技研究所
化工与生化工程系	生产系统（工程）与管理所	水利工程与资源保育学系
材料工程学类	系统工程与管理研究所	海下科技暨应用海洋物理研究所
材料工程学系	工程与管理E化服务系	生医工程学类
材料科学（与）（工程）学系	工业与系统工程学系	生物工程学系
材料科技研究所	精实生产管理研究所	生物系统工程系
材料与制造工程研究所	纺织工程学类	生医光电（工程）研究所
材料暨系统工程研究所	纺织工程学系	生医工程与环境科学系
材料科学与管理系	纺织科学系	生医电子与资讯学研究所
材料及资源工程系	材料与纤维学系	生物医学材料研究所
材料科学与绿色能源工程研究所	纤维与复合材料学系	生医材料暨工程研究所
（应用）材料及光电（工程）（科学）学系	纤维工程学系	生物医学工程学系
材料科学与纳米科技研究所	纤维（及）高分子工程学系	生医工程研究所
纳米科学研究所	测量工程学类	生医资讯暨生医工程学位学程
电子材料系	测量工程学系	影像与生医光电研究所
资源工程学系	测量及空间资讯学系	核子工程学类

纳米科技（暨）（微系统工程）研究所	航空测量学系	工程与系统科学系
材料与化学工程研究所	地形测量学系	核子工程与科学研究所
材料科学与制造研究所	环境工程学类	核子工程学系
陶瓷及材料工程系	环境工程学系	原子核工程研究所
纳米工程与微系统研究所	环境工程卫生学系	核子工程与工程物理学系
材料制造科技学位学程	环境工程与科学学系	原子科学学系
纳米科学及工程学位学程	环境科学与工程学系	综合工程学类
材料应用科技研究所	环境与安全（卫生）工程学系	工程科技学系
绿色材料研究所	环境工程与管理学系	工程科学（及海洋工程）学系
先进薄膜制程学位学程	水资源及环境工程学系	工程技术研究所
材料类产业研发专班	海洋环境科技研究所	工程管理研究所
科技工程管理学系	工程类第二专长学位学程	地区发展管理学系
应用科学与工程研究所	环境与生命学院	建筑与都市防灾研究所
医学工程学系	工程学院（不分系）	都市计划与空间资讯学系
医学工程暨材料研究所	工学院（不分系）	其他建筑及都市规划学类
能源（应用）工程系		建筑与城乡研究所
绿色能源（科技）学系	建筑及都市规划学门	农村规划系
能源与资源学系	建筑学类	园景学系
先进能源研究所	建筑（工程）学系	建设与专案管理学系
应用工程科学研究所	建筑设计学系	城乡与资产计划学系
光电暨能源工程学系	建筑艺术研究所	绿环境设计学系
照明与能源光电研究所	建筑与古迹维护系	资产管理与城市规划学系
能源与光电材料研究所	建筑与古迹保存研究所	
绿色科技学位学程	建筑技术系	农业科学学门
原子科学院（不分系）	建筑与永续规划研究所	一般农业学类
其他工程学类	建筑及都市设计（计划）系	农学（科学）研究所
冷冻空调（工程）学系	建筑（与）都市计划学系	农艺学系
能源与冷冻空调工程学系	建筑（工程）与环境设计系	农园生产学系
矿冶工程学系	建筑与文化资产保存系	精致农业学系
冶金及材料工程学系	古迹建筑维护系	热带农业暨国际合作学系
矿业及石油工程学系	建筑与景观（设计）学系	粮食作物研究所
矿冶及材料科学学系	景观设计学类	热带农业研究所
冷冻空调与能源（科技）系	景观设计（与管理）学系	国际农学研究所
冷冻与低温科技研究所	景观建筑（与）（管理）学系	农业科学学位学程
印刷（工程）学系	景观学系	畜牧学类

造纸印刷研究所	景观与游憩（管理）系	（动物科学与）畜产学系
印刷摄影系	造园景观学系	畜产与生物科技学系
印刷艺术学系	环境与景观艺术学系	动物科学（技术）学系
印刷传播学系	景观及都市设计系	动物科技学系
海洋材料工程研究所	都市规划学类	畜牧学系
农业工程学系	都市计划（与景观建筑）学系	畜牧生产（技术）系
电声学位学程	都市发展与建筑研究所	园艺学类
声音与音乐创意科技学位学程	都市规划与防灾学系	园艺学系
工程类产学专班	土地管理（与开发）学系	园艺暨生物技术学系
产业研发硕士专班	市政暨环境规划学系	植物保护学类
植物病虫害学系	土地资源学系	兽医微生物学研究所
植物病理（与微生物）学系	灌溉工程学系	兽医病理（生物）学研究所
植物保护学系	农业化学类	兽医公共卫生学研究所
植物医学系	农业化学系	动物疫苗科技研究所
农业经济及推广学类	土壤环境科学学系	畜牧兽医学系
农业经济学系	土壤学系	临床动物医学研究所
农业推广学系	农业技术学类	（兽医）微生物暨公共卫生学研究所
农业推展学系	生物农业科技学系	
农企业管理系	农业生物技术研究所	医药卫生学门
生物产业推广暨经营学系	农业生物科技学研究所	医学学类
粮食运销学系	林业学类	医学系
农产运销学系	森林（暨）（自然保育）（自然资源）学系	临床医学研究所
农业经营学系	森林环境暨资源学系	传统中国医学研究所
生物产业传播暨发展学系	林产科学系	中（国）医学系
生物产业暨城乡资源管理学系	木材工业系	针灸研究所
生物产业管理系	木材科学（暨）（与）（工艺）（设计）学系	热带医学研究所
食品科学类	林产加工（技术）系	（微免暨）分子医学研究所
食品科学系	林业（暨自然资源）研究所	免疫学研究所
食品科技学系	森林资源（技术）系	生理学研究所
水产食品科学系	林产科学暨家具工程学系	生理及分子医学研究所
食品暨酿造科技学系	渔业学类	神经科学研究所

食品暨应用生物科技学系	渔业科学研究所	病理学研究所
食品工程学系	环境生物与渔业科学学系	解剖学研究所
水产制造学系	渔业生产与管理学系	解剖学暨细胞生物学研究所
食品技术系	水产养殖学系	细胞生物与解剖学研究所
食品化学工程学系	渔业经济研究所	基础医学研究所
水产食品工业学系	其他农林渔牧学类	医学科学系
食品科学暨生物药学研究所	蚕丝学系	中西医结合研究所
保健营养生技学系	农业类产学专班	预防医学研究所
应用保健食品研究所	生物资源学院（不分系）	急重症医学研究所
食品保健系		医学遗传学研究所
食品科技与行销系	兽医学门	脑科学研究所
水土保持学类	兽医学类	整合生理暨临床科学研究所
水土保持学系	兽医学系	生化学研究所
病理及寄生虫学研究所	药学系	食品营养（科学）系
寄生虫学研究所	中国药学研究所	食品营养与保健生技学系
生理暨解剖医学研究所	传统医药学系	食品暨保健营养学系
国际针灸学位学程	中药资源学系	保健营养（技术）学系
临床基因医学研究所	药理（暨毒理）（学）研究所	营养保健科学系
肿瘤医学研究所	医药（暨应用）化学系	营养与保健科技研究所
转译医学学程	药物化学研究所	营养（科）学系
老化医学学位学程	临床药学研究所	医学营养学系
学士后医学系	生（物）药（科）学系	营养医学研究所
学士后中医学系	制药科技研究所	食品卫生系
公共卫生学类	药学（生物）科技研究所	保健与生物技术研究所
公共卫生学系	药物科技研究所	护理学类
职业医学与公共卫生研究所	分子医药研究所	护理学系
职业医学与工业卫生研究所	天然药物研究所	临床护理研究所
工业安全卫生系	药用化妆品学系	社区护理研究所
卫生福利研究所	香妆品学系	中西（医）结合护理研究所
卫生政策与管理研究所	药用植物与保健学系	护理助产研究所
卫生资讯与决策研究所	中国医药研究所	助产系
生物安全卫生研究所	生药技术学系	长期照护系
职业安全（与）卫生学系	药物安全研究所	早期疗育（与照护）研究所

健康管理学系	癌症生物与药物研发学位学程	健康照护（科学）研究所
“原住民”健康研究所	中国药学暨中药资源学系	医务健康照护管理学系
健康科学学系	复建医学学类	医护管理学系
伤害防治学研究所	物理治疗系	护理管理系
流行病学研究所	职能治疗学系	呼吸治疗学系
环境（与职业）卫生研究所	听语障碍科学研究所	呼吸照护（技术）学系
环境医学研究所	语言治疗（与听力）学系	肾脏照护学系
环境与工业安全卫生系	听力学与语言治疗研究所	老人护理暨管理学系
环境暨职业卫生学系	复健科技辅具研究所	护理技术学系
国际卫生学位学程	运动医学系	健康照护（管理）学系
流行病学与预防医学研究所	复健科学研究所	临床暨社区护理研究所
健康政策与管理研究所	复健医学系	长期照顾学位学程
环境职业医学学位学程	物理治疗暨辅助科技学系	医学技术及检验学类
药学学类	营养学类	（医学）放射技术学系
医事技术学系	医学科技研究所	（婴）幼儿保育（技术）学系
医学技术学系	自然医学研究所	儿童发展研究所
放射医学科学研究所	（医学分子）毒理学研究所	儿童与家庭（服务）学系
医学生物技术（暨检验）学系	医学生物形态学研究所	家庭研究与儿童发展学系
医学生物科技研究所	生物统计学研究	（青少年）儿童福利学系
生物医学科技研究所	组织工程与再生医学学位学程	儿童福利学系
医学检验（暨）生物技术学系	养生与健康行销学	其他社会服务学类
生物医学检验学系	医药卫生类产学专班	民族社会工作学位学程
影像医学研究所	医药卫生类第二专长学位学程	社会服务类第二专长学位学程
医学物理暨影像科学研究所		
（生物）医学影像暨放射科学学系	社会服务学门	民生学门
视光学系	身心保障服务学类	餐旅服务学类
医学资讯学系	身心障碍与辅助科技研究所	旅馆（事业）管理学系
检验技术学系	复健咨商研究所	餐旅（行销）（暨游憩）管理学系
生物医学技术研究所	老年服务学类	餐饮管理学系
医学影像技术学系	老人福祉学系	中餐厨艺系
放射科学系	老人（长期）照顾（管理）系	西餐厨艺系
医事检验生物技术科	老人服务事业管理学系	烘焙管理学系

生医影像与工程研究所	福祉科技与服务管理系	健康餐饮（暨产业）管理学系
光学科技系	老人福利与事业系	食品餐饮管理学系
牙医学类	老年服务管理系	餐饮（制作）学系
牙医（科学）学系	银发（族）健康促进与照顾服务学程	旅馆与餐饮管理学系
临床牙医学研究所	银发健康促进学系	餐饮厨艺系
牙体技术（暨材料）系	银发生活产业学位学程	餐旅及食品管理学系
口腔（卫生）科学学系	银发养生环境学系	餐旅行销暨会展管理系
临床牙医学研究所	银发生活事业管理学位学程	餐旅管理与教育研究所
口腔生物（科学）研究所	社会工作学类	厨艺管理系
口腔科学研究所	（社会政策与）社会工作学系	餐饮创新研发学位学程
口腔（生物暨）材料科学研究所	社会行政与社会工作研究所	国际厨艺学位学程
牙科材料学研究所	医学社会（学）与社会工作学系	旅馆会展系
口腔复健医学研究所	社会福利学系	观光休闲学类
颅颜口腔医学研究所	社会福祉与服务管理系	观光（与）（休闲）（管理）（游憩）学系
其他医药卫生学类	社会工作与儿童少年福利学系	观光事业（管理）学系
法医学研究所	儿童保健学类	（永续）观光暨游憩管理研究所
观光（与）休闲事业管理学系	运动技术学系	运动事业（经营）（管理）学系
观光与餐饮旅馆学系	（运动）教练研究所	运动管理学系
观光与餐旅管理研究所	球类运动（技术）学系	运动资讯（与）传播学系
观光与旅馆学系	路上运动（技术）学系	体育管理学系
观光数位知识学系	水上运动学系	海洋运动与管理学系
休闲游憩（事业）学系	国术学系	运动与健康管理学研究所
休闲（与）游憩（规划）（与）（事业）管理学系	技击运动（技术）学系	失能者运动与休闲研究所
生态旅游研究所	教练科学研究所	休闲游憩与运动管理系
旅游事业经营学系	运动科技学类	运动休闲与健康管理学位学程
旅游事业管理学系	（应用）运动科学研究所	健康促进与休闲管理学位学程
旅游（与旅馆）管理学系	运动健康科学系	生活应用科学学类
旅游健康研究所	运动伤害防护研究所	生活应用与保健系

旅运（经营）管理系	运动器材科技研究所	生活（应用）科学学系
观光旅馆经营学系	运动（与）健康（促进）系	家政学系
海洋休闲（观光）（管理）系	运动保健科学研究所	生活服务产业系
休闲游憩暨社区营造系	运动休闲及休闲管理学类	美容与生活应用学位学程
观光与会议展览学位学程	运动保健学系	服饰学类
旅游与观光学位学程	运动（健康）（与）休闲（管理）学系	服装设计学系
观光餐旅系	休闲运动（保健）学系	织品服装学系
休闲游憩与创意产业管理研究所	休闲运动（与）健康管理学系	服饰科学管理系
岛屿休闲资源发展研究所	海洋运动（与休憩）（休闲）学系	服饰设计管理系
休闲设施规划与管理学系	水域运动管理学系	服饰经营学系
休闲与空间资讯研究所	水域运动休闲学系	服饰设计与经营学系
环境暨观光游憩研究所	休闲（事业）管理学系	美容学类
休闲学与观光管理学系	休闲保健（管理）学系	美容（造型）（设计）学系
观光与行销学位学程	休闲健康管理研究所	化妆品应用（与管理）系
休闲游憩与旅运管理学系	休闲产业（管理）（经营）学系	化妆品科学系
国际观光学位学程	休闲事业经营系	化妆品科技研究所
度假休闲管理系	身心整合与运动休闲产业学系	健康美容学位学程
文化创意与观光学系	健康休闲管理系	时尚造型表演系
观光学院（不分系）	体育（与）健康（与）（休闲）学系	生计彩妆学位学程
竞技运动学类	体育推广学系	时尚美容应用系
竞技运动学系	适应体育学系	美发造型设计系
运动竞技学系	体育舞蹈学系	其他民生学类
流行事业经营系	航空（暨运输服务）管理系	休闲资源暨绿色产业学系
服务业经营（管理）学系	航空服务（管理）学系	绿色科技产业学士班
服务事业管理研究所	空运管理学系	环境防灾学类
台湾饮食文化产业研究所	民航研究所	职业安全与防灾研究所
课后照顾学位学程	空运经营与管理学系	地震与防灾工程研究所
生命礼义学位学程	航空运输研究所	（空间咨询与）防灾科技研究所
会议展览服务业（专业人员）学位学程	航空运输管理学系	防灾与环境（资源）工程研究所
婚礼与会展企划学位学程	航海学类	环境与防灾设计学系
民生类产学专班	航海科技研究所	坡地防灾及水资源工程研究所

民生类第二专长学位学程	商船学系	产业安全（卫生）与防灾研究所
	运输与航海科学学系	环境规划与防灾学系
运输服务学门	航海系	防灾与永续研究所
运输管理学类	海洋运输学系	安全与防灾科技研究所
运输管理学系	海事资讯科技研究所	其他环境保护学类
运输科技与（物流）管理学系	其他运输服务学类	环境资讯科技研究所
运输与物流（工程）学系	运输服务类产学专班	环境政策研究所
交通管理科学系	运输服务类第二专长学位学程	环境规划与管理研究所
交通工程与管理学系	运输观光学院（不分系）	环境规划暨设计研究所
航运管理学系		环境设计学系
航运技术系	环境保护学门	环境保护（技术）系
物流与航运管理学系	环境资源学类	永续环境与科技学系
航运与物流管理学系	资源与环境科学技术系	公害防治学系
交通运输研究所	环境管理系	温泉产业研究所
运输工程与管理学系	环境资源（管理）学系	环境保护类第二专长学位学程
交通运输工程学系	自然资源与环境（管理）学系	
运输工程研究所	自然资源（应用）（管理）学系	军警国防安全学门
运输科学系	环境生态研究所	警政学类
运输与仓储营运系	资源环境学系	行政警察学系
交通与物流管理学系	环境（资源）与能源（科技）学系	刑事警察学系
运输与物流管理学系	环境与物流管理学系	公共安全学系
运输技术系	资源与环境管理研究所	消防学系
航运企业管理系	资源保育（技术）系	外事警察学系
运输科技与运筹学系	观光资源与环境学系	监识科学学系
航空学类	环境与文化资源学系	国境警察学系
水上警察学系	军事气象学系	其他教师
警察政策研究所	兵器系统工程研究所	通识及共同科目 计算机中心
军事学类	其他学门	军训教官 护理教师
陆军官校大学部	其他不能归类之学类 人类性学研究所	师资培育中心
海事官校大学部	老年学研究所 不分系	儒生先修课程教师
空军官校大学部		校长
		其他（包括行政助教）

附录二
台湾地区专科学校系科名称（专业门类）

系所名称	系所名称	系所名称
教育学门	国乐科	设计学门
综合教育学类	戏剧舞蹈学类	综合设计学类
普通（师范）科	戏剧科	流行设计科
国校师资科	歌仔戏科	时尚造型设计科
普通科目教育学类	京剧科	珠宝技术科
社会（教育）科	客家戏科	视觉传达设计学类
专业科目教育学类	剧场艺术科	视觉（传达）设计科
工业教育科	舞蹈科	数位媒体科
体育科	国剧科	（数位）（多）媒体（创意）设计科
美劳科	话剧科	数位内容设计科
体育师资科	综艺舞蹈科	产品设计学类
美术师资科	视觉艺术学类	工商业设计科
护理教育科	电影科	商业设计科
学前教育学类	影剧科	工业设计科
幼儿教育师资科	电影制作科	生活产品设计科
幼稚教育师资科	数位影视动画科	商品设计科
幼儿园教师进修班	民俗艺术学类	空间设计学类
托儿所教保人员进修班	民俗技艺学科	室内设计科
特殊教育学类	应用艺术学类	空间设计科
特殊教育科	文化创意（设计）产业经营科	其他设计学类
		设计类产学专班
美术学门	人文学门	
美术学类	外国语文学类	社会及行为科学学门
（应用）美术科	应用外语科	经济学类
雕塑艺术学类	英国语文科	应用经济科
雕塑科	英语科	政治学类
美术工艺学类	应用英语科	政治科
美术工艺科	法国语文科	公共行政学类

劳作科	德国语文科	公共行政科
音乐学类	西班牙语文科	（普通）行政科
音乐科	日本语文科	行（市）政管理科
中国音乐科	应用日语科	地政科
戏曲音乐科	商用外文科	社会行政科
传统音乐科		
传播学门	国际企业（管理）科	工商管理科
一般大众传播学类	国际企业经营科	资产与物业管理科
大众传播科	产业经营管理科	不动产经营科
（大众）传播艺术科	贸易学类	保全管理科
资讯传播科	国际贸易科	营建管理科
视讯传播（设计）科	国际商务科	文化事业发展科
新闻学类	贸易管理科	商业文书科
编辑采访科	国际贸易运筹科	物资管理科
报业行政科	财务金融学类	人事管理科
广播电视学类	财务金融科	企业（及）资讯管理科
广播电视科	财务管理科	观光资产管理科
公共关系学类	银行保险科	秘书事务科
公关事务设计科	银行科	房屋行销管理科
公共关系科	银行管理科	安全科技与管理科
图书资讯档案学类	风险管理学类	商业及管理类产学专班
图书资料科	金融与风险管理科	
广告学类	保险科	法律学门
商业广告科	金融保险科	一般法律学类
	保险营运科	司法行政科
商业及管理学门	财政学类	专业法律学类
一般商业学类	财政税务科	财经法律科
（综合）商业科	财税科	其他法律学类
商业经营科	财税行政科	书记官科
商业管理科	财税金融科	
会计学类	行销与流通学类	生命科学学门
会计（资讯）科	行销管理科	生命科技学类
会计统计科	行销与流通（管理）科	生物科技科
税务会计科	流通管理科	生化科技类产学专班
财务会计科	物流管理科	
商业会计科	商业推广科	自然科学学门

企业管理学类	医管学类	化学学类
企业管理科	医务管理科	应用化学科
工商管理科	其他商业及管理学类	工业化学科
经营管理科	商务科技管理科	大气科学学类
气象科	航空电子科	动力工程科
	资讯工程科	机具横模科
数学及统计学门	自动化（控制）工程科	机械垦植科
数学学类	电信工程科	车辆技术科
商用教学科	电讯工程科	创意产品科技应用科
商业教学科	资讯科技与通讯科	机械类产业研发专班
统计学类	电脑与通讯（工程）科	土木工程学类
统计科	电子通讯科	土木工程科
	雷达工程科	营建科技科
电算机学门	气象电子科	农业土木工程科
电算机一般学类	工业电子科	营建技术科
资讯科技科	通信电子科	公共工程科
计算机工程科	通讯科	化学工程学类
电子计算机科	电子与光电应用科	化学工程科
电子计算机工程科	电资类产业研发专班	化（学）工（程）与材料工程科
资讯管理科	机械工程学类	生化工程科
软体发展学类	（动力）机械（工程）科	纤维化学科
多媒体（与）游戏发展科学科	车辆工程科	印染化学科
多媒体与游戏设计科	航空工程科	塑料加工科
电算机应用学类	飞机工程科	材料工程学类
电脑应用工程科	航空机械科	材料科学（与）（工程）科
资讯应用科	造船工程科	材料及资源工程科
电子资料处理科	船舶机械科	电子材料科
商业资讯科	轮机工程科	资源工程科
数位生活创意科	机械设计工程科	工业工程学类
其他电算计学类	模具工程科	工业工程（与）（管理）科
资讯类产学专班	机械与自动化工程科	制造工程科
	机械与电脑（辅助）工程科	纺织工程学类
工程学门	机电科技科	纺织工程科
电资工程学类	自动化科技科	纺织科学科

电机工程科	机电工程科	材料与纤维科
电子工程科	机械材料工程科	纤维工程科
电子与资讯科	机械制造（工程）科	材料与纤维科技科
光电工程科	农业机械工程科	制衣工程科
纺织工业科	工程类产学专班	水产制造科
环境工程学类		水产食品工业科
环境工程科	建筑及都市规划学门	食品工业科
环境工程卫生科	建筑学类	食品加工科
环境工程与科学科	建筑（工程）科	农产品加工科
环境与安全卫生工程科	建筑设计科	食品制造科
海洋环境工程科	建筑与景观设计科	水土保持学类
环境与安全（技术）科	建筑绘图科	水土保持科
河海工程学类	景观设计学类	农田水利科
海河工程科	景观设计（与管理）科	农业化学类
水利工程科	景观科	农业化学科
生医工程学类	环境与景观艺术科	林业学类
生物工程科		森林科
医器制造科	农业科学学门	木材工业科
核子工程学类	一般农业学类	林产利用科
核能工程科	农艺科	森林利用科
综合工程学类	农场管理科	林产工业科
医学工程科	畜牧学类	森林资源管理科
其他工程学类	畜产科	渔业学类
冷冻空调科	畜牧科	渔业科学科
矿冶工程科	园艺学类	（水产）养殖科
冶金及材料工程科	园艺科	渔业科
矿业（及石油工程）科	植物保护学类	渔捞科
（美术）印刷科	植物病虫害科	其他农林渔牧学类
印刷摄影科	植物保护科	农业类产学专班
农业工程科	农业经济及推广学类	
仪表工程科	农业经济科	兽医学门
电工技术科	农业推广科	兽医学类
陶瓷科	农业经营科	兽医科
陶瓷玻璃工程科	食品科学类	畜牧兽医科
陶业工程科	食品科学科	
（实用）技艺（专）科	食品科技科	医药卫生学门

工业制图科	水产食品科学科	公共卫生学类
造纸工程科	食品工程科	公共卫生科
工业安全卫生科	医药卫生类产学专班	观光与餐饮旅馆科
职业安全（与）卫生科		观光与餐旅管理科
药学学类	社会服务学门	旅游管理科
药学科	老年服务学类	旅运（经营）管理科
医药化学科	老人照顾科	国际观光企业科
保健药学科	老人服务事业管理科	观光宣导科
制药科	老人福利科	海洋休闲观光科
复健医学学类	老人健康管理科	观光餐旅科
物理治疗科	长青事业服务科	竞技运动学类
职能治疗科	高龄社会健康管理科	运动技术科
复健医学科	社会工作学类	运动科技学类
复健（技术）科	社会工作科	运动与健康促进科
营养学类	社会工作与福利行政科	运动休闲及休闲管理学类
食品营养科	儿童保育学类	运动（与）健康（与）休闲科
保健营养科	幼儿保育科	休闲运动科
营养科	儿童保育科	休闲运动管理科
食品卫生科	其他社会服务学类	海洋运动（与游憩）（休闲）科
护理学类	生命关怀事业科	休闲（事业）管理科
护理科		休闲保健学科
护理助产科	民生学门	休闲产业管理科
助产科	餐旅服务学类	休闲事业经营科
医学技术及检验学类	旅馆管理科	健康（与）休闲管理科
放射技术科	餐旅（行销）管理科	体育舞蹈科
医事技术科	餐饮管理科	生活应用科学学类
医学技术科	中餐厨艺科	家政科
医学检验生物技术科	西餐厨艺科	家庭工艺科
视光学科	餐饮厨艺科	服饰学类
医学影像（暨放射）技术科	西点烘焙科	服装设计科
医事检验（生物技术）科	饭店管理科	织品服装科
病理检验科	烘焙科	美容学类
应用放射线科	厨艺管理科	美容（造型）（设计）科
牙医学类	观光休闲学类	化妆品应用（与管理）科

牙体技术科	观光事业（管理）科	美容保健科
其他医药卫生学类	观光与休闲事业管理科	时尚造型表演科
其他民生学类	水上警察科	
流行事业经营科	安全警察科	
服务业经营科	刑事侦查科	
生命事业管理科	海洋巡防科	
民生类产学专班	消防安全科	
	军事学类	
运输服务学门	宪兵专科	
运输管理学类	情报专科	
运输科技与物流管理科	航炸科	
交通管理科	军需科	
航运管理科	兵器工程科	
物流与航运管理科		
航运企业管理科	其他学门	
航空学类	其他教师代码	
航空管理科	通识及共同科目	
航空服务（管理）科	计算机中心	
航海学类	军训教官	
航海科	护理教师	
船务科	师资培育中心	
船舶电讯科	校长	
其他运输服务学类	其他（包括行政助教）	
运输服务类产学专班		
环境保护学门		
环境资源学类		
环境资源管理科		
环境与物业管理科		
其他环境保护学类		
公害防治科		
军警国防安全学门		
警政学类		
行政警察科		
刑事警察科		

附录三

台湾地区大专院校占地及宿舍面积统计（2010年9月底）

面积单位：平方公尺

学校名称	县市别	校舍楼地板面积统计	宿舍		校地面积统计	可使用校地				无法使用校地
			学生宿舍床位数	教职员宿舍单身床位		小计	校舍基地	露天运动场地	其他校地	
"国立"政治大学	台北市	419,556	5,842	88	1,033,971	1,015,470	80,673	68,704	866,093	18,501
"国立"清华大学	台北市	1,475			1,976	1,976	1,169		807	
"国立"清华大学	宜兰县				221,565	221,565			221,565	
"国立"清华大学	新竹市	420,255	5,884	152	950,364	950,364	196,470	32,300	721,594	
"国立"清华大学	新竹县				101,134					101,134
"国立"台湾大学	台北市	1,122,399	8,584	221	1,355,368	1,355,368	423,005	25,429	906,934	
"国立"台湾师范大学	台北市	306,353	5,440	11	219,867	219,708	112,334	55,314	52,060	159
"国立"台湾师范大学	台北县	61,522	1,773	23	234,791	234,791	25,727	38,552	170,512	
"国立"成功大学	台南市	845,012	6,636	218	1,866,124	1,866,124	238,668	45,345	1,582,111	
"国立"中兴大学	台中市	526,510	3,491	113	549,595	549,595	130,808	23,346	395,441	
"国立"交通大学	台北市	3,477			1,793	1,793	1,172		621	
"国立"交通大学	台南县	20,008			82,000	82,000	2,848		79,152	
"国立"交通大学	新竹市	476,024	7,647	169	770,078	770,078	95,403	118,090	556,585	
"国立"交通大学	新竹县	10,338			25,001	25,001	3,477		21,524	
"国立"中央大学	南投县	496			930	930	195		735	

学校名称	县市别	校舍楼地板面积统计	宿舍		校地面积统计	可使用校地				无法使用校地
			学生宿舍床位数	教职员宿舍单身床位		小计	校舍基地	露天运动场地	其他校地	
“国立”中央大学	桃园县	373,054	5,998	73	614,800	614,800	94,151	22,143	498,506	
“国立”中央大学	嘉义县	164			796	796	134		662	
“国立”中山大学	高雄市	321,068	4,262	76	702,879	289,469	64,530	70,000	154,939	413,410
“国立”台湾海洋大学	基隆市	187,829	2,750	38	327,388	240,966	51,384	15,383	174,199	86,422
“国立”中正大学	台北市	373			33	33	33			
“国立”中正大学	嘉义市				1,260	1,260			1,260	
“国立”中正大学	嘉义县	469,121	3,734	116	1,305,956	1,305,956	114,994	12,738	1,178,224	
“国立”高雄师范大学	高雄市	108,230	1,672	23	134,909	134,909	23,326	23,220	88,363	
“国立”高雄师范大学	高雄县	106,699	1,784		506,634	506,634	19,312	38,400	448,922	
“国立”彰化师范大学	台中市	577			517	517	517			
“国立”彰化师范大学	彰化县	194,717	2,553	64	518,296	518,296	75,806	10,475	432,015	
“国立”阳明大学	台北市	178,908	1,663	54	496,336	496,336	45,301	23,508	427,527	
“国立”台北大学	台北市	70,303	1,564		46,379	46,379	38,196	4,074	4,136	
“国立”台北大学	台北县	140,710	1,036		545,555	545,555	58,951	23,158	463,446	
“国立”嘉义大学	嘉义市	284,749	2,551	51	1,342,134	1,237,508	82,337	46,997	1,108,174	104,626
“国立”嘉义大学	嘉义县	102,258	1,256	34	203,319	203,319	24,913	32,900	145,506	

学校名称	县市别	校舍楼地板面积统计	宿舍		校地面积统计	可使用校地				无法使用校地
			学生宿舍床位数	教职员宿舍单身床位		小计	校舍基地	露天运动场地	其他校地	
“国立”高雄大学	高雄市	182,226	1,058	16	825,197	825,197	51,610	30,500	743,087	
“国立”东华大学	台北市	315			412	412	412			
“国立”东华大学	花莲县	352,124	4,235	86	2,615,212	2,610,847	347,344	94,890	2,168,613	4,365
“国立”暨南国际大学	南投县	206,993	2,760	103	1,486,313	1,486,313	62,203	53,400	1,370,710	
“国立”台湾科技大学	台北市	219,445	2,716		119,258	119,258	30,287	14,536	74,435	
“国立”台湾科技大学	台北县	227			56,693	56,693	100		56,593	
“国立”台湾科技大学	基隆市				98,959	98,959			98,959	
“国立”台湾科技大学	新竹县				19,535	19,535			19,535	
“国立”云林科技大学	云林县	264,507	2,718	49	581,447	581,447	78,788	58,002	444,657	
“国立”屏东科技大学	台北市	136			52	52	52			
“国立”屏东科技大学	台东县	181	6		5,760,622	5,760,622	181		5,760,441	
“国立”屏东科技大学	屏东县	297,656	3,113	12	5,534,543	5,534,543	122,704	70,352	5,341,487	
“国立”台北科技大学	台北市	237,029	1,572	6	96,518	96,518	84,891	2,512	9,115	

学校名称	县市别	校舍楼地板面积统计	宿舍		校地面积统计	可使用校地				无法使用校地
			学生宿舍床位数	教职员宿舍单身床位		小计	校舍基地	露天运动场地	其他校地	
“国立”台北科技大学	台北县				1,612,741	1,612,741			1,612,741	
“国立”台北科技大学	桃园县				1,767	1,767			1,767	
“国立”台北科技大学	基隆市				309,146	309,146			309,146	
“国立”高雄第一科技大学	高雄市	37,685	876		244,117	244,117	10,151	33,480	200,486	
“国立”高雄第一科技大学	高雄县	171,551	800	32	460,292	460,292	76,601	2,220	411,471	
“国立”高雄应用科技大学	高雄市	119,145	748	15	98,041	98,041	24,181	23,070	50,790	
“国立”高雄应用科技大学	高雄县	45,169			1,103,639	1,103,639	12,964		1,090,675	
“国立”台北艺术大学	台北市	107,486	1,152	8	370,855	370,855	36,810	7,750	326,295	
“国立”台湾艺术大学	台北县	71,073	822		97,459	78,959	19,703	10,350	48,906	18,500
“国立”台东大学	台东县	108,389	830	32	712,908	659,445	29,849	27,300	602,296	53,463
“国立”宜兰大学	宜兰县	179,656	1,524	59	306,514	306,514	77,657	4,977	223,880	
“国立”联合大学	苗栗县	135,124	1,190	148	1,278,597	1,278,597	22,548	21,766	1,234,283	
“国立”虎尾科技大学	云林县	169,900	1,876	110	200,953	200,953	37,843	41,741	121,369	

学校名称	县市别	校舍楼地板面积统计	宿舍		校地面积统计	可使用校地				无法使用校地
			学生宿舍床位数	教职员宿舍单身床位		小计	校舍基地	露天运动场地	其他校地	
“国立”高雄海洋科技大学	高雄市	150,258	1,992		232,136	232,136	37,845	37,229	157,062	
“国立”台南艺术大学	台南县	94,564	1,230	50	545,797	545,797	33,455	8,000	334,342	200,000
“国立”台南大学	台南市	93,899	1,510		116,690	116,690	30,704	13,788	72,198	
“国立”台北教育大学	台北市	79,372	1,385		81,384	81,384	17,376	12,666	50,152	1,190
“国立”新竹教育大学	新竹市	79,285	1,513	80	82,297	82,297	17,167	15,813	49,317	
“国立”台中教育大学	台中市	97,382	2,034		99,991	99,991	25,080	16,083	58,828	
“国立”屏东教育大学	屏东县	141,723	2,956	22	365,650	365,650	31,937	34,126	299,587	
“国立”澎湖科技大学	澎湖县	88,615	640	20	414,740	414,740	17,247	16,552	380,941	
“国立”勤益科技大学	台中县	131,994	68		327,742	327,742	25,285	28,634	273,553	
“国立”体育大学	桃园县	123,453	1,224	38	617,544	605,544	43,218	69,600	492,726	12,000
“国立”台北护理健康大学	台北市	74,997	1,368		82,828	82,828	19,608	15,399	47,821	
“国立”高雄餐旅大学	高雄市	93,374	1,360		150,068	150,068	18,402	8,578	123,088	

学校名称	县市别	校舍楼地板面积统计	宿舍		校地面积统计	可使用校地				无法使用校地
			学生宿舍床位数	教职员宿舍单身床位		小计	校舍基地	露天运动场地	其他校地	
“国立”金门大学	金门县	43,523	464	34	145,835	145,835	43,523	4,517	97,795	
“国立”大学小计		10,950,641	121,860	2,444	41,475,970	40,462,200	3,493,533	1,507,907	35,460,760	1,013,770
东海大学	台中市	317,416	5,592	71	1,339,531	1,339,531	109,283	43,600	1,186,648	
辅仁大学	台北县	333,870	4,568	144	343,475	343,475	73,126	45,120	225,229	
东吴大学	台北市	152,300	1,407	29	158,137	95,987	14,082	23,425	58,480	62,150
中原大学	桃园县	257,436	3,833	64	315,985	315,985	51,230	49,495	215,260	
淡江大学	台北市	13,633			3,249	3,249	3,249			
淡江大学	台北县	215,710	3,086	96	216,224	216,224	32,723	28,158	155,343	
淡江大学	宜兰县	43,392	818	51	404,553	404,553	7,168	19,392	377,993	
中国文化大学	台北市	230,106	3,848	66	232,963	232,963	112,595	4,376	115,992	
中国文化大学	台北县				918,310					918,310
逢甲大学	台中市	310,563	4,315	26	213,365	213,365	45,287	35,496	132,582	
静宜大学	台中县	179,835	3,026	46	300,466	300,466	40,146	50,000	210,320	
长庚大学	桃园县	410,500	6,456	144	371,309	371,309	61,751	42,229	267,329	
元智大学	桃园县	197,605	1,950	24	239,100	239,100	29,283	18,670	191,147	
中华大学	新竹市	125,471	2,951	3	203,768	203,768	29,917	40,800	133,051	
大叶大学	彰化县	198,733	2,012	20	238,147	238,147	30,322	27,334	180,491	
华梵大学	台北县	60,019	864		306,760	306,760	126,506	10,525	163,265	6,464
义守大学	高雄县	447,717	6,435	72	289,033	289,033	54,674	43,708	190,651	

学校名称	县市别	校舍楼地板面积统计	宿舍		校地面积统计	可使用校地				无法使用校地
			学生宿舍床位数	教职员宿舍单身床位		小计	校舍基地	露天运动场地	其他校地	
世新大学	台北市	76,021	478		77,626	77,626	43,993	7,115	26,518	
世新大学	台北县	23,163	470		200,734	200,734	9,096		191,638	
铭传大学	台北市	64,007	942		42,315	42,315	14,083	8,262	19,970	
铭传大学	金门县	374			152,500	152,500	700	1,200	600	150,000
铭传大学	桃园县	136,753	1,932	13	188,464	188,464	19,036	15,062	154,366	
实践大学	台北市	106,964	958		388,336	388,336	19,338	4,683	18,018	346,297
实践大学	高雄县	58,530	2,364	24	150,000	150,000	15,249	2,025	132,726	
朝阳科技大学	台中县	157,428	2,140		664,807	664,807	23,966	23,854	616,987	
高雄医学大学	高雄市	127,863	1,360	178	118,567	100,856	25,020	18,787	57,049	17,711
南华大学	嘉义县	93,908	1,944	136	501,482	501,482	24,274	21,540	455,668	
真理大学	台北县	81,145	1,080	3	91,803	91,803	19,079	36,913	35,811	
真理大学	台南县	87,163	656	42	227,831	227,831	19,262	17,643	190,926	
真理大学	高雄市	390			37	37	37			
大同大学	台北市	1,006,779	1,207		62,975	62,975	9,244	10,000	43,731	
台南科技大学	台南县	208,127	3,264		162,900	162,900	30,283	34,115	98,502	
崑山科技大学	台南县	190,645	1,784		165,089	165,089	30,684	48,579	85,826	
嘉南药理科技大学	台南市	35,155	750		3,023	3,023	3,023			
嘉南药理科技大学	台南县	236,323	2,484		259,123	259,123	43,688	33,347	182,088	
树德科技大学	高雄县	154,695	2,562	40	376,356	373,184	27,545	36,020	309,619	3,172

学校名称	县市别	校舍楼地板面积统计	宿舍		校地面积统计	可使用校地				无法使用校地
			学生宿舍床位数	教职员宿舍单身床位		小计	校舍基地	露天运动场地	其他校地	
慈济大学	花莲县	280,338	3,522	18	634,504	634,504	80,568	60,258	493,678	
台北医学大学	台北市	88,676	810		73,754	73,754	26,265	12,559	34,930	
中山医学大学	台中市	152,123	1,795		557,456	139,428	63,312	21,712	54,404	418,028
龙华科技大学	桃园县	91,200	793	4	70,855	70,855	17,027	4,145	49,683	
辅英科技大学	高雄县	132,990	2,862	58	172,745	172,745	28,140	42,759	101,846	
明新科技大学	新竹县	154,935	2,135	103	231,678	231,678	38,931	45,270	147,477	
长荣大学	台南市	165,854	2,927	120	269,111	269,111	31,578	37,046	200,487	
弘光科技大学	台中县	130,400	370		99,114	99,114	22,573	18,942	57,599	
中国医药大学	台中市	115,480	419		38,186	38,186	10,023	9,858	18,305	
中国医药大学	云林县	17,358	888		31,884	31,884	3,043	2,160	26,681	
青云科技大学	桃园县	118,856	1,520	6	58,437	58,437	17,353	18,600	22,484	
正修科技大学	高雄县	187,152	1,494		89,016	89,016	24,303	9,026	55,687	
万能科技大学	桃园县	98,446	1,817	15	90,760	90,760	16,330	21,300	53,130	
玄奘大学	新竹市	88,259	1,314	31	160,107	160,107	18,609	17,970	132,528	
建国科技大学	彰化县	94,616	554		98,575	98,575	18,417	14,608	65,550	
明志科技大学	台北县	184,455	2,418	55	619,085	619,085	130,035	24,057	464,993	
高苑科技大学	高雄县	145,217	1,419		251,186	109,916	27,610	28,338	53,968	141,270
大仁科技大学	屏东县	117,653	1,310		294,253	294,253	25,225	31,181	237,847	
圣约翰科技大学	台北县	102,211	1,308	16	112,394	112,394	20,990	23,342	68,062	

学校名称	县市别	校舍楼地板面积统计	宿舍		校地面积统计	可使用校地				无法使用校地
			学生宿舍床位数	教职员宿舍单身床位		小计	校舍基地	露天运动场地	其他校地	
领东科技大学	台中市	111,113	580		200,154	200,154	18,487	18,657	163,010	
中国科技大学	台北市	63,095	88		49,394	49,394	9,357	3,929	36,108	
中国科技大学	新竹县	87,750	1,286	51	141,629	141,629	40,497	17,161	83,971	
中台科技大学	台中市	132,191	1,046	18	97,888	97,888	18,695	10,072	69,121	
亚洲大学	台中县	133,267	4,425	49	253,803	253,803	25,586	23,301	204,916	
开南大学	桃园县	107,606	1,662		153,490	136,061	21,109	29,898	85,054	17,429
佛光大学	宜兰县	85,665	1,041	56	572,284	54,960	18,055	10,400	26,505	517,324
台南应用科技大学	台南县	154,259	1,468		144,365	144,365	28,783	30,821	84,761	
远东科技大学	台南县	127,789	1,574	27	120,636	120,636	21,530	26,444	72,662	
元培科技大学	新竹市	75,265	1,176		126,075	126,075	24,937	16,641	84,497	
景文科技大学	台北县	83,387	888		116,099	116,099	14,494	25,222	76,383	
中华医事科技大学	台南县	140,806	2,447	9	92,001	92,001	20,967	11,325	50,709	
东南科技大学	台北县	89,267	685	8	109,490	109,490	18,866	10,446	80,178	
德明财经科技大学	台北市	62,736	600		59,804	59,804	14,708	11,855	33,241	
明道大学	彰化县	92,638	2,186	62	413,380	272,276	23,218	26,600	222,458	141,104
立德大学	台南市	75,135	1,968	116	199,491	199,491	13,562	52,162	133,767	
南开科技大学	南投县	85,825	882	24	92,030	92,030	15,832	15,135	61,063	
中华科技大学	台北市	69,052	506		54,147	54,147	21,528	5,600	27,019	
中华科技大学	新竹县	16,065	316	10	87,770	27,857	16,065	4,422	7,370	59,913

学校名称	县市别	校舍楼地板面积统计	宿舍		校地面积统计	可使用校地				无法使用校地
			学生宿舍床位数	教职员宿舍单身床位		小计	校舍基地	露天运动场地	其他校地	
侨光科技大学	台中市	93,431	876		58,140	58,140	13,955	7,468	367,171	
育达商业科技大学	台北县				79,034					79,034
育达商业科技大学	苗栗县	96,193	1,675	93	119,651	119,651	47,627	21,428	50,596	
美和科技大学	屏东县	103,191	928		50,574	50,574	15,248	5,991	29,335	
吴凤科技大学	嘉义县	139,621	1,288	4	132,865	132,865	25,889	28,320	78,647	
环球科技大学	云林县	113,321	927	8	452,483	452,483	28,806	50,165	373,512	
台湾首府大学	台南县	99,126	2,109	24	166,689	109,262	15,360	10,200	83,702	57,427
私立大学小计		10,336,652	139,838	2,277	18,033,800	15,098,167	2,352,435	1,718,267	11,027,465	2,935,633
台北市立教育大学	台北市	80,995	1,164		44,329	44,329	11,897	6,000	26,432	
市立大学小计		80,995	1,164		44,329	44,329	11,897	6,000	26,432	
“国立”台湾体育学院	台中市	53,814	731	14	151,294	147,496	27,782	86,711	33,003	3,798
“国立”台湾体育学院	嘉义县	39,912	293		186,106	186,106	17,815	28,794	139,497	
“国立”屏东商业技术学院	屏东县	81,453	900		148,765	148,765	17,412	25,617	105,736	
“国立”台中技术学院	台中市	143,106	1,382	32	58,540	58,540	20,214	11,309	27,017	
“国立”台北商业技术学院	台北市	48,049			19,955	19,955	7,474	7,420	5,061	

学校名称	县市别	校舍楼地板面积统计	宿舍		校地面积统计	可使用校地				无法使用校地
			学生宿舍床位数	教职员宿舍单身床位		小计	校舍基地	露天运动场地	其他校地	
“国立”台湾戏曲学院	台北市	64,974	160		51,930	49,778	14,228	840	34,710	2,152
“国立”学院小计		431,308	3,466	46	616,590	610,640	104,925	160,691	345,024	5,950
兴国管理学院	台南市	53,314	1,692		223,471	223,471	13,623	75,000	134,848	
大华技术学院	新竹县	73,503	630		148,856	148,856	23,516	8,501	116,839	
文藻外语学院	高雄市	92,100	736	36	57,045	57,045	14,925	28,240	13,880	
大汉技术学院	花莲县	62,319	1,056	12	182,377	182,377	20,644	73,443	88,290	
慈济技术学院	花莲县	102,879	2,330	39	138,991	138,991	16,773	16,992	105,226	
永达技术学院	屏东县	92,258	516		260,966	161,732	18,546	13,597	129,589	99,234
永达技术学院	高雄县	3,453			84,260	84,260	1,306	14,595	68,359	
和春技术学院	高雄县	144,750	1,034	10	112,497	112,497	30,971	22,000	59,526	
北台科学技术学院	台北市	119,007	588		86,984	86,984	22,227	9,833	54,924	
治理技术学院	台北县	73,856	276		53,021	53,021	9,785	23,030	20,206	
醒吾技术学院	台北县	55,964	481		55,515	55,515	14,749	16,500	24,266	
亚东技术学院	台北县	99,902	428		52,376	52,376	9,886	6,527	35,963	
南亚技术学院	桃园县	86,560	644		50,274	50,274	12,873	14,120	23,281	
中州技术学院	彰化县	73,025	984		59,780	59,780	17,602	1,066	41,112	
修平技术学院	台中市	10,256			8,905	8,905	5,762		3,143	
修平技术学院	台中县	70,916	1,346		87,559	87,559	17,433	12,372	57,754	
稻江科技暨管理学院	嘉义县	55,882	1,304	96	348,916	348,916	18,012	47,800	283,104	

学校名称	县市别	校舍楼地板面积统计	宿舍		校地面积统计	可使用校地				无法使用校地
			学生宿舍床位数	教职员宿舍单身床位		小计	校舍基地	露天运动场地	其他校地	
德霖技术学院	台北县	84,492	434		119,523	116,307	19,089	13,206	84,012	3,216
南荣技术学院	台南县	90,249	790		72,144	72,144	19,133	10,254	42,757	
兰阳技术学院	宜兰县	85,078	985		82,796	82,796	18,780	14,420	49,596	
黎明技术学院	台北县	58,230	240		71,117	71,117	50,525	11,192	9,400	
东方技术学院	高雄县	85,170	596		90,144	90,144	15,342	22,582	52,220	
经国管理暨健康学院	基隆市	35,839	241		121,676	121,676	7,304	12,000	102,372	
长庚技术学院	桃园县	193,688	5,411		139,039	139,039	26,628	20,886	91,525	
长庚技术学院	嘉义县	106,427	2,020		156,216	156,216	14,759	12,414	129,043	
崇右技术学院	基隆市	37,929	302		411,254	50,129	37,095	12,100	934	361,125
大同技术学院	嘉义市	36,171	402	18	24,002	24,002	7,125	1,980	14,897	
大同技术学院	嘉义县	23,186	441		98,179	98,179	4,787	47,401	45,991	
亲民技术学院	苗栗县	57,330	1,445		129,637	129,637	12,046	24,542	93,049	
高凤技术学院	屏东县	32,069	648		152,200	152,200	31,260	20,466	100,474	
华夏技术学院	台北县	56,051	15		59,646	59,646	10,634	1,457	47,555	
台湾观光学院	花莲县	37,149	1,076	50	138,902	138,902	8,738		130,068	96
台北海洋技术学院	台北市	25,395	259		34,264	34,264	8,775	6,608	18,881	
台北海洋技术学院	台北县	33,459	524	1	41,071	41,071	5,294	1,296	34,481	
马偕医学院	台北县	27,492	204	9	191,344	191,344	5,331	9,886	176,127	
私立学院小计		2,375,348	30,078	271	4,144,947	3,681,276	571,278	626,306	2,483,692	463,671

学校名称	县市别	校舍楼地板面积统计	宿舍		校地面积统计	可使用校地				无法使用校地
			学生宿舍床位数	教职员宿舍单身床位		小计	校舍基地	露天运动场地	其他校地	
台北市立体育学院	台北市	44,557	482		58,166	58,166	3,981		35,468	18,717
市立学院小计		44,557	482		57,166	57,166	3,981		35,468	18,717
“国立”台中护理专科学校	台中市	14,229	116		87,108	87,108	2,835	619	83,654	
“国立”台南护理专科学校	台南市	22,366	290		16,378	16,378	5,647	1,274	9,457	
“国立”台东专科学校	台东县	55,284	167	10	254,896	254,896	20,444	60,149	174,203	
“国立”专科小计		91,879	573	10	358,282	358,282	28,926	62,042	267,314	
康宁医护暨管理专校	台北市	40,351	1,000		73,581	21,176	6,395	770	14,011	52,405
马偕医护管理专科学校	台北市	27,140	704	7	14,396	14,243	5,537	814	7,892	153
马偕医护管理专科学校	台北县	38,327	488	6	122,732	122,732	7,768	4,349	110,615	
仁德医护管理专校	苗栗县	71,789	2,023		61,161	61,161	15,065	7,119	38,977	
树人医护管理专校	高雄县	78,103	1,246	8	129,188	129,188	14,532	24,034	90,622	
慈惠医护管理专校	屏东县	51,201	787	6	196,132	196,132	11,670	35,881	148,581	
耕莘健康管理专科学校	台北县	30,763	968	11	19,875	19,875	4,907	3,211	11,757	
耕莘健康管理专科学校	宜兰县	25,379	1,004	28	94,618	94,618	10,560	17,654	66,413	

学校名称	县市别	校舍楼地板面积统计	宿舍		校地面积统计	可使用校地				无法使用校地
			学生宿舍床位数	教职员宿舍单身床位		小计	校舍基地	露天运动场地	其他校地	
耕莘健康管理专科学校	基隆市				53,630					53,630
敏惠医护管理专校	台南县	31,400	1,015	8	122,972	122,972	6,059	3,328	113,585	
高美医护管理专校	高雄县	13,589	332		59,222	59,222	28,034	9,141	22,047	
育英医护管理专校	高雄市	15,994	240		17,473	17,473	2,582	6,359	8,532	
育英医护管理专校	高雄县				56,942	56,942			56,942	
崇仁医护管理专科学校	嘉义市	15,435	204		27,927	27,927	3,022	4,712	20,193	
崇仁医护管理专科学校	嘉义县	34,297	724	8	98,000	98,000	5,868	5,720	86,412	
圣母医护管理专科学校	宜兰县	21,752	428	1	39,588	39,588	5,938	2,186	31,464	
新生医护管理专科学校	桃园县	86,644	1,450		113,550	113,550	24,215	7,780	81,555	
私立专科小计		582,164	12,613	83	1,300,987	1,194,799	152,152	133,049	909,598	106,188
总计		24,893,544	310,074	5,131	66,033,071	61,489,142	6,719,127	4,214,262	50,555,753	4,543,929

附录四
台湾地区大专校院学生人数——按年级别、校别分

2010–2011 学年度

单位：人

	一年级	二年级	三年级	四年级	五年级	六年级	七年级	延修生
博士	6610	6071	5373	5057	4305	3349	2855	485
博士职	1	10	12	18	15	10	7	-
硕士	49852	46572	15149	8284	80	16	-	4483
硕士职	20313	18703	8235	4414	1584	724	15	3478
硕士暑	701	827	814	388	133	84	2	151
学士	203452	194150	191607	180928	3250	1768	1427	30130
学士Ⅱ	-	-	-	-	-	-	-	16
学士夜	31138	27779	29284	26877	415	12	-	5280
学士进	11261	9643	9083	8999	1205	-	-	2837
二技	-	-	7184	8515	-	-	-	786
二技夜	-	-	14649	14228	4048	-	-	1259
4+X	244	-	-	-	-	-	-	-
4+X 夜	132	-	-	-	-	-	-	-
4+X 进	47	-	-	-	-	-	-	-
二专	2412	2458	-	-	-	-	-	659
二专夜	3974	4335	621	24	-	-	-	1335
五专	18980	17747	16700	16497	14864	-	-	2204
“国立”政治大学								
博士	198	178	154	138	137	105	84	-
硕士	1126	1067	676	514	-	-	-	-
硕士职	618	536	405	311	-	-	-	-
学士	2294	2364	2287	2238	-	-	-	608
“国立”清华大学								
博士	397	422	350	384	307	222	205	18
硕士	1546	1452	376	174	-	-	-	5
硕士职	104	101	44	29	-	-	-	14
学士	1496	1476	1525	1385	-	-	-	254

2010–2011 学年度（续 1）

单位：人

	一年级	二年级	三年级	四年级	五年级	六年级	七年级	延修生
“国立”台湾大学								
博士	950	925	815	817	707	496	461	-
硕士	3890	3746	1298	719	-	-	-	-
硕士职	386	334	157	98	-	-	-	25
学士	3773	4077	4052	3887	224	163	110	1228
学士进	-	-	4	27	117	-	-	47
“国立”台湾师范大学								
博士	238	249	217	247	200	151	104	-
硕士	1351	1270	836	489	-	-	-	-
硕士职	490	394	474	191	141	92	-	-
硕士暑	142	116	215	113	67	34	-	-
学士	1825	1824	1769	1719	-	-	-	416
二年制夜	-	-	-	1	-	-	-	-
“国立”成功大学								
博士	633	559	518	493	484	403	311	-
硕士	2877	2478	601	218	8	-	-	-
硕士职	456	434	274	136	75	-	-	-
学士	2784	2867	2714	2572	72	71	67	511
学士进	-	-	-	-	2	-	-	18
“国立”中兴大学								
博士	312	293	248	265	221	219	219	4
硕士	1639	1459	450	210	-	-	-	-
硕士职	717	601	279	162	71	-	-	-
学士	1907	2111	2031	2043	74	-	-	337
学士进	256	244	316	301	306	-	-	-
4+X	56	-	-	-	-	-	-	-
“国立”交通大学								
博士	507	430	364	339	320	232	213	33
硕士	2053	1884	-	-	-	-	-	988
硕士职	648	596	-	-	-	-	-	748
学士	1362	1374	1371	1287	-	-	-	210
“国立”中央大学								
博士	249	270	257	209	181	154	125	11

2010–2011 学年度（续 2）

单位：人

	一年级	二年级	三年级	四年级	五年级	六年级	七年级	延修生
硕士	1419	1309	348	167	-	-	-	4
硕士职	539	517	247	169	-	-	-	94
学士	1520	1516	1442	1366	-	-	-	246
“国立”中山大学								
博士	208	196	163	182	147	143	102	-
硕士	1226	1127	420	166	-	-	-	-
硕士职	299	287	97	55	-	-	-	75
硕士暑	6	4	15	6	-	-	-	17
学士	1094	1171	1084	1029	-	-	-	227
二技夜	-	-	-	1	-	-	-	0
“国立”台湾海洋大学								
博士	72	66	62	62	53	35	31	0
硕士	743	698	43	32	-	-	-	-
硕士职	244	259	68	30	18	-	-	-
学士	1304	1294	1255	1203	-	-	-	203
学士进	159	157	129	136	-	-	-	56
“国立”中正大学								
博士	134	130	100	141	143	107	107	15
硕士	1196	1115	420	196	9	2	-	-
硕士职	533	449	378	225	188	6	-	-
学士	1600	1621	1626	1459	-	-	-	254
“国立”高雄师范大学								
博士	80	76	76	87	75	51	57	-
硕士	482	476	299	202	-	-	-	-
硕士职	548	598	626	136	99	74	-	-
学士	833	817	837	833	-	-	-	70
“国立”彰化师范大学								
博士	83	68	76	74	59	42	34	-
硕士	610	603	298	146	-	-	-	-
硕士职	374	356	245	94	62	34	-	26
硕士暑	95	168	129	40	40	30	-	45
学士	1138	1132	1133	1049	-	-	-	155

2010-2011 学年度（续 3）

单位：人

	一年级	二年级	三年级	四年级	五年级	六年级	七年级	延修生
“国立”阳明达大学								
博士	243	215	201	161	122	98	83	-
硕士	588	559	135	46	2	-	-	-
硕士职	44	39	28	14	6	-	-	-
学士	404	416	371	366	158	165	121	23
“国立”台北大学								
博士	29	28	22	26	26	19	19	-
硕士	482	516	258	127	-	-	-	-
硕士职	194	189	67	26	13	-	-	11
学士	1318	1357	1292	-	-	-	-	245
学士进	442	394	356	428	353	-	-	82
“国立”嘉义大学								
博士	48	34	35	25	21	19	4	2
硕士	706	614	337	151	-	-	-	12
硕士职	320	305	255	85	-	-	-	33
硕士暑	-	60	-	-	-	-	-	-
学士	1915	1948	1861	1836	48	-	-	133
学士进	664	569	480	433	0	-	-	130
二技夜	2	-	-	-	-	-	-	1
“国立”高雄大学								
博士	1	4	-	-	-	2	-	-
硕士	244	234	74	36	-	-	-	-
硕士职	192	144	51	26	14	5	-	-
学士	1017	1095	1075	1016	-	-	-	141
二技夜	-	-	81	82	102	-	-	13
“国立”东华大学								
博士	57	73	62	49	50	35	22	6
硕士	878	815	468	282	-	-	-	20
硕士职	235	212	92	40	39	36	-	2
硕士暑	16	30	22	19	8	9	-	11
学士	1699	1643	1657	1613	-	-	-	274
学士进	-	-	13	15	-	-	-	4

2010-2011 学年度（续 4）

单位：人

	一年级	二年级	三年级	四年级	五年级	六年级	七年级	延修生
“国立”暨南国际大学								
博士	62	56	54	45	33	26	22	-
硕士	479	483	206	79	38	10	-	-
硕士职	133	105	45	24	9	-	-	-
学士	987	941	942	829	-	-	-	138
二技夜	-	-	34	33	-	-	-	6
“国立”台湾科技大学								
博士	254	191	129	118	99	88	94	-
博士职	1	10	12	18	15	10	7	-
硕士	1310	1101	207	39	-	-	-	-
硕士职	314	292	160	121	-	-	-	-
四技	1295	1361	1207	1174	-	-	-	220
二技	-	-	70	152	-	-	-	33
二技夜	-	-	53	60	103	-	-	16
4+X	24	-	-	-	-	-	-	-
“国立”云林科技大学								
博士	101	89	89	79	98	54	39	4
硕士	932	819	235	78	4	-	-	-
硕士职	363	335	110	76	14	-	-	-
四技	1483	1437	1471	1358	-	-	-	145
二技	-	-	106	195	-	-	-	48
二技夜	-	-	-	-	-	-	-	2
“国立”屏东科技大学								
博士	43	37	27	20	19	16	5	2
硕士	706	607	212	35	2	-	-	-
硕士职	279	249	126	53	11	8	-	0
四技	1848	1866	1599	1565	0	0	-	348
四技夜	332	369	309	338	6	1	-	114
二技	-	-	-	-	-	-	-	12
二技夜	-	-	-	-	-	-	-	3
“国立”台北科技大学								
博士	169	135	124	74	28	4	11	-
硕士	1156	1112	73	10	-	-	-	-

2010–2011 学年度（续 5）

单位：人

	一年级	二年级	三年级	四年级	五年级	六年级	七年级	延修生
硕士职	375	339	173	153	-	-	-	-
四技	1441	1424	1434	1312	-	-	-	20
二技	-	-	-	-	-	-	-	2
二技夜	-	-	464	486	403	-	-	42
4+X 夜	60	-	-	-	-	-	-	-
“国立”高雄第一科技大学								
博士	41	37	32	30	31	18	12	2
硕士	530	496	130	54	-	-	-	-
硕士职	311	299	171	92	-	-	-	58
四技	1302	1208	1096	925	-	-	-	171
二技	-	-	68	119	-	-	-	11
4+X	20	-	-	-	-	-	-	-
“国立”高雄应用科技大学								
博士	53	35	31	24	-	2	-	3
硕士	623	571	-	-	-	-	-	99
硕士职	536	491	-	-	-	-	-	162
四技	1847	1722	1658	1643	-	-	-	204
四技夜	286	271	251	192	-	-	-	80
二技	-	-	72	104	-	-	-	9
二技夜	-	-	335	303	-	-	-	24
“国立”台北艺术大学								
博士	10	11	8	6	8	2	6	-
硕士	267	248	217	173	2	-	-	-
硕士职	49	47	40	12	4	-	-	-
学士	352	269	242	246	-	-	-	84
五专	29	28	21	-	-	-	-	-
“国立”台湾艺术大学								
博士	11	5	-	-	-	-	-	15
硕士	238	208	-	-	-	-	-	273
硕士职	102	123	44	-	-	-	-	98
学士	520	528	530	535	-	-	-	154
学士进	360	361	350	290	-	-	-	108
二技夜	-	-	142	150	-	-	-	35

2010-2011学年度（续6）

单位：人

	一年级	二年级	三年级	四年级	五年级	六年级	七年级	延修生
4+X	26	-	-	-	-	-	-	-
“国立”台东大学								
博士	8	7	26	-	-	-	-	-
硕士	151	233	-	-	-	-	-	-
硕士职	146	137	-	-	-	-	-	40
硕士暑	183	186	153	24	-	-	-	26
学士	854	853	844	753	-	-	-	66
学士进	25	36	23	25	-	-	-	9
“国立”宜兰大学								
博士	4	2	-	-	-	-	-	-
硕士	247	214	66	25	-	-	-	2
硕士职	30	-	0	0	-	-	-	-
学士	997	1022	968	942	-	-	-	134
学士夜	75	85	76	107	-	-	-	23
学士进	103	114	107	45	-	-	-	23
“国立”联合大学								
博士	3	1	3	-	-	0	0	0
硕士	182	144	48	17	3	0	0	0
学士	1519	1536	1528	1468	32	0	0	251
学士进	426	347	300	251	-	0	0	70
“国立”虎尾科技大学								
博士	7	4	6	7	6	1	-	-
硕士	477	436	74	13	-	-	-	-
硕士职	134	133	52	23	1	-	-	-
四技	1805	1796	1692	1722	-	-	-	289
四技夜	264	301	253	305	-	-	-	47
二技	-	-	149	205	-	-	-	30
二技夜	-	-	149	76	-	-	-	6
“国立”高雄海洋科技大学								
硕士	142	131	41	3	-	-	-	-
硕士职	62	61	21	4	-	-	-	-
四技	1219	1115	1038	937	-	-	-	160
四技夜	475	403	414	310	-	-	-	115

2010-2011 学年度（续 7）

单位：人

	一年级	二年级	三年级	四年级	五年级	六年级	七年级	延修生
二技	171	-	196	207	-	-	-	42
二技夜	-	-	80	89	-	-	-	15
五专	95	95	91	98	85	-	-	24
“国立”台南艺术大学								
博士	6	8	3	4	5	2	1	54
硕士	156	154	133	143	-	-	-	3
硕士职	15	13	4	3	-	-	-	20
学士	181	163	149	161	-	-	-	30
学士进	19	24	12	26	-	-	-	1
五专	55	56	54	-	-	-	-	-
“国立”台南大学								
博士	39	27	26	24	5	-	-	32
硕士	407	355	-	-	-	-	-	393
硕士职	252	261	16	-	-	-	-	278
学士	957	963	935	893	-	-	-	64
学士进	131	117	109	125	-	-	-	18
“国立”台北教育大学								
博士	22	27	24	22	26	13	12	2
硕士	381	387	236	159	-	-	-	6
硕士职	341	371	194	72	-	-	-	51
硕士暑	64	80	82	109	-	-	-	43
学士	776	770	747	759	-	-	-	113
“国立”新竹教育大学								
博士	11	12	9	15	5	12	5	-
硕士	253	234	174	96	-	-	-	14
硕士职	107	122	94	38	38	14	3	-
硕士暑	70	49	69	37	6	9	2	5
学士	592	584	619	571	-	-	-	59
“国立”台中教育大学								
博士	24	16	15	14	12	7	4	-
硕士	279	298	162	76	-	-	-	-
硕士职	154	155	97	24	-	-	-	11
硕士暑	105	106	89	10	12	2	-	-

2010–2011 学年度（续 8）

单位：人

	一年级	二年级	三年级	四年级	五年级	六年级	七年级	延修生
学士	804	803	776	731	-	-	-	53
"国立"屏东教育大学								
博士	10	51	-	-	-	-	-	-
硕士	295	553	-	-	-	-	-	-
硕士职	230	268	326	-	-	-	-	-
硕士暑	-	21	24	30	-	-	-	-
学士	775	772	768	745	-	-	-	58
"国立"澎湖科技大学								
硕士	38	41	-	-	-	-	-	16
硕士职	11	9	-	-	-	-	-	2
四技	642	647	638	634	-	-	-	84
四技夜	83	83	83	67	-	-	-	15
二专夜	12	11	-	-	-	-	-	1
"国立"勤益科技大学								
硕士	294	261	59	14	-	-	-	-
硕士职	81	72	11	9	-	-	-	-
四技	1555	1501	1483	1276	-	-	-	180
四技夜	751	591	620	412	-	-	-	83
二技	-	-	94	86	-	-	-	9
二技夜	-	-	237	304	-	-	-	29
4+X 夜	13	-	-	-	-	-	-	-
二专	47	34	-	-	-	-	-	6
二专夜	81	145	24	-	-	-	-	52
"国立"体育大学								
博士	20	19	22	18	17	11	7	-
硕士	132	123	62	31	-	-	-	-
硕士职	76	80	24	21	1	1	-	-
学士	357	345	329	313	-	-	-	106
二年制夜	-	-	50	31	-	-	-	11
"国立"台北护理健康大学								
博士	12	11	11	15	-	1	-	-
硕士	194	194	123	79	-	-	-	-
硕士职	55	44	32	13	-	-	-	-

2010–2011 学年度（续 9）

单位：人

	一年级	二年级	三年级	四年级	五年级	六年级	七年级	延修生
四技	496	466	411	300	-	-	-	17
二技	-	-	360	372	-	-	-	7
二技夜	-	-	235	198	181	-	-	10
“国立”高雄餐旅大学								
硕士	79	63	11	2	-	-	-	-
硕士职	29	26	5	8	-	-	-	-
四技	821	654	625	608	-	-	-	19
四技夜	200	197	191	189	-	-	-	34
二技	-	-	50	137	-	-	-	12
二技夜	-	-	152	197	-	-	-	12
二专	-	1	-	-	-	-	-	3
二专夜	-	188	-	-	-	-	-	29
五专	61	45	50	49	47	-	-	-
“国立”金门大学								
硕士	59	52	26	6	1	-	-	-
学士	673	574	199	398	-	-	-	66
学士夜	189	160	117	82	-	-	-	15
二技夜	50	-	-	46	-	-	-	4
东海大学								
博士	41	32	29	42	40	41	30	-
硕士	654	578	362	318	-	-	-	-
硕士职	259	214	117	167	-	-	-	-
学士	3279	3265	3140	3018	35	-	-	629
学士Ⅱ	-	-	-	-	-	-	-	6
学士进	169	216	219	217	171	-	-	148
辅仁大学								
博士	65	70	60	65	49	53	57	5
硕士	721	652	397	434	-	-	-	-
硕士职	507	433	207	173	-	-	-	219
学士	4154	4276	4200	4076	82	46	43	799
学士进	1244	1025	1135	1157	-	-	-	418
二技夜	-	-	41	33	-	-	-	3

2010–2011 学年度（续 10）

单位：人

	一年级	二年级	三年级	四年级	五年级	六年级	七年级	延修生
东吴大学								
博士	14	15	12	14	14	10	10	-
硕士	426	384	264	233	-	-	-	-
硕士职	328	297	192	165	131	117	-	-
学士	2736	2812	2719	2582	221	-	-	623
学士进	358	302	313	315	232	-	-	66
中原大学								
博士	75	79	60	70	44	49	27	-
硕士	810	801	266	131	-	-	-	-
硕士职	394	394	218	131	126	89	-	-
学士	2984	2988	2963	2810	150	-	-	650
学士进	-	-	1	2	24	-	-	17
淡江大学								
博士	112	94	95	-	-	-	-	280
硕士	1036	936	-	-	-	-	-	691
硕士职	495	471	-	-	-	-	-	429
学士	4990	5130	5041	4815	65	-	-	960
学士进	747	671	677	686	-	-	-	193
二技	-	-	-	-	-	-	-	1
二技夜	-	-	60	85	26	-	-	-
中国文化大学								
博士	83	68	69	69	72	76	67	-
硕士	599	558	414	381	-	-	-	-
硕士职	235	220	136	148	-	-	-	-
学士	4939	4879	4973	4741	-	-	-	978
学士进	853	932	785	612	-	-	-	295
二技夜	-	-	91	89	-	-	-	3
4+X 进	26	-	-	-	-	-	-	-
逢甲大学								
博士	82	71	65	50	57	44	30	2
硕士	832	740	205	83	1	-	-	-
硕士职	483	472	150	98	80	-	-	-
学士	3906	3932	1535	3760	82	-	-	-
学士进	218	215	191	200	-	-	-	81

2010–2011 学年度（续 11）

单位：人

	一年级	二年级	三年级	四年级	五年级	六年级	七年级	延修生
4+X 进	20	-	-	-	-	-	-	-
静宜大学								
博士	4	5	5	6	10	6	10	-
硕士	277	271	144	132	-	-	-	-
硕士职	101	104	45	69	-	-	-	-
硕士暑	-	7	-	-	-	-	-	-
学士	2614	2666	2644	2534	-	-	-	580
学士进	43	42	43	44	-	-	-	15
长庚大学								
博士	112	99	89	73	71	46	41	28
硕士	598	555	233	90	-	-	-	19
硕士职	164	155	116	58	-	-	-	90
学士	1107	1140	1094	984	150	143	193	137
元智大学								
博士	78	64	45	44	36	33	23	-
硕士	597	551	156	59	-	-	-	-
硕士职	416	424	152	136	108	104	-	-
学士	1668	1692	1639	1561	-	-	-	318
二技夜	-	-	-	2	14	-	-	3
中华大学								
博士	38	31	28	33	22	9	8	-
硕士	384	307	163	43	-	-	-	1
硕士职	182	109	52	29	-	-	-	2
学士	1734	1473	1596	1653	-	-	-	489
学士进	68	29	-	-	-	-	-	-
二技夜	-	-	52	140	-	-	-	10
大叶大学								
博士	31	21	87	-	-	-	-	-
硕士	347	410	278	-	-	-	-	-
硕士职	415	406	0	-	-	-	-	119
学士	1680	1315	1881	1943	-	-	-	415
学士Ⅱ	-	-	-	-	-	-	-	6
学士进	176	80	98	62	-	-	-	6

2010–2011 学年度（续 12）

单位：人

	一年级	二年级	三年级	四年级	五年级	六年级	七年级	延修生
二技夜	-	-	-	-	-	-	-	-
华梵大学								
博士	12	9	8	6	7	6	2	-
硕士	135	131	103	77	-	1	-	-
硕士职	139	128	81	66	69	80	-	-
学士	775	650	724	711	-	-	-	179
义守大学								
博士	32	26	21	21	13	11	13	-
硕士	327	356	80	18	-	-	-	-
硕士职	223	171	-	-	-	-	-	65
学士	2776	2692	2856	1151	-	-	-	532
学士进	731	464	420	443	-	-	-	141
二技夜	-	-	181	205	-	-	-	9
4+X	4	-	-	-	-	-	-	-
世新大学								
博士	12	14	10	12	7	5	10	-
硕士	269	255	158	130	-	-	-	-
硕士职	384	323	153	125	80	18	-	-
学士	2298	2247	2226	2138	-	-	-	417
二技夜	-	-	178	185	-	-	-	14
铭传大学								
博士	10	9	9	5	6	6	2	-
硕士	377	372	110	81	1	1	-	-
硕士职	424	355	67	59	27	26	-	-
学士	4131	3994	4033	3936	44	-	-	627
二技夜	-	-	43	127	32	-	-	14
实践大学								
硕士	142	136	5	-	-	-	-	116
硕士职	70	40	14	-	-	-	-	30
学士	3055	2977	2994	2884	57	-	-	350
学士进	567	548	541	503	-	-	-	127
二技夜	-	-	247	313	-	-	-	27
4+X	11	-	-	-	-	-	-	-

2010-2011 学年度（续 13）

单位：人

	一年级	二年级	三年级	四年级	五年级	六年级	七年级	延修生
4+X Ⅱ	21	-	-	-	-	-	-	-
朝阳科技大学								
博士	17	16	5	6	-	-	-	0
硕士	421	413	-	-	-	-	-	304
硕士职	187	200	90	-	-	-	-	125
四技	2575	2590	2556	2473	-	-	-	293
四技夜	890	839	798	544	147	-	-	63
二技	-	-	-	-	-	-	-	9
二技夜	-	-	89	111	1	-	-	30
高雄医学大学								
博士	76	62	60	50	38	31	18	3
硕士	284	295	100	29	1	-	-	-
硕士职	71	86	29	15	9	-	-	-
学士	1193	1190	1243	1188	287	268	199	131
二技夜	-	-	90	113	111	-	-	2
4+X	18	-	-	-	-	-	-	-
南华大学								
博士	4	6	1	6	3	3	2	-
硕士	275	288	176	148	6	-	-	-
硕士职	242	215	87	41	34	-	-	-
学士	942	665	892	1007	-	-	-	155
学士进	128	37	30	57	-	-	-	23
真理大学								
硕士	74	66	22	16	-	-	-	-
硕士职	5	10	-	-	-	-	-	-
学士	1957	1914	2101	2183	-	-	-	391
学士进	176	213	195	176	-	-	-	70
二技夜	-	-	-	74	-	-	-	9
4+X 夜	4	-	-	-	-	-	-	-
大同大学								
博士	34	27	31	33	22	20	17	-
硕士	305	307	87	19	-	-	-	-
硕士职	186	190	131	92	56	-	-	-

2010–2011 学年度（续 14）

单位：人

	一年级	二年级	三年级	四年级	五年级	六年级	七年级	延修生
学士	901	872	878	812	-	-	-	169
南台科技大学								
博士	16	7	8	6	2	4	3	-
硕士	569	540	212	95	-	-	-	-
硕士职	204	172	114	42	25	2	-	-
四技	3207	3100	3066	2783	-	-	-	360
四技夜	1010	1181	1094	1091	1	-	-	286
二技	-	-	-	50	-	-	-	11
二技夜	-	-	-	180	-	-	-	29
崑山科技大学								
博士	4	3	4	3	-	-	-	-
硕士	223	210	-	-	-	-	-	91
硕士职	88	67	-	-	-	-	-	33
四技	2088	2053	2122	2062	-	-	-	277
四技夜	853	662	806	725	-	-	-	158
二技	-	-	-	49	-	-	-	16
二技夜	-	-	302	212	-	-	-	17
二专	-	18	-	-	-	-	-	4
嘉南药理科技大学								
硕士	153	173	41	6	-	-	-	-
硕士职	86	62	15	-	-	-	-	-
四技	2994	3010	2833	2606	-	-	-	296
四技夜	925	770	872	1004	-	-	-	205
二技	-	-	147	138	-	-	-	13
二技夜	-	-	189	196	-	-	-	12
树德科技大学								
博士	5	4	3	-	-	-	-	6
硕士	162	165	-	-	-	-	-	114
硕士职	217	258	13	-	-	-	-	100
四技	1914	1957	1926	1802	-	-	-	451
四技夜	599	580	664	557	-	-	-	179
二技夜	-	-	73	42	-	-	-	9
二专	-	-	-	-	-	-	-	2

2010–2011 学年度（续 15）

单位：人

	一年级	二年级	三年级	四年级	五年级	六年级	七年级	延修生
慈济大学								
博士	27	24	23	17	10	12	10	-
硕士	159	159	92	64	-	-	-	-
硕士职	9	2	13	12	6	-	-	-
学士	676	642	588	555	53	47	51	81
台北医学大学								
博士	68	56	41	45	38	36	28	-
硕士	1286	230	53	34	-	-	-	-
硕士职	75	53	33	30	-	-	-	-
学士	925	932	936	887	260	255	154	57
二技夜	-	-	157	162	164	-	-	6
中山医学大学								
博士	46	40	44	40	30	21	20	-
硕士	223	155	31	11	-	-	-	-
硕士职	29	33	30	8	4	-	-	-
学士	1444	1528	1540	1511	209	215	118	183
学士进	110	-	-	34	-	-	-	9
二技夜	-	-	-	33	153	-	-	22
龙华科技大学								
硕士	146	107	-	-	-	-	-	40
硕士职	35	28	-	-	-	-	-	23
四技	1518	1442	1427	1379	-	-	-	207
四技夜	994	692	606	676	-	-	-	189
二技夜	-	-	359	303	-	-	-	57
4+X 夜	16	-	-	-	-	-	-	-
二专	19	-	-	-	-	-	-	-
辅英科技大学								
硕士	48	41	-	-	-	-	-	45
硕士职	7	5	-	-	-	-	-	7
四技	1020	872	781	573	-	-	-	183
四技夜	194	130	187	124	-	-	-	53
二技	-	-	523	594	-	-	-	36
二技夜	-	-	438	320	190	-	-	44

2010–2011 学年度（续 16）

单位：人

	一年级	二年级	三年级	四年级	五年级	六年级	七年级	延修生
五专	647	649	796	992	1042	-	-	144
明新科技大学								
硕士	184	190	-	-	-	-	-	121
硕士职	79	51	-	-	-	-	-	50
四技	2123	1916	1908	1872	-	-	-	324
四技夜	1135	1008	1109	1042	-	-	-	246
二技	-	-	-	35	-	-	-	24
二技夜	-	-	230	248	-	-	-	31
二专夜	29	33	65	-	-	-	-	16
长荣大学								
博士	7	6	7	7	7	6	3	0
硕士	205	210	105	79	-	-	-	11
硕士职	94	64	23	31	-	-	-	16
学士	2118	1915	2067	2109	-	-	-	318
学士 II	-	-	-	-	-	-	-	3
学士进	111	57	91	105	-	-	-	30
二技夜	-	-	27	27	58	-	-	2
4+X 夜	18	-	-	-	-	-	-	-
弘光科技大学								
硕士	68	76	52	16	-	-	-	0
硕士职	44	34	19	11	-	-	-	0
四技	1698	1645	1574	1318	-	-	-	219
四技夜	863	791	662	550	-	-	-	178
二技	-	-	365	384	-	-	-	8
二技夜	-	-	334	332	396	-	-	9
五专	52	100	100	398	392	-	-	42
中国医药大学								
博士	75	47	39	27	23	16	9	-
硕士	266	230	38	20	-	-	-	-
硕士职	32	19	2	1	-	-	-	-
学士	1114	1338	1412	1390	594	364	374	71
学士 II	-	-	-	-	-	-	-	1
二技夜	-	-	62	86	84	-	-	-

2010–2011 学年度（续 17）

单位：人

	一年级	二年级	三年级	四年级	五年级	六年级	七年级	延修生
青云科技大学								
硕士	180	172	-	-	-	-	-	78
硕士职	56	47	-	-	-	-	-	18
四技	2095	1915	1840	1784	-	-	-	312
四技夜	1045	790	811	635	-	-	-	81
二技	-	-	178	197	-	-	-	35
二技夜	-	-	177	249	-	-	-	15
二专	110	38	-	-	-	-	-	13
正修科技大学								
博士	2	2	3	-	-	-	-	-
硕士	161	135	28	14	-	-	-	-
硕士职	30	18	-	-	-	-	-	-
四技	2143	1992	1866	1362	-	-	-	133
四技夜	1573	1282	1181	1016	-	-	-	175
二技	-	-	79	127	-	-	-	14
二技夜	-	-	212	290	-	-	-	24
二专	73	15	-	-	-	-	-	15
二专夜	68	99	-	-	-	-	-	56
五专	-	-	2	250	200	-	-	26
万能科技大学								
硕士	57	49	-	-	-	-	-	16
硕士职	60	57	-	-	-	-	-	24
四技	1413	1203	1186	1275	-	-	-	193
四技夜	1475	1118	1211	1027	-	-	-	139
二技夜	-	-	92	131	-	-	-	7
玄奘大学								
博士	5	5	5	-	-	-	-	12
硕士	137	162	-	-	-	-	-	191
硕士职	145	74	-	-	-	-	-	131
学士	730	812	1030	1159	-	-	-	185
学士进	436	356	286	277	-	-	-	87
二技夜	-	-	47	44	-	-	-	2

2010-2011 学年度（续 18）

单位：人

	一年级	二年级	三年级	四年级	五年级	六年级	七年级	延修生
建国科技大学								
硕士	77	97	34	21	-	-	-	1
四技	1873	1446	1166	1056	-	-	-	103
四技夜	390	512	652	430	-	-	-	39
二技	-	-	21	34	-	-	-	4
二技夜	-	-	63	114	-	-	-	13
二专	39	23	-	-	-	-	-	3
二专夜	105	89	19	-	-	-	-	37
明志科技大学								
硕士	182	155	-	-	-	-	-	105
硕士职	14	24	-	-	-	-	-	14
四技	834	666	650	533	-	-	-	117
四技夜	52	-	-	-	-	-	-	-
二技	-	-	30	27	-	-	-	2
二技夜	-	-	133	190	-	-	-	75
二专夜	23	16	-	-	-	-	-	1
五专	28	-	-	-	-	-	-	13
高苑科技大学								
硕士	90	79	16	4	-	-	-	-
硕士职	108	90	2	-	1	-	-	-
四技	1428	1046	1157	1028	-	-	-	73
四技夜	470	251	376	330	-	-	-	104
二技	-	-	127	76	-	-	-	3
二技夜	-	-	143	24	-	-	-	6
二专	53	9	-	-	-	-	-	6
大仁科技大学								
硕士	45	46	-	-	-	-	-	27
硕士职	44	23	-	-	-	-	-	22
四技	1518	1294	1438	956	169	-	-	59
四技夜	360	322	336	288	-	-	-	68
二技	-	-	163	176	-	-	-	8
二技夜	-	-	450	226	61	-	-	24
二专	-	-	-	-	-	-	-	8

2010–2011 学年度（续 19）

单位：人

	一年级	二年级	三年级	四年级	五年级	六年级	七年级	延修生
二专夜	-	-	-	-	-	-	-	58
五专	-	174	189	357	369	-	-	41
圣约翰科技大学								
硕士	104	87	-	-	-	-	-	48
硕士职	46	60	-	-	-	-	-	25
四技	1553	1512	1441	1167	-	-	-	257
四技夜	296	270	222	225	-	-	-	142
二技	-	-	-	37	-	-	-	12
二技夜	-	-	28	34	-	-	-	14
岭东科技大学								
硕士	116	131	-	-	-	-	-	52
硕士职	70	58	-	-	-	-	-	12
四技	1811	1274	1092	906	-	-	-	89
四技夜	716	864	968	854	-	-	-	167
二技	-	-	55	131	-	-	-	11
二技夜	-	-	-	28	-	-	-	6
中国科技大学								
硕士	49	46	-	-	-	-	-	20
四技	2146	1821	1651	1326	-	-	-	131
四技夜	1002	958	939	706	-	-	-	67
二技	-	-	-	64	-	-	-	15
二技夜	-	-	87	117	-	-	-	14
二专夜	-	7	-	-	-	-	-	40
五专	-	-	-	127	128	-	-	18
中台科技大学								
博士	3	3	2	-	-	-	-	-
硕士	94	94	-	-	-	-	-	34
硕士职	108	105	57	-	-	-	-	29
四技	1329	1400	1213	1108	-	-	-	263
四技夜	445	421	391	433	68	-	-	116
二技	-	-	285	261	-	-	-	13
二技夜	-	-	589	542	492	-	-	13
五专	-	1	103	195	176	-	-	21

2010–2011 学年度（续 20）

单位：人

	一年级	二年级	三年级	四年级	五年级	六年级	七年级	延修生
亚洲大学								
博士	29	18	7	17	2	-	-	-
硕士	355	290	108	50	-	-	-	-
硕士职	243	255	26	9	-	-	-	-
学士	2183	2216	2201	2240	-	-	-	421
学士进	462	360	319	278	-	-	-	107
开南大学								
硕士	139	147	66	31	-	-	-	-
硕士职	148	125	28	13	-	-	-	10
学士	1651	1841	1875	1760	-	-	-	348
学士进	329	277	270	261	-	-	-	122
佛光大学								
博士	5	4	2	2	3	1	3	-
硕士	242	226	132	166	-	-	-	4
硕士职	96	109	32	19	-	-	-	28
学士	595	387	430	378	-	-	-	40
台南应用科技大学								
硕士	75	69	-	-	-	-	-	45
硕士职	82	76	24	-	-	-	-	6
四技	1911	1888	1611	1195	-	-	-	153
四技夜	640	609	583	518	-	-	-	104
二技	-	-	347	405	-	-	-	52
二技夜	-	-	263	149	63	-	-	47
二专	-	-	-	-	-	-	-	1
五专	251	252	426	652	596	-	-	41
远东科技大学								
硕士	77	62	-	-	-	-	-	25
硕士职	16	15	-	-	-	-	-	7
四技	2354	1555	1285	947	-	-	-	62
四技夜	151	147	300	461	-	-	-	62
二技	-	-	70	74	-	-	-	7
二技夜	-	-	50	33	-	-	-	4

2010–2011 学年度（续 21）

单位：人

	一年级	二年级	三年级	四年级	五年级	六年级	七年级	延修生
二专夜	50	27	-	-	-	-	-	1
五专	-	-	-	50	60	-	-	7
元培科技大学								
硕士	82	58	23	10	-	-	-	-
硕士职	8	9	10	-	-	-	-	-
四技	1599	1486	1385	1050	-	-	-	174
四技夜	304	246	265	307	-	-	-	84
二技	-	-	46	41	-	-	-	3
二技夜	-	-	298	323	177	-	-	27
景文科技大学								
硕士	21	23	-	-	-	-	-	7
硕士职	15	-	-	-	-	-	-	-
四技	1387	1345	1323	1336	-	-	-	339
四技夜	410	326	314	267	-	-	-	54
二技夜	-	-	389	248	-	-	-	41
二专	-	-	-	-	-	-	-	3
二专夜	47	126	-	-	-	-	-	88
中华医事科技大学								
硕士	30	25	-	-	-	-	-	18
四技	1099	874	922	895	-	-	-	95
四技夜	344	324	334	349	14	-	-	69
二技	-	-	471	447	-	-	-	16
二技夜	-	-	509	488	251	-	-	9
4+X	11	-	-	-	-	-	-	0
二专	50	85	-	-	-	-	-	20
五专	388	397	405	489	446	-	-	92
东南科技大学								
硕士	44	55	15	3	-	-	-	-
硕士职	28	25	3	2	-	-	-	-
四技	1716	1601	1506	1023	135	23	-	-
四技夜	33	135	142	284	35	9	-	-
二技	-	-	28	28	-	-	-	-
二技夜	-	-	71	46	-	-	-	7

2010–2011 学年度（续 22）

单位：人

	一年级	二年级	三年级	四年级	五年级	六年级	七年级	延修生
二专	38	26	-	-	-	-	-	4
二专夜	-	-	9	-	-	-	-	8
德明财经科技大学								
硕士	49	50	-	-	-	-	-	4
硕士职	4	-	-	-	-	-	-	-
四技	1478	1210	1048	1054	-	-	-	392
四技夜	521	537	646	607	-	-	-	65
二技	-	-	10	17	-	-	-	-
二技夜	-	-	172	215	-	-	-	23
二专	26	24	-	-	-	-	-	4
二专夜	-	34	-	-	-	-	-	46
五专	-	-	-	-	-	-	-	2
明道大学								
硕士	119	87	-	-	-	-	-	74
硕士职	18	23	-	-	-	-	-	6
学士	601	705	846	1148	-	-	-	181
学士进	700	618	577	514	-	-	-	94
二技夜	-	-	-	-	-	-	-	1
立德大学								
硕士	94	69	32	16	-	-	-	-
硕士职	94	104	24	8	-	-	-	5
学士	233	201	421	787	-	-	-	148
学士进	131	127	120	198	-	-	-	71
南开科技大学								
硕士	53	42	18	1	-	-	-	0
硕士职	58	38	2	8	-	-	-	0
四技	861	903	835	810	-	-	-	73
四技夜	392	167	261	197	-	-	-	22
二技	-	-	106	71	-	-	-	12
二技夜	-	-	24	126	-	-	-	3
二专	-	-	-	-	-	-	-	15
二专夜	-	38	-	-	-	-	-	27
五专	286	296	267	241	250	-	-	38

2010–2011 学年度（续 23）

单位：人

	一年级	二年级	三年级	四年级	五年级	六年级	七年级	延修生
中华科技大学								
硕士	88	101	43	9	-	-	-	-
硕士职	64	56	12	3	-	-	-	-
四技	1674	1345	1104	833	-	-	-	103
四技夜	362	393	518	428	-	-	-	82
二技	-	-	53	22	-	-	-	4
二技夜	-	-	254	68	-	-	-	18
二专	-	-	-	-	-	-	-	2
二专夜	76	-	-	-	-	-	-	15
侨光科技大学								
硕士	27	29	-	-	-	-	-	4
硕士职	11	12	-	-	-	-	-	0
四技	1180	1120	1016	880	-	-	-	61
四技夜	922	805	806	748	-	-	-	111
二技	-	-	27	98	-	-	-	5
二技夜	-	-	32	100	-	-	-	12
4+X	3	-	-	-	-	-	-	-
二专	70	33	-	-	-	-	-	-
二专夜	21	36	-	-	-	-	-	11
五专	330	344	344	303	281	-	-	25
育达商业科技大学								
硕士	59	42	-	-	-	-	-	29
硕士职	36	36	-	-	-	-	-	8
四技	1431	1106	1268	1288	-	-	-	263
四技夜	668	436	491	420	-	-	-	111
二技	-	-	-	-	-	-	-	3
二技夜	-	-	119	166	-	-	-	9
美和科技大学								
硕士	77	30	-	-	-	-	-	43
硕士职	28	24	-	-	-	-	-	10
四技	836	794	783	780	-	-	-	75
四技夜	266	241	266	296	-	-	-	48
二技	-	-	113	172	-	-	-	2

2010–2011 学年度（续 24）

单位：人

	一年级	二年级	三年级	四年级	五年级	六年级	七年级	延修生
二技夜	-	-	719	615	45	-	-	22
二专夜	-	-	-	-	-	-	-	13
五专	423	411	390	369	237	-	-	62
吴凤科技大学								
硕士	20	19	-	-	-	-	-	13
硕士职	28	12	-	-	-	-	-	0
四技	1024	860	927	965	-	-	-	64
四技夜	262	140	311	260	-	-	-	33
二技	-	-	22	-	-	-	-	2
二技夜	-	-	82	37	-	-	-	4
二专	30	52	-	-	-	-	-	18
二专夜	143	69	-	-	-	-	-	19
五专	-	-	-	19	41	-	-	8
环球科技大学								
硕士	48	42	-	-	-	-	-	34
四技	921	861	850	797	-	-	-	141
四技夜	370	216	266	325	-	-	-	24
二技	-	-	49	69	-	-	-	10
二技夜	-	-	209	201	-	-	-	2
二专	181	184	-	-	-	-	-	70
二专夜	221	137	-	-	-	-	-	25
台湾首府大学								
硕士	35	32	-	-	-	-	-	6
学士	802	747	577	767	-	-	-	69
学士进	512	429	293	430	-	-	-	40
二技夜	-	-	317	53	-	-	-	1
台北市立教育大学								
博士	32	31	32	25	29	16	13	-
硕士	328	311	180	139	-	1	-	-
硕士职	323	321	151	58	24	17	11	5
学士	743	683	646	695	-	-	-	-
“国立”台湾体育学院								
硕士	82	84	66	26	-	-	-	6

2010-2011 学年度（续 25）

单位：人

	一年级	二年级	三年级	四年级	五年级	六年级	七年级	延修生
硕士职	37	38	8	5	-	-	-	4
学士	562	571	562	560	-	-	-	204
学士进	103	83	91	74	-	-	-	22
“国立”屏东商业技术学院								
硕士	133	104	30	9	-	-	-	3
硕士职	17	17	-	-	-	-	-	-
四技	673	723	748	639	-	-	-	30
四技夜	177	200	210	206	-	-	-	43
“国立”台中技术学院								
硕士	143	100	30	6	-	-	-	0
硕士职	54	51	24	9	-	-	-	0
四技	1192	1100	1121	1028	-	-	-	97
四技夜	590	508	409	396	-	-	-	78
二技	-	-	295	377	-	-	-	19
二技夜	-	-	239	260	-	-	-	22
4+X	27	-	-	-	-	-	-	-
二专夜	-	73	-	-	-	-	-	55
五专	537	491	494	473	468	-	-	52
“国立”台北商业技术学院								
硕士	68	47	-	-	-	-	-	3
硕士职	13	11	-	-	-	-	-	2
四技	403	323	288	250	-	-	-	37
四技夜	170	138	133	131	134	-	-	12
二技	-	-	167	191	0	-	-	22
二技夜	-	-	397	310	222	-	-	7
二专	-	-	-	-	-	-	-	3
二专夜	126	217	267	-	-	-	-	81
五专	448	394	394	393	360	-	-	76
“国立”台湾戏曲学院								
四技	137	124	59	55	-	-	-	-
二技	-	-	37	40	-	-	-	11
二专	-	-	-	-	-	-	-	10

2010–2011 学年度（续 26）

单位：人

	一年级	二年级	三年级	四年级	五年级	六年级	七年级	延修生
兴国管理学院								
学士	64	60	99	382	-	-	-	66
学士进	42	42	27	60	-	-	-	47
大华技术学院								
硕士	8	11	8	3	-	-	-	0
四技	528	405	597	484	-	-	-	89
四技夜	314	278	348	380	-	-	-	49
二技	-	-	38	41	-	-	-	6
二技夜	-	-	82	59	-	-	-	12
二专	6	-	-	-	-	-	-	-
二专夜	-	9	-	-	-	-	-	11
五专	341	295	246	227	235	-	-	51
文藻外语学院								
硕士	37	24	-	-	-	-	-	5
硕士职	27	25	-	-	-	-	-	25
四技	1115	1133	1119	825	-	-	-	151
四技夜	467	455	437	406	-	-	-	124
二技	-	-	198	224	-	-	-	12
二技夜	-	-	102	99	-	-	-	34
五专	352	310	307	602	579	-	-	42
大汉技术学院								
四技	339	357	401	426	-	-	-	107
四技夜	268	209	265	177	-	-	-	32
二技	-	-	13	14	-	-	-	2
二技夜	-	-	168	126	-	-	-	5
二专	-	-	-	-	-	-	-	2
二专夜	42	-	-	-	-	-	-	-
慈济技术学院								
硕士	6	4	-	-	-	-	-	6
四技	298	235	240	220	-	-	-	62
二技	-	-	90	84	-	-	-	1
二技夜	-	-	49	43	92	-	-	3
五专	204	195	197	188	185	-	-	33

2010–2011 学年度（续 27）

单位：人

	一年级	二年级	三年级	四年级	五年级	六年级	七年级	延修生
永达技术学院								
硕士	10	5	-	-	-	-	-	9
四技	114	155	307	377	-	-	-	27
四技夜	125	108	243	252	-	-	-	32
二技	-	-	10	49	-	-	-	4
二技夜	-	-	67	82	-	-	-	5
二专	28	9	-	-	-	-	-	2
二专夜	57	79	-	-	-	-	-	17
五专	55	37	36	59	89	-	-	11
和春技术学院								
硕士	9	8	6	-	-	-	-	-
四技	512	577	652	705	-	-	-	131
四技夜	212	154	166	93	-	-	-	36
二技夜	-	-	55	15	-	-	-	6
二专	-	20	-	-	-	-	-	28
二专夜	87	67	-	-	-	-	-	42
五专	102	66	53	53	70	-	-	21
北台湾科学技术学院								
硕士	36	33	-	-	-	-	-	22
四技	1692	1151	1018	688	-	-	-	137
四技夜	310	460	419	466	-	-	-	70
二技	-	-	17	90	-	-	-	7
二技夜	-	-	-	48	-	-	-	5
二专	140	42	-	-	-	-	-	18
二专夜	93	128	-	-	-	-	-	59
五专	346	360	335	297	264	-	-	79
致理技术学院								
硕士	10	9	-	-	-	-	-	7
硕士职	10	8	7	-	-	-	-	0
四技	1145	1033	906	775	-	-	-	77
四技夜	903	841	722	671	-	-	-	110
二技	-	-	123	54	-	-	-	9
二技夜	-	-	270	493	-	-	-	16

2010-2011 学年度（续 28）

单位：人

	一年级	二年级	三年级	四年级	五年级	六年级	七年级	延修生
4+X 夜	17	-	-	-	-	-	-	0
二专	161	93	-	-	-	-	-	7
二专夜	1	85	-	-	-	-	-	19
五专	270	248	245	245	218	-	-	54
醒吾技术学院								
硕士	29	31	-	-	-	-	-	1
硕士职	10	5	-	-	-	-	-	-
四技	1130	996	1143	802	-	-	-	108
四技夜	481	456	543	434	-	-	-	68
二专夜	-	56	-	-	-	-	-	50
五专	240	241	248	230	214	-	-	37
亚东技术学院								
硕士	43	31	-	-	-	-	-	18
四技	1072	839	746	706	-	-	-	108
四技夜	247	375	398	387	-	-	-	126
二技	-	-	108	102	-	-	-	19
二技夜	-	-	129	125	-	-	-	15
二专	-	36	-	-	-	-	-	5
南亚技术学院								
硕士	10	10	-	-	-	-	-	-
四技	1096	970	1140	1146	-	-	-	194
四技夜	533	444	514	482	-	-	-	101
二技	-	-	-	-	-	-	-	3
二技夜	-	-	90	139	-	-	-	24
中州技术学院								
硕士	25	17	-	-	-	-	-	13
硕士职	9	5	-	-	-	-	-	0
四技	1189	910	865	777	-	-	-	40
四技夜	369	250	338	414	-	-	-	39
二技	-	-	-	-	-	-	-	3
二技夜	-	-	108	103	-	-	-	3
二专	-	-	-	-	-	-	-	4
二专夜	-	-	-	-	-	-	-	6

2010–2011 学年度（续 29）

单位：人

	一年级	二年级	三年级	四年级	五年级	六年级	七年级	延修生
修平技术学院								
硕士	26	30	-	-	-	-	-	5
四技	1251	1084	1016	885	-	-	-	96
四技夜	444	293	377	297	-	-	-	44
二技	-	-	-	38	-	-	-	13
二技夜	-	-	-	41	-	-	-	2
4+X	2	-	-	-	-	-	-	-
二专	-	-	-	-	-	-	-	1
二专夜	93	71	-	-	-	-	-	58
稻江科技暨管理学院								
硕士	24	26	-	-	-	-	-	6
学士	323	173	233	564	-	-	-	64
学士进	262	157	162	192	-	-	-	42
德霖技术学院								
四技	1000	821	735	715	-	-	-	127
四技夜	481	408	429	393	-	-	-	84
二技	-	-	19	33	-	-	-	0
二技夜	-	-	314	258	-	-	-	26
二专	62	125	-	-	-	-	-	15
二专夜	123	75	-	-	-	-	-	27
五专	423	424	380	340	334	-	-	67
南荣技术学院								
硕士	13	10	1	-	-	-	-	-
硕士职	6	5	-	-	-	-	-	-
四技	405	385	587	631	49	8	-	-
四技夜	167	180	202	185	16	3	-	-
二技	-	-	83	109	-	-	-	6
二技夜	-	-	63	76	-	-	-	6
二专	3	40	-	-	-	-	-	10
二专夜	77	62	-	-	-	-	-	18
五专	71	60	53	51	54	-	-	14
兰阳技术学院								
四技	567	545	511	528	-	-	-	79

2010–2011 学年度（续 30）

单位：人

	一年级	二年级	三年级	四年级	五年级	六年级	七年级	延修生
四技夜	33	33	64	46	-	-	-	3
二技	-	-	217	245	-	-	-	16
二技夜	-	-	50	83	-	-	-	2
二专	47	96	-	-	-	-	-	65
二专夜	59	63	-	-	-	-	-	22
五专	355	267	235	249	290	-	-	29
黎明技术学院								
四技	576	558	636	587	-	-	-	47
四技夜	412	324	295	304	-	-	-	27
二技夜	-	-	135	145	-	-	-	2
二专夜	67	107	-	-	-	-	-	22
五专	213	182	164	165	-	-	-	37
东方设计学院								
硕士	15	12	-	-	-	-	-	14
硕士职	20	17	-	-	-	-	-	0
四技	519	546	519	436	-	-	-	69
四技夜	78	93	163	105	-	-	-	40
二技	-	-	70	62	-	-	-	6
二专	12	61	-	-	-	-	-	28
二专夜	24	40	-	-	-	-	-	9
五专	241	174	174	163	188	-	-	32
经国管理暨健康学院								
硕士	15	13	4	2	-	-	-	-
硕士职	14	14	0	0	-	-	-	-
四技	451	469	422	479	-	-	-	68
四技夜	132	155	181	197	-	-	-	27
二技	-	-	71	73	-	-	-	1
二技夜	-	-	59	124	93	-	-	-
二专	-	-	-	-	-	-	-	1
二专夜	-	-	-	-	-	-	-	6
五专	285	292	266	222	218	-	-	39
长庚技术学院								
硕士	11	8	10	-	-	-	-	-

2010–2011 学年度（续 31）

单位：人

	一年级	二年级	三年级	四年级	五年级	六年级	七年级	延修生
四技	498	519	419	296	-	-	-	12
二技	-	-	682	625	-	-	-	8
二技夜	-	-	769	706	520	-	-	10
4+X 夜	4	-	-	-	-	-	-	-
二专夜	-	-	-	-	-	-	-	1
五专	524	526	516	699	694	-	-	111
崇右技术学院								
四技	784	430	503	419	-	-	-	33
四技夜	-	-	24	30	-	-	-	-
二技	-	-	-	-	-	-	-	2
二技夜	-	-	-	-	-	-	-	1
二专	-	-	-	-	-	-	-	5
二专夜	-	43	-	-	-	-	-	5
五专	283	280	227	193	172	-	-	21
大同技术学院								
四技	693	609	577	438	-	-	-	19
四技夜	121	162	88	112	-	-	-	11
二技	-	-	50	70	-	-	-	3
二技夜	-	-	105	82	-	-	-	5
二专	21	47	-	-	-	-	-	7
二专夜	35	41	-	-	-	-	-	21
五专	62	30	33	27	22	-	-	3
亚太创意技术学院								
四技	731	613	662	574	-	-	-	41
四技夜	-	-	12	33	-	-	-	8
二技	-	-	59	91	-	-	-	20
二技夜	-	-	-	51	-	-	-	3
二专	24	76	-	-	-	-	-	45
二专夜	-	29	-	-	-	-	-	22
高凤数位内容学院								
四技	138	203	253	375	-	-	-	65
四技夜	55	33	44	66	-	-	-	11
二技	-	-	12	15	-	-	-	-

2010–2011 学年度（续 32）

单位：人

	一年级	二年级	三年级	四年级	五年级	六年级	七年级	延修生
二技夜	-	-	16	14	-	-	-	-
华夏技术学院								
硕士职	10	10	-	-	-	-	-	2
四技	644	556	518	398	-	-	-	50
四技夜	381	366	444	385	-	-	-	55
二技	-	-	61	118	-	-	-	12
二技夜	-	-	107	106	-	-	-	4
二专	-	-	-	-	-	-	-	7
二专夜	291	296	-	-	-	-	-	42
五专	99	88	199	276	247	-	-	79
台湾观光学院								
四技	443	449	389	298	-	-	-	15
四技夜	26	34	19	-	-	-	-	-
二技	-	-	90	175	-	-	-	7
二技夜	-	-	28	11	-	-	-	1
二专	47	104	-	-	-	-	-	28
二专夜	76	38	-	-	-	-	-	2
五专	72	63	71	69	78	-	-	24
台北海洋技术学院								
四技	838	686	557	348	-	-	-	-
四技夜	88	199	95	103	-	-	-	-
二技	-	-	179	193	-	-	-	8
二技夜	-	-	163	96	-	-	-	-
4+X	22	-	-	-	-	-	-	26
二专	215	134	-	-	-	-	-	7
二专夜	55	69	-	-	-	-	-	-
五专	243	254	240	83	-	-	-	-
马偕医学院								
学士	72	76	-	-	-	-	-	-
台北市立体育学院								
博士	5	6	5	4	-	-	-	-
硕士	111	111	-	-	-	-	-	99
硕士职	59	55	-	-	-	-	-	29

2010–2011 学年度（续 33）

单位：人

	一年级	二年级	三年级	四年级	五年级	六年级	七年级	延修生
学士	430	425	410	421	-	-	-	185
“国立”台中护理专科学校								
二专	139	96	-	-	-	-	-	10
二专夜	88	91	79	-	-	-	-	5
五专	207	206	196	199	198	-	-	3
“国立”台南护理专科学校								
二专	41	44	-	-	-	-	-	-
二专夜	37	54	-	-	-	-	-	6
五专	356	303	306	302	247	-	-	7
“国立”台东专科学校								
二专	238	214	-	-	-	-	-	-
二专夜	114	128	-	-	-	-	-	14
五专	133	41	-	-	-	-	-	-
康宁医护暨管理专校								
二专	90	101	-	-	-	-	-	6
二专夜	185	259	-	-	-	-	-	20
五专	560	548	539	505	326	-	-	55
马偕医护管理专科学校								
二专	153	152	-	-	-	-	-	29
二专夜	209	241	-	-	-	-	-	38
五专	608	499	401	399	324	-	-	32
仁德医护管理专校								
二专	52	130	-	-	-	-	-	30
二专夜	414	139	6	-	-	-	-	29
五专	1150	1107	1045	887	793	-	-	133
树人医护管理专校								
二专	-	7	-	-	-	-	-	2
二专夜	231	171	81	24	-	-	-	18
五专	1268	1159	1016	667	639	-	-	147
慈惠医护管理专校								
二专	89	7	-	-	-	-	-	49
二专夜	204	171	66	-	-	-	-	41
五专	1218	1159	960	575	496	-	-	141

2010-2011 学年度（续 34）

单位：人

	一年级	二年级	三年级	四年级	五年级	六年级	七年级	延修生
耕莘健康管理专科学校								
二专	48	67	-	-	-	-	-	8
二专夜	121	164	39	-	-	-	-	18
五专	978	852	770	371	294	-	-	52
敏惠医护管理学校								
二专	5	24	14	-	-	-	-	-
二专夜	-	-	5	-	-	-	-	-
五专	808	719	624	545	393	-	-	29
高美医护管理学校								
二专	-	5	-	-	-	-	-	-
二专夜	94	30	-	-	-	-	-	-
五专	218	202	72	13	44	-	-	-
育英医护管理学校								
二专	407	411	351	345	215	-	-	-
崇仁医护管理专科学校								
二专	17	27	-	-	-	-	-	-
二专夜	30	30	-	-	-	-	-	-
五专	621	596	493	432	335	-	-	-
圣母医护管理专科学校								
二专夜	19	45	-	-	-	-	-	-
五专	860	823	637	451	282	-	-	-
新生医护管理专科学校								
二专	38	61	-	-	-	-	-	11
二专夜	46	85	-	-	-	-	-	1
五专	1177	1059	827	708	550	-	-	33

附录五
主要参考资料

台湾“教育部”:《大专校院概况统计》(2011年)

台湾“教育部”:《九十九学年度大学校院一览表》(2010年)

大学招生委员会联合会大学考试入学分发委员会:《100学年度大学考试入学分发招生简章》,(2011年)

大学校院招收大陆地区学生联合招生委员会:《2011年大学校院学士班联合招收大陆地区学生简章》,(2011年)

大学校院招收大陆地区学生联合招生委员会:《2011年大学校院硕士班博士班联合招收大陆地区学生简章》,(2011年)

潘慧斌、张冠增:《台湾地区高等教育纵览》,学林出版社,(2002年)

王云武:《我国香港和台湾的教育信息化发展战略及其启示》,《世界教育信息》,(2007年第12期)

李海绩、郑新蓉:《台湾教育概览》,《九州出版社》,(2003年)

徐明:《台湾幼儿教育一蔽》,《学前教育》,(1998年第1期)

台湾地区各高等院校简介

后　记

为了帮助读者全面了解近期台湾地区教育和高等院校的情况，本书在编写过程中力求客观，书中引用的有关“法规”和统计资料也尽可能地保持原貌。

2010年台湾地区开始承认祖国大陆学历并开放岛内高校招收大陆学生，为了帮助读者以及众多考生和家长能够更多地了解相关情况，本书列出专门章节介绍相关情况。

由于编者水平有限，书中可能存在许多遗漏和差错，敬请读者谅解。

在本书的编写过程中，承蒙海峡两岸许多专家、学者的诸多指导及帮助，特别是海峡两岸关系协会副会长王在希先生欣然为本书作序，在此一并致以真诚的感谢。

编　者

2011年8月2日